组织行为学十讲

TEN LECTURES ON ORGANIZATIONAL BEHAVIOR

孟亮　胡碧芸　编著

清华大学出版社
北京

内 容 简 介

组织行为学应用心理学原理和方法研究组织管理中人的心理现象及其规律,旨在提升组织与个人效率。本书结合理论与实践,帮助读者理解并应用组织行为学知识,以解决工作中的问题和挑战。通过讨论大量的管理案例,详细解读了组织行为学的主要理论、核心问题及其实践应用。此外,本书设置了组织行为读书会、观影团、工具箱等互动性板块,增强了教材的可读性、趣味性和实用性。

本书适合高等院校工商管理以及相关专业的本科生和研究生(包括 MBA 和 EMBA 学生)使用,也可以作为企业管理人员的商业读物和工作参考资料。

本书封面贴有清华大学出版社防伪标签,无标签者不得销售。
版权所有,侵权必究。举报: 010-62782989, beiqinquan@tup.tsinghua.edu.cn。

图书在版编目(CIP)数据

组织行为学十讲 / 孟亮,胡碧芸编著. -- 北京:
清华大学出版社, 2024. 8. -- ISBN 978-7-302-67103-9
Ⅰ. C936
中国国家版本馆 CIP 数据核字第 2024CR2009 号

责任编辑: 朱晓瑞
封面设计: 彩奇风
责任校对: 王荣静
责任印制: 宋 林

出版发行: 清华大学出版社
网　　址: https://www.tup.com.cn, https://www.wqxuetang.com
地　　址: 北京清华大学学研大厦 A 座　　邮　　编: 100084
社 总 机: 010-83470000　　邮　　购: 010-62786544
投稿与读者服务: 010-62776969, c-service@tup.tsinghua.edu.cn
质量反馈: 010-62772015, zhiliang@tup.tsinghua.edu.cn

印 装 者: 三河市东方印刷有限公司
经　　销: 全国新华书店
开　　本: 170mm×240mm　　印　　张: 15.75　　字　　数: 307 千字
版　　次: 2024 年 8 月第 1 版　　印　　次: 2024 年 8 月第 1 次印刷
定　　价: 78.00 元

产品编号: 106554-01

从我还是一个孩子的时候起,我就对踏入职场、开启工作生涯充满了渴望。那时候,我并不完全明白这种渴望的根源,只是模糊地感觉到,通过工作,我可以找到一种属于自己的身份和定位。随着时间的推移,特别是在深入研究组织行为学之后,我逐渐明白,这种渴望实际上是对通过工作取得身份认同的向往。工作以其独特的方式参与我们身份认同的构建过程。它不仅提供了一个实现自我价值的平台,更是我们认识自我的镜子。在工作中,我们通过承担责任、解决问题、与同事互动,不断地审视和确认自己的能力、价值观和生活目标。在这一过程中,工作成就感和职业角色逐渐成为我们自我定义的核心要素,影响着我们的自尊、自信及对未来的期许。的确,工作绝不只是谋生的手段,它占据了我们生命中的大部分时间,其体验和感受深刻影响着我们的生活满意度与幸福感。

受到家人言传身教的影响,从小我就怀揣着成为一名大学教授的梦想,渴望在自己热爱的学术领域内自由地探索,参与知识的发现和传播。我的学术兴趣始终围绕着社会科学,包括社会学、心理学、经济学、管理学和法学等广泛领域。随着对这些学科的深入了解,我发现自己最感兴趣的是人类的行为及其动机,这可能也是我钟爱社会派推理的原因所在。社会派推理是一种以揭示社会问题、探讨人性复杂性为核心的推理小说流派,不仅仅追求谜题的解答,更深入地反映了社会现象和人类行为背后的深层原因。东野圭吾等作家的作品,通过紧张的情节设置和精妙的人物刻画,引导读者思考更广泛的社会和心理问题,如权力的滥用、人际关系的复杂性及道德的灰色地带。这类作品描绘了一个更真实、更复杂的世界,展示了人们在特定社会环境中的行为和选择,以及这些选择背后的心理动机。通过这种方式,社会派推理引发了对于人性深层次的探讨和理解。

我的研究兴趣是工作场景中人的心理和行为,从博士期间探索人的内在动机开始,到在学术生涯初期探究工作意义感,进而扩展到研究组织行为学领域很多有趣的议题。组织行为学,亦称工业/组织心理学或者管理心理学,是一门应用心理学的原理和方法来研究组织管理活动中人的心理现象、过程及其规律,以提升组织及个人效率的学科。它基于人的心理活动展开,辐射到个体行为和团队、组织层面的相关问题,旨在激发员工的工作积极性和创造性,提升其福祉。成为一名大学教师后,我有幸站在MBA(工商管理硕士)和本科层次的管理心理学和组织行为学讲台上。从一开始懵懵懂懂地探索,到逐渐搭建起兼具系统性和个人特色的课程体系,打磨出若干个人熟悉而专精的内容板块,我授课开始游刃有余。得益于在宾夕法尼亚大学开展博士后研究的经历,我的课堂教学借鉴哈佛商学院、沃顿商学院等国际顶尖商学院的教学模式,采用启发式的教学方法,并有机地融入大量管理案例。这些案例不仅是课堂教学的核心部分,更搭建了理论与实践间的桥梁。通过精心挑选的案例,我引导学生理解理论要点、洞察管理智慧,让学生们体验到很多灵光一现的顿悟瞬间。这种教学风格赢得了学生们的广泛赞誉,课程多次获得满分教评,并入选上海市一流本科课程。课程结束后,学生们仍旧意犹未尽,他们渴望进一步深入学习组织行为学的知识,让我产生了撰写本书的念头。

组织行为学是一门理论联系实践的学科,缺少了管理实践中的应用,这一学科就失去了赖以生存的土壤。遗憾的是,长期以来,业界对于组织行为学的认识和重视程度远远不够。作为上海外国语大学MBA项目"行为科学"专业方向的负责人,我时常接到企业、咨询公司和媒体不同形式的合作邀请。大家对行为科学充满了兴趣,但关注的焦点从来都是消费行为,组织行为成为一个被遗忘的角落。这种现象的背后,一方面是因为组织行为学成果转化为企业价值的过程既漫长又充满挑战,相比营销和销售带来的立竿见影的效果,从人才选拔、培养到最终转化为利润,每一步都需要时间去孵化,且其直接效果难以计算和评估。另一方面,许多企业管理者都非常自信,他们认为组织行为学更像是一种艺术,依赖于个人的管理经验和对企业状况的深刻理解,因而对于理论知识的价值持有保留态度,不认为需要学术界的见解来指导管理实践。这种误区不仅限制了组织行为学在业界的应用,也阻碍了企业的长远发展。例如,在管理决策过程中,人们往往容易陷入"承诺升级"的陷阱,即在一次错误的决策后,不断加码投入,希望以此来弥补之前的损失,而不是重新进行评估和调整策略。有限理性是人类的天性,难以克服,而组织行为学恰恰可以提供走出这种决策陷阱的洞见。

在这一背景下,本书的写作旨在将组织行为学的理论知识与中国的管理实践相结合,以期为读者提供一个理论与实践相结合的全新视角。在写作过程中,我受到《薛兆丰的经济学课》等知识付费内容的启发,认识到内容的呈现方式与内容本身的价值同样关键。此外,我长期为《清华管理评论》《人力资源》等商业期刊供稿,这些写作经验的积累让我深入地了解职场人士和商业精英的阅读习惯,从而在本书的撰写中兼顾了教材的严谨性与商业读物的吸引力。我认为在新的时代背景下教育的目标是思维方式的培养,读者不应该被灌输组织行为学的知识,而应该有机融合知识、能力、素质,在一个又一个实际管理情境中锻炼自身解决复杂问题的综合能力和高级思维。具体来说，本书的内容展现出了三个鲜明特点——融汇前沿研究成果、嵌入中国管理实践、引领最新发展趋势。融汇前沿研究成果的例子是助推，由于教材编写往往具有一定的滞后性，这一概念从未在组织行为学的教材中出现过，但它具有扎实的理论基础，在组织场景中也有广泛的应用，其提出者理查德·泰勒因此获得了诺贝尔经济学奖。嵌入中国管理实践的例子是一家中国企业在"出海"过程中巧妙应用工作嵌入理论中社区嵌入的思路攻克管理实践难题。引领最新发展趋势的例子是本书第10讲系统介绍的"向上管理"。事实上，聚焦向上管理的第一篇学术论文于2022年末才发表，在哈佛商学院案例库的畅销案例基础上，这篇论文对向上管理进行了科学的界定。通过撰写这一章节，我们希望帮助读者形成对向上管理的正确认识，并掌握科学的方法论，从而有效应对工作场景中涉及向上管理的一系列挑战。

作为本书的作者之一，在写作过程中我有几点希望：首先，我希望培养读者应用组织行为学理论解决管理问题的思维方式。相比知识的传授，组织行为学更关注思维方式的培养。我们有幸处在一个科技快速进步、发展日新月异的时代，知识正在迅速地进行迭代更新。因此，掌握组织行为学的思维方式才能真正找到解决问题的钥匙。通过代入管理者和员工角色，身临其境地分析一系列经典案例，本书给读者种下了一颗种子，启发读者应用组织行为学的思维去解决在管理实践中遇到的问题。其次，我希望能培养读者的科学思维：人们常常会对管理学究竟是科学还是艺术展开激烈的交锋，而组织行为学这一学科很好地体现了管理学的科学属性。本书介绍的所有知识都源自科学研究中获得的结论，其中很多还是田野实验，能够获得变量之间的因果关系。在写作过程中，作者团队有意识地穿插了很多经典或前沿的研究（包括自己开展的研究），以期培养读者对于学术研究的信念和兴趣，以及未来在管理实践中开展研究的能力。最后，本书有机地融合了课程思政元素。我们希望启发读者形成"管理向善"的理念，强调一种员工视角，即管理者应当充分关注员工的福祉。管理者与员工从来都是"一荣俱荣，一损俱损"的利益共同体，不应该站在对立面上。只有充分调动员工的主观能动性，提升其工作满意度和幸福感，才能与组织达到共赢的状态。我们希望当下和未来的管理者，无论走到怎样的管理岗位上，都能够不忘初心，关注员工的福祉。

本书整体上基于课堂实录，是对课程内容的整理、扩充和再加工。在此对参与本书编写的所有人，包括我的学术合作者胡碧芸特聘研究员、参与课堂的同学和课题组的研究生们表达最诚挚的感谢。具体安排如下：第1讲和第6讲的初稿由胡碧芸老师撰写，第2～5讲的初稿分别由硕士研究生张裕培、蔡怡茜、李丹淇、何泠岚基于我的课堂实录整理完成，第7讲和第10讲的初稿分别由硕士研究生戴晨乐、陈明明基于我的课堂实录整理完成，第8讲和第9讲的初稿则由我撰写。初稿完成后，我和胡碧芸共同进行了统稿、修改和校对，并在清华大学出版社朱晓瑞编辑的帮助下形成了全书定稿。在阅读过程中，读者可以扫描书中的二维码进行拓展阅读。本书的写作获得了上海高校市级一流本科课程、上海高校市级重点课程建设项目、上海外国语大学本科教材出版资助项目的支持和资助。

从某个角度看，我的学术生涯刚刚起步。学术研究永无止境，本书的内容也将不断更新迭代。希望这本书不仅能成为作者团队的学术名片，也能成为我们与业界进行对话的桥梁：一方面为管理者提供深刻的洞见和启发，另一方面也从业界获取更多有价值的研究选题。让我们一起踏上这段探索组织行为学的旅程，成为更优秀的管理者，提升员工福祉并推动组织发展，共同书写管理的新篇章。

孟 亮

2024 年 2 月

目录

第1讲　走进组织行为：解码工作行为的科学 ········· 1
　1.1　行为科学的前世与今生 ········· 2
　1.2　什么是组织行为学：组织行为的内涵与外延 ········· 3
　1.3　组织行为学的科学属性 ········· 7
　1.4　组织行为学能改变什么：组织行为的常见结果变量 ········· 10
　1.5　本书的整体安排 ········· 14
　本章小结 ········· 15

第2讲　理想员工的样子：工作中的个体差异 ········· 16
　2.1　什么是个体差异 ········· 17
　2.2　认知能力：智慧的源泉 ········· 18
　2.3　人格：职场的个性指纹 ········· 23
　2.4　告别职场歧视：打破偏见，拥抱多样性 ········· 39
　本章小结 ········· 42

第3讲　我爱我的工作：工作中的态度与情绪 ········· 44
　3.1　工作态度：工作，想说爱你不容易 ········· 44
　3.2　工作中的情绪：迪士尼的《头脑特工队》在讲什么 ········· 59
　本章小结 ········· 69

第4讲　跳出有限理性的旋涡：管理中的知觉与决策 ········· 71
　4.1　横看成岭侧成峰：社会知觉及其偏差 ········· 71
　4.2　思考，快与慢：有限理性的决策者 ········· 78
　4.3　管理者的一把温柔利器：助推理论及其应用 ········· 91
　本章小结 ········· 98

第 5 讲 激发工作的驱动力：动机与激励 ·············· 100
5.1 点燃行动的火花：动机的基础知识 ·············· 101
5.2 先定个小目标：目标设定理论 ·············· 105
5.3 公正的框架：公平理论与组织公平模型 ·············· 111
5.4 自我决定理论：工作中的自主、胜任与归属 ·············· 115
5.5 工作意义感：意义追寻重塑工作体验 ·············· 122
本章小结 ·············· 128

第 6 讲 群体与团队：合力创造奇迹 ·············· 130
6.1 物以类聚，人以群分：群体的基础知识 ·············· 130
6.2 三个臭皮匠胜过诸葛亮？群体决策的智慧与陷阱 ·············· 141
6.3 团队的概念与类型 ·············· 144
6.4 高效团队的特征与构建 ·············· 147
本章小结 ·············· 156

第 7 讲 领导力：塑造组织中的影响力 ·············· 158
7.1 领导力及其来源 ·············· 159
7.2 多种多样的领导风格：领导力相关理论 ·············· 162
7.3 领导力的当代理论进展 ·············· 168
7.4 领导力的涌现与有效性 ·············· 172
本章小结 ·············· 175

第 8 讲 重新设计工作：让工作成为源动力 ·············· 177
8.1 探索工作设计：定义与制胜策略 ·············· 177
8.2 时间旅行：工作设计的发展历程 ·············· 184
8.3 主流理论解读：工作设计的学术之旅 ·············· 186
8.4 工作再设计的管理实践 ·············· 191
8.5 我的工作我做主：工作重塑的全景图谱 ·············· 192
本章小结 ·············· 196

第 9 讲 压力管理：工作压力的有效应对 ·············· 198
9.1 压力的基础知识 ·············· 198
9.2 压力的理论基础 ·············· 203

9.3　有压力怎么办：压力管理策略 …………………………………… 210
　　本章小结 …………………………………………………………… 216

第 10 讲　向上管理：与领导者共赢 …………………………………… 217
　　10.1　走出误区：这才是向上管理！ ………………………………… 217
　　10.2　向上管理的重要性：勇攀职业高峰 …………………………… 219
　　10.3　科学指引：向上管理的方法论 ………………………………… 220
　　10.4　向上管理的进阶实践 …………………………………………… 232
　　本章小结 …………………………………………………………… 238

参考文献 ……………………………………………………………………… 239

走进组织行为：解码工作行为的科学

小李刚刚从一所知名大学获得了 MBA 学位。她在各方面都表现出色，成为众多企业竞相争夺的人才。最终，她决定加入希尔顿全球酒店集团（以下简称"希尔顿"），该公司在 2023 年度被《财富》杂志评选为"最适宜工作的 100 家公司"的第二名。小李之所以看重这个排名，是因为她了解到这些企业的排名并非凭空而来，而是通过独立研究机构全面评估得出的。

"最适宜工作的公司"的评选标准主要聚焦在对公司内部组织行为的深刻理解上。评估机构收集了来自员工、管理层及其他相关方的反馈和数据，全面评估公司在工作环境、员工福利、职业发展机会等方面的表现。其中，85％的调查问题是基于员工在组织中感受到的信任以及是否能够充分发挥个人潜力的感知。以希尔顿为例，该公司以为所有员工创造美好工作生活为傲，旨在构建"一个完全人性化的工作体验"。希尔顿将员工体验的重点放在提升福祉、职业成长、目标感和包容性上，承诺在 2027 年实现全球性别平等和公司领导层中 25％的族裔多样性。希尔顿也非常关心员工的心理健康，在过去的一年里开始向员工提供免费咨询服务以及多种心理健康资源。此外，它推出了"希尔顿灵活"计划，使团队成员在工作时间、工作部门甚至薪酬的支付频率上都获得了更多的灵活性。

如果我们进一步了解这些"最适宜工作的公司"的利润状况，会发现它们都取得了令人瞩目的财务业绩。这表明企业的成功与其对组织行为学知识的应用密切相关。通过深入了解员工的心理、情绪和态度，这些企业能够打造积极的工作环境，提供有益的员工发展机会，从而吸引、留住像小李这样的优秀人才。这也解释了为什么这些企业能在竞争激烈的市场中脱颖而出，成为高利润和高竞争力的代表。

1.1 行为科学的前世与今生

组织行为学是行为科学的一个重要分支,专注于探究在工作环境中的个体和群体行为。在探讨组织行为学的要义之前,我们先来一起了解行为科学的缘起与发展历程。行为科学横跨心理学、社会学、人类学、经济学和管理学等多个学科,是对人类行为及其背后动因的系统研究,从不同角度深入理解人类行为的复杂性。个体在面对重要决策时的心理活动、群体中的互动模式、文化如何塑造我们的行为方式——行为科学致力于解读这些现象背后的逻辑和模式,探究个体和群体如何在各种环境中作出反应,以及这些反应如何影响他们的思维和情绪。行为科学的影响无处不在。它帮助我们理解消费者行为,指导教育和培训的策略,改善健康和福祉政策,乃至于优化团队和组织的运作。通过理解人们如何思考、感受和行动,行为科学家可以提出改善人际关系、增进社会福祉和提高工作效率的策略。行为科学是一座桥梁,连接着科学研究和现实世界的问题,不仅提供了对人类行为深刻的洞见,还为我们提供了工具和框架,以更科学、更有效的方式理解和影响我们周围的世界。

行为科学的诞生是一个基于一系列的学术进展和理论创新逐渐演进的过程,反映了20世纪初期学术界对于人类行为更为系统和科学化研究的追求,其中有几个关键的里程碑。1913年,美国心理学家约翰·沃森发表了著名论文《心理学如何成为行为主义者》,正式提出了行为主义的观点。沃森强调,心理学应该摒弃对内心状态的研究,转而专注于可观察的行为。这一观点对心理学产生了深远影响,并为后来的行为科学发展奠定了基础。随着心理学、社会学、人类学等学科的发展和交叉,行为科学逐渐形成了一个独立的、跨学科的研究领域。这些学科的融合为理解人类行为提供了一个更全面的视角。自此之后,人类对自身行为的探索,从哲学的思辨和猜测转变为系统的科学研究。行为科学的发展不仅是对个体心理和社会行为的探究,也是管理学领域的一次重大革命。

1924—1932年在西方电气霍桑工厂进行的霍桑实验(图1.1),也对行为科学的发展起到了重要作用。这一实验最初旨在研究工作环境如照明、工作小时数等物理条件对员工生产效率的影响。然而,实验结果超出了所有人的预期,它揭示了一个惊人的发现:工人的生产效率提高并非仅仅由物理工作条件改善引起,更多是因为他们知道了自己正在被关注。这一发现颠覆了当时流行的古典管理理论,该理论主要关注于优化工作流程和物理条件。霍桑实验显示,员工的感受、态度和社会互动对生产效率有着至关重要的影响。这一发现引发了对工作动机、团队精神、领导力及工作满意度等"软性影响因素"重要性的认识。

图 1.1　在西方电气霍桑工厂进行的霍桑实验示意图

霍桑实验的影响是深远的,为行为科学的重要分支——组织行为学的发展奠定了重要的基础。这个实验使管理者意识到,理解和管理组织中的人际关系与员工心理是提高效率及生产力的关键。从这一点出发,组织行为学开始将焦点从纯粹的任务和流程管理转移到人的因素上,深入探究领导力、团队建设、员工满意度和组织文化等议题。在霍桑实验的影响下,组织行为学逐渐形成了一套复杂而全面的理论体系,不仅关注工作场所中个体的行为,还涉及这些行为是如何被组织结构、政策和文化所塑造和影响的。通过对这些因素的深入研究,组织行为学旨在揭示如何创设更高效、和谐的工作环境。

总结来看,行为科学的诞生及霍桑实验的发现是组织行为学历史上的重要里程碑。它们不仅改变了我们对工作和组织的看法,还引领了一场关注于人的管理革命。正是这些洞察和科学知识,使组织行为学成为当今商业和管理领域不可或缺的一部分。

▶ 1.2　什么是组织行为学:组织行为的内涵与外延

1.2.1　认识组织行为学

"八分之一规律"揭示了许多组织管理者中普遍存在的一种认知差距。这一规律指出,大约一半的组织并未意识到其管理方式和企业利润之间的直接联系。在那些已经认识到这种重要联系的组织中,约有一半倾向于采取传统的解决方案——通过单一的变革尝试解决问题。然而,这种方法忽视了一个关键的事实:有效的人员管理需要一种更为全面和系统的策略。而在那些选择进行全面变革的公司中,可能只有大约一半能够持续将这些变革实施足够长的时间,从而真正实现经济效益的提升。因此,根据这一规律,只有极少数组织能够全面地理解并成功地执行这些变革策略,从而获得显著的经济效益。

这种认知差距的存在凸显了组织行为学的重要性。作为管理学的重要分支,组织行为学主要研究组织中人的行为表现和规律,以及其潜在的心理机制。组织行为学的定义涉及了几个重要概念。

首先是组织。组织指的是由人和群体组成的,通过分工和协作追求共同目标的集体或团体。企业、党政机关、学校、医院甚至军队都属于组织。从这个角度看,组织行为学的研究对象和应用场景非常广泛。举例来说,军队是研究冲突管理的理想样本。

其次是行为表现和规律。我们关注每一位组织成员,上到CEO(首席执行官)、企业高管,下到基层员工的行为表现。在企业中,最重要的行为表现可能就是任务绩效(task performance)、组织公民行为(organizational citizenship behavior)以及反生产工作行为(counterproductive work behavior)了,因为它们是影响组织的整体表现及利润的最重要的行为。任务绩效指的是组织成员在其日常工作中实现既定任务和目标的情况,包括个体完成岗位说明书规定的工作的质量和效率。组织公民行为指的是组织成员超越正式职责范围,以自愿和主动的方式参与到有益于组织和同事的行为中。这可能包括帮助同事、分享知识、积极参与团队活动,以及表现出对组织的忠诚和支持。反生产工作行为指的是组织成员在工作中表现出的对组织或同事有害的行为,包括迟到早退、拖延工作、上班摸鱼、恶意破坏财产,甚至涉及不道德或违法的行为。反生产工作行为对组织的正常运作和同事关系都可能造成负面影响。我们将在本章最后详细探讨工作场景中这三类重要的行为表现。我们希望通过对个体行为的引导和影响,提高组织的绩效和竞争力。

组织行为学不仅关心员工的行为表现,更关注这些表现背后的规律。例如,任务绩效高的员工可能具备哪些共同特质?有什么因素会导致一些企业或团队做出更多的组织公民行为?从事反生产工作行为的员工更多是出于自身性格的原因还是出于工作环境的原因?对于管理者,只有理解行为背后的规律,才能更深入地了解组织的运作方式并帮助组织实现科学管理的目标。对于员工而言,通过研究和分析不同行为表现的共性与差异,可以更有针对性地培养自己的职业素养、提升团队协作能力,并在职业生涯中取得更显著的成功。

最后是心理机制。组织行为学关注组织成员个体以及群体的心理,如他们的情绪怎么样、对工作是否满意、是否对工作充满兴趣、是否可以作出无偏差的决策等。这些心理状态可以在很大程度上解释个体及群体的行为。还需要强调的一点是,学习组织行为学的目的是要提高管理者预测、引导和影响个体、群体的行为的能力,以实现组织的既定目标;在达成这些目标的同时,管理者应当关注并提升员工在工作和生活中的福祉。事实上,追求组织效率与关心员工福祉间并不矛盾,二者相辅相成。有效运作的组织能够为员工提供良好的工作环境、成就感和成长机会,员工的满意度和福祉自然会获得提升。这样的员工更能投入到他们的工作中,用创造力和热情推动组织目标的实现。

1.2.2 为什么要学习组织行为学

无论是组织中的管理者还是基层员工,都可以从学习组织行为学中受益。对于管理者而言,深入理解组织行为学意味着能够准确把握那些推动组织成功的关键力量。常有管理者本能地相信,成功的秘诀可以通过模仿当下繁荣的企业而获得。他们急于效仿这些企业的成功案例,不断变更管理策略,以至于在一个方案还未完全执行之前,就匆忙跳到下一个方案上。这种做法不仅难以奏效,而且很容易削弱员工对管理层的信任。遗憾的是,这种盲目"跟风"的趋势并不容易被扭转,因为相较于深入组织内部进行细致的问题诊断,人们往往更乐于简单地模仿那些被广泛推崇的"世界 500 强企业"。

实际上,与其迷恋那些表面光鲜、实则未经验证的商业新潮流、将其奉为商业圣经,不如更加专注于洞察和理解自身所在的组织。认识到哪些关键员工和团队特质对于组织的成功起到了至关重要的作用,这远比简单模仿要有效得多。关注组织内部动态、识别并发挥那些推动组织向前的核心要素的作用,才能建立起真正的竞争优势。这不仅能够促进组织的健康成长,也为员工提供了更加积极、健康而充满活力的工作环境。而最终,这种植根于组织行为学的洞察力和管理策略,将引领组织走向持久且自主的成功之路。

此外,面对工作场景中出现的种种棘手难题,管理者和基层员工都可以通过学习组织行为学来完善自己的直觉,从而作出正确的决策和判断。在观察同事的言行时,你是否曾试图解读他们的行为,预测其不同情境下的举止呢?现实中,我们通常依赖直觉来解读和预测他人的行为,然而,这种方法往往会导致得出错误的结论。组织行为学可以帮助我们发现个体和群体行为中的一些共性规律,然后通过科学方法更准确地反映个体之间的差异,从而更系统、精准地预测他人的行为,提升个体及组织的绩效。

以一个例子来说明,你可能发现市场部的主管在管理下属时独断专行、从不授权。在解读他的行为时,你可能会出于直觉认为这是由于他的领导风格偏向集权,或者缺乏对团队成员能力的了解和信任。于是,你可能会让他参加一些领导力培训,让他了解到授权可能带来的优势;同时组织一些团建活动,让他全方位地了解团队成员的能力。这些努力在一些时候可能会起到作用,然而,在这个案例中却没有。市场部的主管之所以不授权,是因为他之前尝试过授权部分员工,但却导致团队内部矛盾重重、成员之间相互嫉妒,结果是团队知识共享减少、绩效降低。如果我们深入学习组织行为学,就可以更全面地探究这位主管的行为模式,并了解这种行为背后的多样性动机和影响因素。研究发现,领导授权伴随着潜在成本,包括员工可能会因为领导授权而变得骄傲自负、员工可能会利用领导授权而偷懒不作为、团队成员之间可能会产生嫉妒情绪以及关系冲突、员工可能会作出错误的决策导致项目失败,以及授权需要花费领导大量时间和精力。通过深入了解这位主管的背景和经验,我们可以更好地理解他的行为动机,而不仅仅停留在表面的直觉层面。

此外,通过对这位主管及其团队的行为进行深入分析,我们可以发现类似的模式是否存在于其他主管和团队中,以及这些模式是否与团队的整体绩效相关。与这位主管的情况不同,或许在其他团队中,主管的独断专行正是因为该领导对团队成员缺乏了解和信任,使主管感到必须亲自承担更多责任。学习组织行为学的理论和方法能够让我们更全面、客观地理解和解释人们的工作行为,而不仅仅依赖主观直觉。这进一步提高了我们对组织内部动态的洞察力,使我们能够更好地预测和引导团队的行为,从而提高整个组织的绩效。

1.2.3　组织行为学的整合模型:从前因到结果

上文中我们强调了组织行为学是一门洞察组织中人的行为表现和规律,以及其潜在的心理机制的学科。那么有哪些因素可以影响员工的心理机制及行为呢?这些因素横跨个体、团队和组织层面,为我们提供了对于员工在组织环境中的心理和表现的全面理解与解释。

在个体层面,员工的认知能力(ability)是其中一个关键因素,它包括个体学习、推理、解决问题、制订计划、抽象思考以及理解复杂概念的能力。这直接关系到员工在工作中的表现和成就。同时,个体的人格特质(personality)也在很大程度上塑造了他们的心理和行为方式。例如,相比内向的员工,外向的员工往往对工作更加满意,因为他们在各种情境下更容易感受到积极情绪。此外,他们通常具有出色的社交和沟通能力,能够轻松与同事和客户建立良好的人际关系,因而在那些需要频繁社交互动的岗位上表现更出色。

在团队层面,群体与团队的特征对于员工的心理状态和行为同样至关重要。团队的氛围和规范、团队的沟通,以及团队成员之间的关系都会直接影响员工的情绪状态和工作表现。此外,领导风格和权力也在塑造员工态度和行为方面发挥着关键作用。一位魅力型领导通常会有效激发员工的积极性,不作为的领导风格则可能引发员工的抵制和不满。

在组织层面,工作设计是一个重要概念。具备技能多样性、工作自主性、任务完整性、工作反馈以及任务重要性的工作可以提高员工的工作满意度和绩效。通过科学的工作设计,组织可以创造积极的工作环境,从而激发员工的潜力和动力。综合而言,这些因素相互交织,构成了一个复杂而丰富的组织行为学整合模型(图1.2)。通过这个模型,我们能够深入理解和解释员工在组织中的行为,并为提升组织的绩效和员工的福祉提供实践指导。

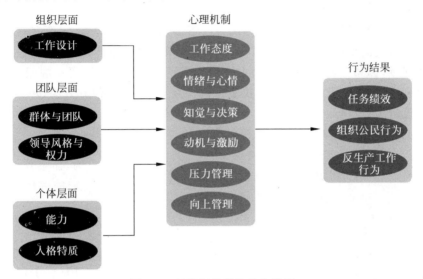

图1.2 组织行为学的整合模型

1.3 组织行为学的科学属性

组织行为学的知识是否只是司空见惯的常识呢?换言之,组织行为学的知识来自管理者经验的总结吗?在探讨这个问题之前,让我们先回答一个看似简单的问题:你认为哪些因素可能会影响员工的工作满意度?或许你会想到工资水平、晋升机会、与领导的关系、与同事的沟通等方面。接下来,请考虑这些因素中哪些更为重要,是否还存在其他可能影响员工工作满意度的因素。现在,我们一同来看看科学研究的发现。

首先,相关理论和研究表明,工作满意度是一个涵盖多方面的知觉,包括对收入水平、晋升机会、上司管理、团队协作及工作本身满意度的综合评价。其中,对工作本身满意度的评价与整体工作满意度的相关性最为显著。那么,哪些因素可能影响我们对工作本身的满意度呢?根据工作特征模型(job characteristics model),技能多样性、工作自主性、任务完整性、工作反馈以及任务重要性都会影响我们对工作本身的满意度。除此之外,还有哪些因素可能影响工作满意度呢?实际上,我们的情绪状态也在其中扮演着关键角色。情绪信息理论指出,我们会根据自己感知到的情绪来评判工作满意度;心情愉悦时,我们更可能认为自己对工作满意,心情不佳时则倾向于认为对工作不满意。此外,个体的人格差异也会对工作满意度产生影响。例如,外向、高宜人性的员工通常更容易体验到较高的工作满意度。由此可见,尽管工作满意度表面看起来简单,但实际上它受到众多因素的综合影响,需要我们系统而深入地进行挖掘。

接下来,请再回答一个问题:你认为以下的描述准确吗?总体而言,鼓励员工参与决策对提高组织绩效的效果要优于设定绩效目标。如果你的答案是肯定的,那么很抱歉,你和大部分高管及人力资源主管一样,在这个问题上的回答是错误的。研究表明,尽管鼓励员工参与决策可以提高组织绩效,但其效果(小于1%)明显低于设定绩效目标(20%)。

以上这些问题提醒我们在理解组织行为学知识时,要避免陷入表面的共识,而是以更全面、系统的方式思考和解决组织内部的复杂问题。那么,我们究竟是如何探究组织行为学的相关问题的呢?图1.3描述了学者们获取组织行为学知识的常见步骤。学者们一般从理论出发,构建可以验证的假设,然后通过数据来验证假设的成立与否。

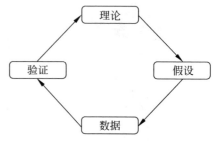

图1.3 组织行为学研究的科学方法

理论旨在提供对事物运行原理的抽象、一般性的认识,它会解释变量之间是如何相关的、为什么相关及在什么条件下应该或不应该相关。以情绪信息理论为例,这一理论说明了积极的情绪会正向地影响我们对事物的判断,且这种影响会在我们对于事物没有那么熟悉的情况下更为显著。在这个理论的指导下,我们可以进一步提出假设。假设是一种表明变量之间关系的预测。在这里,我们可以提出以下假设:员工的情绪越积极,他们对领导和同事的信任程度越深。

在提出假设后,我们可以通过问卷调查的方式收集数据。比如,可以询问员工过去两周的情绪,然后了解他们对领导和同事的信任水平。最后,通过对收集到的数据进行分析,检验情绪和信任水平之间是否存在显著的正相关性。在这里,相关性通常以r表示,用于衡量两个变量(自变量和因变量)之间的统计关系。自变量指的是影响其他变量的变量,因变量则是被影响的变量。在我们的假设中,情绪是自变量,对领导和同事的信任是因变量。

下一个关键的问题是,如果问卷数据显示员工的情绪和他们的信任水平之间存在显著的正相关关系,那么是否就可以断定情绪越正向,员工越信任领导和同事?此时的相关性是否可以等同于因果性呢?显然,这里的相关性不能直接等同于因果关系。举个简单的例子,也许是对领导和同事的信任程度高导致了他们感受到更积极的情绪(反向因果),也可能是员工的个体差异(如高的外向性)导致一些员工更容易体验到积极情绪并同时感知到更高的领导和同事信任。因此,问卷调查,特别是在同一时间节点收集的同源数据,很难验证因果关系。那么,我们还可以通过什么方法去验证提出的假设呢?

组织行为学研究者还会采用实验的方法来验证假设。我们可以在实验室环境中开展实验,通过让参与实验的人员(以下简称"被试")回忆一段积极或消极的事件,或者观看一段欢乐或悲伤的视频,来操纵被试的情绪。接着,我们可以请被试在不同情绪状态下评估自己对领导和同事的信任。这个实验设计有助于在受控制的环境中检验情绪变化对工作满意度的影响。另外,我们也可以考虑设计一个更贴近实际工作场景的田野实验。在这个实验中,我们将在工作环境中引入一些与工作无关的积极或消极事件,观察员工在实际工作场景中的情绪变化,并记录他们对领导和同事信任的变化。这样的实验设计更贴近员工真实的工作体验,有助于我们更全面地了解情绪对信任的实际影响。如果实验结果显示了情绪和信任之间的显著正相关性,那么我们的数据就能够有力地支持我们的假设。基于这些发现,我们可以得出结论:积极情绪会正向影响员工对于领导和同事的信任。

拓展阅读　从田野实验中,寻找管理的终极解决方案

让我们通过另一个例子再来谈一谈验证因果关系的重要性。大数据显示,冰激凌的销售量与游泳溺水的人数呈显著正相关。也就是说,冰激凌的销售量越高,游泳溺水的人数越多。基于这一发现,我们是否可以简单地得出结论,限制冰激凌的销售可以减少游泳溺水的发生呢?显然,这种简单的推断是站不住脚的。原因在于我们在分析中忽略了一个关键的变量,那就是季节。在夏天,冰激凌的销量增加,游泳的人数也增多,自然而然地导致了游泳溺水人数的上升。然而,在冬天,冰激凌的销量减少,游泳的人数也减少,从而降低了游泳溺水的情况。因此,我们不能单纯地将冰激凌的销售量与游泳溺水的人数之间的关系解释为因果关系,而是需要考虑季节这一第三因素同时影响着自变量和因变量。在判断因果关系时,我们必须认真思考是否存在其他可能影响我们研究的因果关系的因素,以确保我们的结论更加准确和可靠。这种系统性的分析对于作出科学合理的决策至关重要。

除了问卷调查和实验法,还有哪些科学的方法可以帮助我们获取组织行为学的知识呢?一方面,观察法是一种重要的研究方法。通过直接观察组织成员在工作中的行为,我们可以捕捉到一些在问卷调查或实验中难以获取的实时信息。这种实地观察有助于更深入地理解组织文化、团队协作以及领导与员工之间的互动。例如,当我们寻找明星团队卓越表现的背后原因时,通过观察法可以捕捉到关键信

息。另一方面,访谈法也是理解组织行为学的有效手段。对于一些新奇现象,我们难以用理论解释或提出假设,此时访谈法能够帮助我们直接获取相关数据。例如,当我们想了解为什么越来越多的员工选择成为兼职小红书博主,以及这种行为是否对他们的职场行为产生影响时,通过访谈员工可以获取一手信息。

最后,值得强调的一点是,在组织行为学中并不存在绝对的真理。与化学、物理学、天文学等自然科学拥有稳定一致的定律不同,组织行为学在解释人类行为时面临着极大的复杂性挑战。每个人都是独一无二的,因此几乎不可能找到简单而适用于所有人的普世性原理来解释组织行为。在同样的情境中,两个人的表现可能截然不同;同一个人在不同情境下的行为也常常会发生变化。例如,并非每个员工都追求金钱,也不是每个员工都喜欢富有挑战性的工作。通常情况下,组织行为学通过发现一般性规律和偶然性,使我们更好地理解人类在组织中的行为。例如,学界发现金钱在影响大多数人的职业选择方面起到了重要作用。同时,组织行为学也能揭示一些人更容易受到金钱影响的偶然性。当我们认识到这些一般性规律和偶然性在通常情况下如何引导行为时,我们就能更全面地理解组织行为学的实质。这种洞察力不仅能够帮助管理者更好地领导团队和激励员工,还能为组织提供更灵活、适应性更强的管理策略。因此,组织行为学的研究不仅在理论层面上具有挑战性,更在实践中为组织提供了宝贵的指导,这也是组织行为学研究者重要的动力源泉。

▶ 1.4 组织行为学能改变什么:组织行为的常见结果变量

在组织中,学者和管理者最为关注的莫过于员工的工作绩效(job performance),这是因为员工的工作绩效在很大程度上能够影响组织的整体绩效和竞争力。工作绩效指的是那些对组织目标产生积极或消极影响的有意义的员工行为。具体而言,工作绩效主要包括三个关键的职场行为:任务绩效、组织公民行为以及反生产工作行为。其中,任务绩效和组织公民行为对组织目标的实现产生积极影响,反生产工作行为则会给组织目标的实现带来不利影响。因此,深入了解和有效管理这些方面的工作绩效是保障组织整体成功的关键。

1.4.1 任务绩效

有过求职经历的人对于岗位说明书(job description)或许都不陌生。它是一个正式的文档,详细描述了一个特定岗位的主要职责、职位所需的技能和资格及该职位在组织中的角色和地位。它是组织人力资源管理的一个基本工具,通常用于招聘、评估和管理员工。岗位说明书有助于潜在的求职者了解他们是否适合该职位,同时也为现有员工提供了对于他们工作的明确指导。此外,它还为管理层提供了衡量员工绩效和发展需求的依据。

任务绩效是指个体完成工作描述或岗位说明书中所涵盖的核心工作任务的效果和效率。它在不同的职业中呈现出独特的面貌,因为每个岗位都有其特定的工作描述和目标。以空乘人员为例,他们的任务绩效不仅仅局限于服务性质的工作,如分发食物和饮料;更重要的是,他们必须确保乘客的安全,这包括熟练地介绍和演示安全程序,以及在紧急情况下的快速反应。这些都是空乘工作中不可或缺的核心任务,直接关系到航空公司的服务质量和乘客的安全。消防员的任务绩效则在于他们对生命财产的保护能力。在紧急情况下,他们必须能够迅速定位并救援火灾受害者,同时操作各种设备有效地扑灭火灾。这要求消防员不仅具备强健的体魄,还具备高度的专业技能和快速决策能力。对于会计师而言,任务绩效的核心在于其精确性和专业的财务分析能力。他们必须准确地准备、审查和分析会计记录,确保所有财务报表的准确性和合规性,这对于企业的财务健康和透明度至关重要。

这些例子表明,不同岗位的任务绩效具有各自的特点和要求。在任何组织中,理解并优化各自岗位的任务绩效都是至关重要的,它不仅能够提高个人的工作成就感,还能推动整个组织的发展和成功。因此,评估和提升任务绩效应当是管理者和员工共同努力的焦点,从而确保每一个团队成员都在其岗位上发挥最大的潜能,共同实现组织设定的目标。

1.4.2 组织公民行为

组织公民行为是指员工自愿参与、可以通过改善工作场所的心理或社会环境而为组织作出贡献的行为,这些行为可能会也可能不会受到组织奖励。组织公民行为通常可以划分为指向组织的组织公民行为(OCBO)以及指向个人的组织公民行为(OCBI)。OCBO 具体包括建言(voice)、公民道德(civic virtue)和热心支持(boosterism)。其中,建言涉及发表意见并提出建设性的变革建议;公民道德是指通过自愿参与会议和活动、阅读组织公告、关注影响公司的商业报道等方式深入参与公司的运行;热心支持是指在组织外参与公开活动时,能够积极代表组织的精神风貌、为组织说好话。OCBI 具体包括助人行为(helping)、善意知会(courtesy)以及运动员精神(sportsmanship)。其中,助人行为包括支持承担繁重工作任务的同事,帮助有需要的同事处理个人事务以及为新员工传授工作技巧;善意知会指的是告知同事与他们相关的事宜;运动员精神是指对同事保持良好的态度。

了解组织公民行为的分类和定义之后,请回顾你在工作场所中是否经常从事组织公民行为,如果是的话,原因是什么?你是否出于亲社会的动机,即从内心想要关心、帮助他人的动机而从事组织公民行为？或者你是因为对组织的热爱,而从事组织公民行为？还是你的组织公民行为更多是为了回应同事或领导曾给予过的帮助？又或者,你是否因为印象管理的需要而被迫从事组织公民行为？换句话说,是不是因为同事都在从事类似的事情,你不得不效仿他们,以避免在领导面前显得格格不入？实际上,以上几种动机都是员工从事组织公民行为的常见原因。在了解这几种不同的动机后,让我们再来回答下面的问题：组织公民行为一定会对组织目标的实现有利吗？显然,如果员工是出于印象管理的动机从事组织公民行为,这对组织大概率没有益处,反而可能使员工的情绪耗竭,损害他们后续的任务绩效。因此,即使是积极行为,我们也要分辨这种行为背后的动机。作为管理者,要避免迫使员工从事组织公民行为,尤其是在员工对于自己的任务绩效还自顾不暇的时候。

1.4.3 反生产工作行为

反生产工作行为指的是员工有意地阻碍组织实现其目标的行为。反生产工作行为通常会给企业带来一系列负面影响,包括损害员工的工作积极性、增加企业的人力成本、降低企业的生产率。与组织公民行为类似,反生产工作行为也可划分为指向组织的反生产工作行为(CWBO)以及指向个人的反生产工作行为(CWBI)。此外,还可以根据行为的严重性将反生产工作行为分为财产偏差(property deviance)和生产偏差(production deviance),以及个人攻击(personal aggression)和政治偏差(political deviance)(图1.4)。

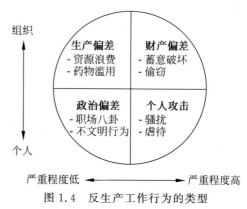

图 1.4 反生产工作行为的类型

财产偏差是严重程度较高的 CWBO,主要涉及危害组织财产及所有权的行为,包括蓄意破坏(sabotage)和偷窃(theft)。蓄意破坏指的是有目的地破坏公司设备、组织流程或公司产品；而偷窃指的是员工将公司财产或财物据为己有,如很多餐厅的服务员会将食物或饮料带回家。生产偏差一般被认为是严重程度较低的 CWBO,主要关注于降低工作产出效率的行为,如资源浪费(wasting resources)和药物滥用(substance abuse)。资源浪费是指员工使用过多原材料或时间完成很少的工作；药物滥用是指员工在工作时或工作前滥用药物或饮酒过度,导致生产率大打折扣。个人攻击是严重程度高的 CWBI,是直接指向其他员工的、敌对的口头及身体行动,包括骚扰(harassment)和虐待(abuse)。骚扰指的是员工遭到同事非意愿的身体接触或者口头非议；而虐待指的是员工遭受袭击或受到危及，可能导致身体和心理伤害。辱虐管理（abusive supervision），即领导者对员工持续表现出怀有敌意的言语和非言语行为，就属于个人攻击这一类别。最后，严重程度较低的CWBI被称为政治偏差，是指员工有意地做出程度较弱的、不利于其他员工的行为，包括职场八卦（gossiping）和不文明行为（incivility）。职场八卦指的是工作场所中两名或几名员工在被讨论者不知情的情况下对其进行评价的行为。当同事们在办公室中讨论某位同事的私人生活细节，如他们的恋爱关系或财务状况，而这位同事并不知情时，就是一个典型的职场八卦的例子。这种行为可能会在没有充分了解全部事实的情况下，对同事的声誉和职场关系造成负面影响。不文明行为表示的是一种不礼貌、失礼、粗鲁的行动或言辞。例如，当我们在谈话或吃午饭时有意识地忽略某个同事时，我们就对这名同事实施了不文明行为。

在过去几年里，一种备受关注的反生产工作行为悄然流行，即带薪摸鱼，这被学术界认定为时间偷窃的一种表现形式。时间偷窃包括员工故意谎报工作时长，或者在工作时间内从事与工作无关的事务，却接受公司支付的工资报酬。未经领导批准的休息、虚报工作时间、故意减缓工作速度、与同事过长时间的闲聊，以及将工作时间用于非工作任务，都属于员工的时间偷窃行为。了解反生产工作行为的定义和分类之后，你觉得时间偷窃属于哪个维度？显然，时间偷窃属于指向组织的反生产工作行为，复杂之处在于它既包含了较低严重程度的生产偏差，也包含了较高严重程度的财产偏差。

从管理者的视角出发，你是否深入思考过员工从事反生产工作行为的动机？根据现有的证据，员工可能会在对薪酬或工作安排不满的情况下，想要通过反生产工作行为来报复或表达他们的不满。此外，员工也可能为了帮助同事或客户而违反工作规则。更令人惊讶的是，员工有时可能会因为一些建设性的原因而参与反生产工作行为。举例来说，刻板地遵循组织的规章制度有时可能会损害员工的工作积极性和创造性。在这种情况下，员工可能会选择违反某些组织规范，以改善组织、员工，或两者的福祉。因此，对待员工的反生产工作行为时，管理者需要有所区分，对其行为动机进行洞察，不应简单地采取"一刀切"的方式。

组织行为工具箱：你从事时间偷窃行为的频率高吗

1. 我在上班期间过度休息。
2. 我在规定范围外进行额外的休息（例如，额外休息用于喝咖啡、抽烟，或者不必要的时候上厕所）。
3. 我休息的时间比老板/公司规定的休息时间长。
4. 我有意地夸大自己的工作时长。

5. 我会额外加长我在时间记录表或者考勤系统中报告的工作时间。

6. 我让同事帮忙，使我看起来比实际到岗时间到得更早或比实际离岗时间离开得更晚（例如，在考勤系统中调整我的工作时间）。

7. 我在一项任务上拖延时间，以避免被分配到更多的工作。

8. 我故意放慢工作速度来延长我的工作时间。

9. 我故意花费了比实际需要更多的时间去完成某项工作任务。

10. 我在本应工作的时候与同事社交。

11. 我和他人闲聊的时间本应该用于工作上。

12. 我在工作中用于非必要人际交往的时间过多。

13. 我在上班时间查看私人邮件或社交媒体（例如，微博、微信朋友圈等）。

14. 我在上班期间从事与工作无关的活动。

15. 我把本应该用于工作的时间花在了与工作无关的事务上。

说明：非常频繁计 7 分，很频繁计 6 分，比较频繁计 5 分，有时计 4 分，比较不频繁计 3 分，很不频繁计 2 分，几乎没有计 1 分。总分越高，表明你从事时间偷窃行为越频繁。

资料来源：HAROLD C M, HU B, KOOPMAN J. Employee time theft: conceptualization, measure development, and validation[J]. Personnel psychology, 2022, 75(2): 347-382.

1.5 本书的整体安排

本书的所有章节都已在图 1.2 的综合模型中展示。在后续的每一章中，我们将深入探讨一个或两个关键的组织行为的前因或心理机制，以期更全面地理解组织行为学的要点。第一部分（第 2 讲到第 5 讲）将聚焦于个体层面的前因或心理机制，其中，第 2 讲将深入探究工作场景中的个体差异，包括认知能力和人格特质；第 3 讲将关注工作中的态度与情绪；第 4 讲将聚焦于管理中的知觉与决策；第 5 讲则探讨工作动机与激励。第二部分（第 6 讲、第 7 讲）将关注团队层面的前因，其中，第 6 讲涉及群体与团队，而第 7 讲则专注于领导力。最后一部分（第 8 讲到第 10 讲）虽然同样可以归类为组织行为的前因或心理机制，但由于更加侧重于管理实践，我们将其划分至一个整体的板块。具体而言，第 8 讲将关注工作设计；第 9 讲将探讨压力管理；第 10 讲将聚焦一个高度前沿而实用的主题——向上管理。

作为本书的一大特色，在每一章节中我们都引入组织行为工具箱和学术前沿板块。组织行为工具箱的目标是说明与组织行为相关的概念在实际操作中是如何被度量或应用的。通过实际案例和测量工具的示范，读者能够更好地理解这些概念如何在现实工作和生活中产生影响。学术前沿则旨在链接学术界的经典或最新研究成果，使读者能够了解领域内的前沿知识，从而更好地应用到实际工作场景中。我们希望本书能够帮助读者深入理解这些概念，并指导他们运用这些知识改进自己的工作和组织。通过结合理论与实践，我们希望为读者提供一本既深入剖析组织行为学核心概念又具有实践指导的综合性读物。

▶ 本章小结

（1）组织行为学主要研究组织中人的行为表现和规律以及其潜在的心理机制。

（2）组织行为学可以帮助我们发现个体和群体行为中的一些共性，然后通过科学的方法修正对于这些共性的理解，以更准确地反映个体之间的差异，从而更系统、精准地预测他人的行为。

（3）工作绩效主要包括三方面的关键职场行为，即任务绩效、组织公民行为以及反生产工作行为。

第2讲

理想员工的样子：工作中的个体差异

  风腾科技是一家专注于研发创新技术和软件解决方案的跨国公司，其多元化的团队由来自世界各地的员工组成。在风腾科技，每一个员工都具有独特的个人特质：有些员工总是喜欢以快速而果断的方式解决问题，而另一些员工则倾向于深思熟虑、审慎行事；有些员工在面对压力时表现出色，而其他员工可能感到不知所措。这些差异来源于每个员工独特的认知能力和性格特质，它们潜移默化员工的工作表现、绩效，甚至组织的整体运作。

  "世上没有一模一样的两片叶子"，风腾科技的员工亦是如此，晓梅和盛阳就是多元化、差异化的两名代表员工。晓梅是一名富有创造力的软件工程师，她总是能够迅速理解复杂的编程问题，并提出富有创意的解决方案。她的团队成员认为，她在快节奏的项目中起到了举足轻重的作用，而她乐观和开朗的性格也使整个团队保持高涨的士气。盛阳是风腾科技的质量保证专家，他以严谨和谨慎著称，喜欢在做决策前进行详尽的数据分析和深入研究，从而确保产品的高质量。晓梅和盛阳之间的互补与协作使得项目顺利推进。在一个创新性项目中，晓梅的快速创意和盛阳的严谨分析能力相结合，为项目提供了双重保障，帮助团队出色地完成项目。晓梅和盛阳体现了在风腾科技中普遍存在的个体差异，也正是对个体差异的包容塑造了风腾科技的企业文化和工作氛围。

  然而，这些个体差异也可能为公司带来挑战。在一个重要的项目中，晓梅因过度充满激情而忽视了一些重要细节，而盛阳则在另一个项目中因为过度谨慎而错失良机。充满创意和灵感的员工可以推动公司的创新发展，而细致入微、注重细节的员工则有助于确保产品质量和客户满意度，但是对某一类个体差异的过度倚重也可能带来风险。为了公司的长远发展，管理层开始反思：他们是否注意到员工的个体差异？是否真正理解和管理了员工的个体差异？工作内容与员工的认知能力以及性格是否匹配？如何更好地管理和应用这些个体差异？

2.1 什么是个体差异

在生活中,我们每天都会遇到各种各样的人。有热情善良的路人,有机灵幽默的同学,也有严肃认真的老师。每个人都拥有自己独特的特点和个性,无论是在外貌、人格还是在能力方面都有所不同。就像经典美剧《老友记》中的角色一样,每个人都展现出鲜明的特点。Rachel是一个漂亮、任性的女孩,常常会耍些小脾气,尽管她表面上总是嘻嘻哈哈、有些傻乎乎,但她的真诚和勇敢却打动着身边的人。与Rachel相比,Monica则是一个聪明而知性的女性,外表看似坚强,内心却脆弱自卑,她一直在寻找自我、追求理想,试图证明自身的价值。

人类从相同的祖先进化而来,共享了相同的基本形态、身体结构,但是在很多方面也不尽相同。这种差异不仅体现在外貌上,还包括我们的情感体验、对世界的认知方式、擅长的领域、喜好和厌恶等方方面面。此外,我们在智力水平上也存在差异,在不同情境下展现出的行为方式更是千差万别。心理学家将这些个体之间的差异称为个体差异(individual difference)。个体差异是指由于遗传与环境的交互影响,不同个体在身心特征上呈现出的独特的特质和特点。每个人都是独一无二的,正是这种差异使得我们的生活丰富多彩。在工作中,这些个体差异也扮演着重要角色,影响着个体、团队乃至组织的各个方面。那么,个体差异在职场中是如何体现的?为什么它对工作至关重要呢?

组织内的每名员工都是独一无二的个体,个体差异决定了员工在完成不同任务、承担不同职责方面的优势和劣势。有些员工可能在创新性的工作中表现出色,而另一些员工则更擅长执行性的工作。有些员工可能更加外向、乐观,乐于并擅长与他人合作,他们在团队中扮演着凝聚者和推动者的角色;而有些员工可能更偏内向,擅长独立完成任务,他们是团队中深思熟虑的问题解决者。这些个体差异不仅涉及认知能力和人格特质,还体现在技能、经验、兴趣和价值观等方面。因此,管理者需要深入了解员工间的个体差异,以便更好地将员工与适合他们的工作相匹配,以达到最佳的团队协作和工作绩效。

心理学家花费了大量的时间和精力研究两类最重要的个体差异——认知能力(cognitive ability)和人格(personality)。认知能力,在口语表达中也称为智力(intelligence),涵盖了我们的学习、推理、问题解决、计划、抽象思维以及理解复杂概念的能力。有些人具备出色的认知能力,如那些只在考试前一天晚上突击准备,但仍然能够在各项考试中表现出色的学生通常具有较强的认知能力。人格被视为一个人独特且相对稳定的行为模式、思维模式和情感模式。每个人都有自己鲜明的个性,有些人可能是社交能手,有些人可能非常自律、可靠,还有些人可能显得邋逞或不可信赖。心理学家使用"人格"一词来描述个体之间在这些维度上的差异。如果说认知能力决定了人们的推理和问题解决能力,那么人格则反映了他们的行为方式与倾向。当然,除了认知能力和人格之外,还有许多其他与工作相关的个体差异因素。不过,为了让讨论更聚焦,在接下来的内容中,我们将专注介绍认知能力和人格,并探讨它们在工作中的重要性。

▶ 2.2 认知能力:智慧的源泉

我们经常会根据一个人的能力、聪明才智去评价他们。有的人智商超群,少年成名;有的人鲁钝平庸,碌碌无为。究竟是什么因素在其中起到了决定性作用?实际上,人类在完成各种任务时都会使用到认知能力,即大脑加工、储存和提取信息的能力,也就是我们常说的智力。我们之所以能够认识所处的客观世界并获取各种知识,主要归功于我们的认知能力。

2.2.1 认知能力的维度

前面提到,认知能力是我们的大脑用来获取、处理、理解、组织和应用信息的核心能力,是我们在日常生活中进行思考和行动的基础。美国心理学家瑟斯顿提出认知能力具有多个维度,包括算数、语言理解、知觉速度、归纳和演绎推理、空间视知觉和记忆力。认知能力在个体间存在显著差异,这意味着不同人在认知能力的不同维度上可能表现出不同的水平。这种多样性使得每个人在某些认知任务上拥有独特的优势,也就是在某些方面表现出卓越的能力水平。例如,拥有强大语言理解和表达能力的人通常更适合从事需要高度沟通和表达的职业,如教育、销售或媒体行业。他们能够有效地传达信息,与他人建立联系。另外,拥有出色的空间可视化能力的个体在构建和操作空间图像方面表现出色,这使他们更适合从事需要空间思维的工作,如艺术、建筑或工程,他们可以轻松地想象和设计复杂的空间结构。表2.1中列出了七个认知维度及其定义,并列举了哪些工作适合在相应维度表现出高水平的个体。

表2.1 认知能力的不同维度

维 度	描 述	适合从事的工作示例
算术	迅速、准确地进行算术运算的能力	会计师:计算一组产品的销售税
语言理解	理解阅读到或听到的内容,以及词语间关系的能力	工厂经理:推行公司的招聘政策
知觉速度	快速准确地辨别视觉上异同的能力	火灾调查员:根据现场的线索辨别火源
归纳推理	辨别问题中的逻辑顺序,以及解决问题的能力	市场调研员:预测下一个时间段内产品的市场需求

续表

维度	描述	适合从事的工作示例
演绎推理	运用逻辑来评估某观点的价值的能力	主管：在员工提出的不同建议之间作出选择
空间视知觉	想象一个物体在空间中位置发生变化后的形状的能力	室内装饰师：对办公室进行重新装饰
记忆力	保留并回忆过去经历的能力	销售人员：记住客户的姓名

资料来源：罗宾斯,贾奇.组织行为学[M].孙健敏,朱曦济,李原,译.18版.北京：中国人民大学出版社,2021.

在认知能力的不同维度中,归纳推理和演绎推理涉及缜密的逻辑思维,代表了两种关键的认知能力。作为两种常见的推理方式,归纳推理（inductive reasoning）和演绎推理（deductive reasoning）在逻辑上有着明显的区别,而区分它们一直是认知能力培养的重要一环（图 2.1）。归纳推理是通过观察得出结论的方式,它将多个具体的例子总结出一般性的规律或结论。这个过程被描述为"从特殊到一般",通过观察一系列的特定情况或样本,从具体案

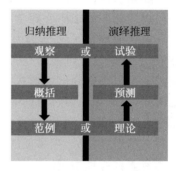

图 2.1 归纳推理与演绎推理

例中总结出普遍的规律或概念。例如,通过观察多个红色苹果,有些人可能归纳得出结论：所有苹果都是红色的。需要注意的是,归纳推理的结论不一定是正确的,因为它基于有限的个例进行推理,不能涵盖所有可能情况。换言之,观察到的个例可能是例外情况,因此得出的结论可能不准确。演绎推理是从已知的前提推导出结论的过程。它被描述为"从一般到特殊",从一般性规则或原则出发,通过严格的逻辑推理得出特定情况或结论。在演绎推理中,前提必须是真实和可靠的,才能得出有效的结论。例如,如果我们知道所有哺乳动物都会产生乳汁来哺育幼崽,并且狗是哺乳动物,那么通过演绎推理我们可以得出结论：狗会产生乳汁来哺育幼崽。这个结论基于已知的一般规则和原则,因此具有逻辑上的严密性和准确性。

2.2.2 认知能力的测度

该如何衡量个体的认知能力呢？通常,我们使用认知能力测试来评估一个人的认知能力水平。这些测试包括各种问题类型,具体的题型取决于测试所关注的认知维度。值得注意的是,完成认知能力测试不需要具备特定的先前知识,一个设计良好的认知能力测试应该仅依赖于基本的语言和数学理解能力,而不需要其他特定知识或技能。事实上,长期以来,人们一直尝试通过各种不同的方法和工具来测定智力。在古代中国,杨雄曾通过评估言语和书法速度来判断一个人的智力水

平。19世纪末,英国生物学家高尔顿设计了高尔顿音笛和高尔顿棒,用来测定人的听觉和视觉辨别能力,试图通过感觉辨别力来评估智力水平。此外,还有很多认知能力测试被广泛用于评估个体的智力水平。接下来,我们将介绍几个著名的认知能力测试。

斯坦福-比奈智力量表(Stanford-Binet intelligence scales)根据被测者的年龄设定不同的智力标准,以评估其在语言理解、数量概念、模式识别、推理和问题解决等各个认知领域相对于同龄人的表现。随着时间的推移,量表经过多次修订,以满足不同年龄群体的测试需要。这一测验在学校教育、临床评估、学术研究和人才选拔等领域被广泛应用,被认为是全球最具影响力的智力测验之一。

美国著名的临床心理学家大卫·韦克斯勒于1939年发表了韦氏成人量表,随后不断扩展形成了韦氏智力量表(Wechsler intelligence scales)系列,用于评估个体在语言理解、推理能力、注意力、记忆和处理速度等多个智力领域的水平。韦氏智力量表以个别测试的形式进行,即一名测试者与一名被测试者之间进行面对面的测试,以确保测试过程的专业性和准确性。在测试过程中,被测试者需要完成一系列任务,如回答问题、解决问题、模仿图案、完成数字序列等。测试结果会得出一个综合的智商得分,用来反映被测试者的智力水平相对于同龄群体的表现。韦氏智力量表在心理学、教育、临床诊断和人才选拔等领域得到了广泛应用,它为了解个体的认知能力提供了重要的数据。随着科技和理论的不断发展,韦氏智力量表也不断进行修订和更新,以保持其准确性和适用性。

瑞文标准推理测验(Raven's standard progressive matrices,SPM)是由英国心理学家约翰·卡尔·瑞文于1938年开发的一项非文字智力测验,用于评估个体的观察力和推理能力。测试包含60幅图案,被划分为5个单元:A单元主要测试知觉辨别力、图形比较、图形想象力等能力;B单元主要测试类同比较、图形组合等能力;C单元主要测试比较推理和图形组合能力;D单元主要测试系列关系、图形套合、比拟等能力;E单元主要测试互换、交错等抽象推理能力。每个单元的问题难度逐渐增加,要求被测试者观察图案关系并推理出正确答案。SPM测验不受语言和文化背景的影响,主要测量的个体能力也不受先前知识的影响,因此被认可为客观评估个体智力水平的有效工具。由于其简洁性和准确性,SPM在教育、心理学、招聘和人才选拔等领域得到广泛应用。

斯坦福-比奈智力量表、韦氏智力量表、瑞文标准推理测验均为广受认可的认知能力测试,具备较高的科学性和准确性,在学术研究和日常生活中都得到广泛应用。每种认知能力测试侧重不同的认知领域和测量方法,在实践中可以根据具体的需要和目标,选择最适合的测量工具来测度认知能力。

2.2.3 工作中的认知能力

在工作中,员工的认知能力重要吗?答案是肯定的。认知能力在工作中发挥着举足轻重的作用。卓越的认知能力不仅有助于员工在各个工作领域展现出更高的素养和工作表现,还对组织的创新能力、竞争力和持续发展产生积极的影响。假如你是一家企业的人力资源主管,你在招聘新员工时会采取哪些程序?在你的招聘决策中,有哪些标准起到重要作用?你是如何识别优秀的员工的?

大部分的回答都会涉及求职者的认知能力。认知能力是决定我们推理和解决问题能力的关键因素,同时也是预测员工工作表现的强有力指标。突出的认知能力让员工能够快速、准确地分析情况,找到解决问题的途径,并作出明智的决策。具备高水平认知能力的员工通常能够有效应对挑战,在各项任务中表现出色。例如,丰富的想象力使员工能够跳脱传统,为解决问题带来新的思路和方案;强大的推理能力使员工能够快速、准确地分析复杂情况,并从中找到最佳解决方案。因此,在招聘过程中,企业十分关注评估求职者的认知能力,以确保选拔出最具潜力的员工,从而为企业的成功和持续发展打下坚实的基础。

弗兰克·施密特和约翰·亨特的研究成果为认知能力在工作场景中的重要性提供了重要支持。1998年,两人总结了超过85年的研究成果,分析了19种选拔方法在预测员工工作绩效方面的有效性。研究结果表明,认知能力在绝大多数工作中都是预测绩效最有效的指标,这一发现此后在许多国家的不同研究中得到反复验证。相较于其他个体差异因素,认知能力能够更准确、可靠地预测员工的工作绩效。换言之,认知能力较高的员工通常会在工作中表现更出色。

近期的一项研究对施密特和亨特的研究发现进行了重新评估。施密特和亨特的研究在评估选拔程序的有效性时采用了范围限制校正,但这一做法常常导致对有效性的过高估计。在Sackett等学者的修正研究中,他们发现大多数高排名的选拔程序,如结构化面试、认知能力测试、工作知识测试和工作样本等仍然被证明是有效的,但平均有效性降低了0.10~0.20个点。图2.2以可视化方式呈现了施密特和亨特以及萨克特等学者的研究结果。

认知能力是员工工作绩效最有效的预测指标之一。无论是在招聘新员工、设计培训方案、确定晋升路径,还是在薪酬评估时,认知能力始终是评价和决策的关键。一名员工的认知能力不仅影响其当前的任务完成质量,更是推动其未来潜能发挥和职业成长的催化剂。对企业而言,洞察并精准测量认知能力的不同维度,意味着能够在浩瀚的海洋中精准捕捉到那些具有卓越潜质的优秀人才。在人才的选拔、培养和激励方面,认知能力的评估提供了一个客观的参照系,帮助管理层制定更为科学和公正的人力资源策略。

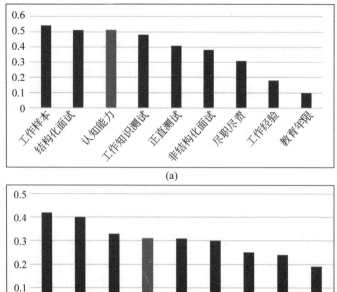

图 2.2 不同选拔工具对于预测工作绩效的有效性

（a）施密特和亨特关于不同选拔工具在预测工作绩效方面的有效性的研究结果；
（b）萨克特等学者关于不同选拔工具在预测工作绩效方面的有效性的研究成果

资料来源：1. SCHMIDT F L, HUNTER J E. The validity and utility of selection methods in personnel psychology: practical and theoretical implications of 85 years of research findings[J]. Psychological bulletin, 1998,124(2): 262-274.
2. SACKETT P R, ZHAWNG C, BERRY C M, et al. Revisiting meta-analytic estimates of validity in personnel selection: addressing systematic overcorrection for restriction of range[J]. Journal of applied psychology, 2022,107(11): 2040-2068.

认知能力的差异性使得每个人在职业选择上有着独特的优势和偏好。对员工而言，认知能力提供了个人职业规划的导航，帮助员工识别可以将自身优势最大化的工作领域。此外，对认知能力的了解也有助于组织和团队进行合理的人才配置，将个体在不同认知维度上的能力与最契合的工作岗位相匹配，提高工作绩效。虽然认知能力在很大程度上受到基因的影响，但现代心理学和神经科学的研究已经证实，通过持续学习和适当的训练，人们确实可以在某种程度上提升自己的认知能力。这为员工提供了一个积极的信息：他们拥有通过后天努力来提升自己工作表现的潜力。尽管基因给每个人的认知能力设定了起跑线,但个人的成长轨迹并非一成不变。员工可以通过有意识地参与各种认知技能培训接受新的挑战。例如,批判性思维、问题解决和决策能力等都可以通过专门设计的练习和实际工作经验的积累来加以锻炼与提高。这意味着员工的职业发展不完全受限于天赋。相反,可以通过自我驱动的学习、工作中的实践及培训机会来不断地扩展自己的认知边界。这种成长和发展的可能性,为员工在竞争激烈的工作环境中取得成功,提供了更多的可能。

值得注意的是,在这个飞速发展的时代,人工智能等技术的革新正在重塑职场的面貌。机器人的精确手臂取代了工厂中的繁重劳作,算法优化了决策过程,而数据分析正在成为商业洞察的关键。这不仅仅意味着某些岗位的消失,更意味着新的工作机会的诞生——那些要求高级认知技能、创造性思维和复杂问题解决能力的岗位。如今的工作场景不再是简单的任务执行,而是展现出对策略思考、创新设计和跨领域沟通的高度需求。因此,组织应当将注意力转向认知能力的发展。组织应该创造支持成长的环境,鼓励员工探索跨领域的知识,使用新工具,参与解决更加复杂和有创造性的问题。组织还应当重新设计工作流程,使之更加智能化,从而释放员工的认知能力,让他们从重复性劳动中解放出来,投身于更需要人类独特智慧的任务中。

未来,随着工作本质的变化,认知能力的应用将成为衡量个人职业成就和组织效能的关键指标。在这一背景下,岗位说明书不再是固定不变的任务列表,而是一张不断演化的技能地图,它指引着员工在技术革命的浪潮中不断前进,探索新的工作方式和机会,实现个人职业的蜕变和组织的创新发展。

▶ 2.3 人格:职场的个性指纹

组织行为观影团:经典名著《红楼梦》中的人格

作为中国四大名著之一,《红楼梦》以现实而又梦幻的笔触构建了一个栩栩如生的书中世界,其勾勒出的一众人物个性鲜明,交织成为中国古典小说中最为丰富复杂的人物群像。曹雪芹以其细腻的笔法和优美的文学语言完成了深刻的人物描写:感性热烈、天真烂漫的宝玉,聪慧敏感、多情忧郁的黛玉,智慧坚韧、果敢决断的宝钗,聪明机敏、心机深沉的王熙凤,慈祥睿智的贾母,温和恬静的迎春,聪慧冷静的探春,内敛文静的惜春,开朗活泼的湘云,端庄高雅的李纨……每一个人物都各具特色,鲜活的形象跃然纸上,向读者展现复杂丰富的人物性格。

1987版电视剧《红楼梦》将小说对这些人物性格的刻画展现得淋漓尽致。一天,黛玉、宝玉和迎春三人在大观园的月洞闲谈,对于花,黛玉和迎春有着不同的想法。黛玉深邃而忧郁,她对迎春说:"咱们守护这片花海,却不能随心所欲地摘取其中的花朵,实在有些遗憾。"而迎春的眼中透露出温暖和从容:"黛玉妹妹,虽然不能摘取花朵,但我们能欣赏花的美丽和芬芳。而这片花海正是你的作品,你的心血所在,何尝不是一种成就和快乐呢?"短短几分钟的桥段,将黛玉的忧郁敏感和迎春的温柔体贴展现出来,她们不同的性格也深深影响着其处事态度和行为模式,预示着人物的不同命运。

2.3.1 什么是人格

《红楼梦》中的人物群像实际上反映出每个人都有其独特的人格(personality)特性,或热情开朗,或冲动蛮横,或小心谨慎,或勇敢无畏……不同的人格会驱动人们形成不同的行为方式,从而对我们的生活和工作产生影响。与认知能力一样,心理学家一直对人类的人格好奇、着迷,他们研究人格及其在生活和工作中的重要性,旨在促进个人和组织的共同发展。"人格"一词最初源于古希腊语的 persona,原本指的是希腊戏剧中演员戴的面具。面具会根据不同的角色而变换,从而传达出角色的特点和性格特征。在现代心理学中,人格被定义为一个人独特且相对稳定的行为、思维和情感模式。我们常常会通过个体所表现出来的能够测量的特质(trait)对其人格进行描述。值得指出的是,尽管 personality 有时也被译为性格或个性,从学术的角度看这几个概念也有一定差异,但在本书中,提到 personality 时,我们将统一使用"人格"一词。

正如人格的定义所示,它具有两个重要的特征:独一无二性和相对稳定性。独一无二性意味着在全球的 70 多亿人口中,不存在两个人格完全相同的个体;每个人都会通过自己独特的方式来应对生活中的各种情境和挑战。相对稳定性指的是人格是一个随着时间的推移逐渐形成的特质,在个体成长过程中逐渐稳定下来。然而,这并不意味着人格永远不会变化;一些重要事件或重大生活变故可能会对个体的人格产生一定影响,但总体而言,人格趋向于相对稳定。

为什么人格如此重要?为什么我们要深入了解人格?人格之所以重要,是因为它是人类行为的重要预测因素,有助于我们理解和预测个体的行为与反应。深入了解人格可以为我们提供关于一个人在不同情况下可能表现出的行为倾向的重要线索。通过深入了解一个人的人格,我们可以获得有关他们如何应对压力和挑战、与他人相处以及作出决策的线索。例如,一个外向、乐观的人可能更倾向于积极主动地解决问题,他们愿意承担风险并积极追求新的机会。相反,一个内向、谨慎的人可能更倾向于深思熟虑后再采取行动,他们注重细节与计划。这种了解不仅有助于我们更好地认识他人,还能够增进我们与他人的有效沟通和协作。在职场中,了解员工的人格可以帮助雇主更好地匹配工作内容和员工,从而提高员工的工作满意度和工作绩效。例如,一份需要创造性思维和灵活性的工作可能更适合那些性格开放、善于适应变化的人,而一份需要细致入微和坚持不懈的工作可能更适合那些性格细腻、负责任的人。深入了解员工的人格特质不仅有助于工作分配,还能够创造更融洽和富有成效的工作环境。

组织行为观影团:纪录片《孪生陌生人》

纪录片《孪生陌生人》(*Three Identical Strangers*)引领观众进入一段神奇而扑朔迷离的真实之旅,讲述了罗伯特、埃迪和大卫三位主人公之间惊人的相似性以及与众不同的人格和成长经历。故事始于罗伯特和埃迪的意外重逢。当罗伯特第一次踏入大学校园时,他不断地被其他学生误认作埃迪。在最初的混乱之后,两人相遇了,他们引人注目的相似外貌带来了一个令人难以置信的发现:他们是同卵双胞胎,在出生时被分开,被不同的家庭领养。他们的重逢引起了媒体的广泛关注,让他们一夜之间成为名人。然而,故事变得更加令人惊奇,第三位同卵三胞胎大卫通过媒体了解到罗伯特和埃迪的情况,三兄弟终于团聚,揭示了他们是实打实的同卵三胞胎。

尽管这三位兄弟在外表上如出一辙,喜欢同样的颜色,抽同一个牌子的香烟,喜欢同一类型的女生,但他们的人格却截然不同。罗伯特是一个外向、乐观、热情四溢的社交达人;埃迪则内向、深思熟虑,但内心承受着沉重的挣扎;而大卫呈现出一种平衡和中立的人格,似乎是两者之间的缓冲。为什么这三位同卵三胞胎会分散在不同的家庭中长大呢?随着对三位主人公调查的不断深入,影片终于揭示了一个令人震惊的真相:他们的分离是有意为之的,是一项秘密科学实验的一部分。这项科学实验的目的是研究同卵多胞胎在不同家庭和环境下的成长和发展。这一真相引发了观众对于人格的形成的深刻思考,同时也引发了对于科学伦理道德的探讨。

思考题:

1. 作为同卵多胞胎,为什么纪录片《孪生陌生人》的三位主人公的人格迥异?人格是由什么决定的?

2. 开展科学实验时,是否可以为了获取让更广大的人群受益的科学知识而牺牲个体的福祉?科学研究的道德边界在哪里?

纪录片中三位主人公的人格差异与他们成长过程中的家庭背景密切相关。罗伯特成长在一个稳定、温暖的家庭,他的父母关系良好,这种环境有助于培养他开放、自信、善于社交的人格特质。埃迪的家庭相对更为复杂,他曾经历一段家庭不稳定的时期,这可能部分解释了他内向和敏感的人格特点,以及对自我身份认同的深入思考。尽管大卫也感受到了被分离的冲击,但他在家庭中仍然得到了一定的支持,这可能有助于他形成一种中立和平衡的人格。总结来看,后天环境对三位主人公人格的塑造产生了深远的影响,尽管他们拥有高度相似的基因,但这并不妨碍他们发展出迥然不同的人格特质。这引发了一个深刻的问题:人格特质究竟是由什么因素来决定的呢?

人格是由多种因素共同塑造而成的,这些因素包括遗传和后天环境的影响。遗传指的是在胚胎阶段就已经决定的因素,包括身材、相貌、性别、肌肉构成、精力水平及生物生化规律等方面的特征,这些特征在很大程度上受到个体的亲生父母在生物、生理和内在心理构成方面的影响。遗传观点认为,染色体上的基因的分子结构可以全面揭示个体的人格特征。然而,科学研究表明,虽然基因对人格的影响约占总体的 $1/3 \sim 1/2$ 比例,但后天环境因素对人格特质的影响更为显著,占比超过 50%。一系列科学研究为这一结论提供了支持:研究人员找到一些身为孤儿的同卵双胞胎,并将他们送到不同的家庭抚养,这些孩子直到成年后才得知他们原来还有一个同卵的兄弟或姐妹。尽管这些孩子在基因上非常相似,但由于生活、成长环境的不同,他们的人格出现了显著的差异。这表明,后天环境对人格养成具有重要影响,并凸显了原生家庭在培养健全人格方面的关键作用。这些发现不仅为我们提供了关于人格发展的重要洞见,还彰显了个体差异的深层次原因。在人格这个由基因编织和环境雕琢的复杂体中,每个人的人格都是独一无二的。通过理解人格,我们不仅能更好地认识自我,还能更深入地理解他人,从而在这个多样化的世界中找到自己的位置。

然而,这类科学研究存在伦理问题。尽管有助于更深入地了解人类,但可能对参与者的心理产生负面影响。以纪录片中介绍的研究为例,它存在以下重要的伦理问题:①知情同意。涉及的孩子和他们的领养家庭都没有被告知他们是实验的一部分。这违反了科学研究的基本伦理,即参与者有权知道他们参与的研究的性质。②操纵和欺骗。实验设计者故意将兄弟姐妹分开,并给他们创设不同的领养环境,以研究遗传与环境对人类发展的影响。家庭和孩子都被蓄意保持在"黑箱"中,这种欺骗在科学研究中是不可接受的。③对参与者的伤害。实验造成了长期的心理和情感伤害。三胞胎及其家庭都承受了与生俱来的兄弟关系被剥夺的痛苦,其中两人因此而产生了严重的心理问题,一人甚至最终自杀。④隐私和保密。没有为参与者提供适当的隐私保护。实验的细节在多年后才被曝光,但这不能弥补过去的侵犯。⑤利益关系的冲突。该实验由一家领养机构与研究者合作进行,可能存在利益冲突。实验可能更多地服务于研究者的职业发展和学术目的,而不是为了参与者的最大利益。纪录片中介绍的实验也为学术伦理的发展提供了侧写,如今学者更加重视研究的伦理问题,强调学术研究必须经过伦理委员会的审查,以保障研究的伦理性和合法性。

2.3.2 人格的测量

人格差异在很多方面都有体现,那么我们如何去识别和测量这些差异呢?当下有许多非常流行的人格测试,吸引着人们前来测评自己的人格。然而需要指出的是,大多数测试,包括罗夏墨迹测试(Rorschach inkblot test)和MBTI(Myers-Briggs Type Indicator)测试等应用广泛的测试,都存在一定的科学性问题,尽管这些测试可能提供一些有趣的洞察。

罗夏墨迹测试是一种常用的心理测验,用于评估个体的人格、情绪和心理状态。测试的基本原理是通过呈现一系列抽象的墨迹图片,要求参与测试者描述在图片中看到的内容和形状。根据参与测试者的回答内容、反应时间以及表现形式,心理学家可以分析个体的心理状态、情感和人格特征。罗夏墨迹测试的理论基础是心理投射:相同的图片会引发不同个体心中不同的联想,导致不同的投射,从而反映出各自独特的人格特质。尽管罗夏墨迹测试在心理学领域有着悠久的历史和较为广泛的应用,但它也备受争议。心理学界的主流观点认为这种测试的科学性不足,因为结果可能受到主观解释和心理学家主观判断的影响,从而导致结果的不确定性。因此,罗夏墨迹测试单独使用时无法真正测量个体的人格特质。在现代心理学中,通常会将罗夏墨迹测试与其他心理测量方法结合使用,以更全面和准确地评估个体的人格和心理状态。

MBTI测试即迈尔斯-布里格斯类型指标。MBTI测试可以把个体区分为外向型(extraverted)或内向型(introverted)(E或I)、感觉型(sensing)或直觉型(intuitive)(S或N)、思考型(thinking)或情感型(feeling)(T或F)、判断型(judging)或知觉型(perceiving)(J或P)。具体地,外向型的人通常性格开朗、善于社交、充满自信,他们从与人互动中获得能量和满足感;相比之下,内向型的人更为安静、害羞,他们更倾向于独处或与亲近的人交往,以恢复精力。感觉型的人注重实际、关注细节,倾向于通过程序化和秩序化的方式来理解世界,他们更关注眼前的事实和具体情况;直觉型的人则依赖直觉和无意识的处理过程,更关注事情的整体图景,常常有创意和未来导向的思维方式。思考型的人通常运用理智和逻辑来处理问题,他们更注重事物的客观分析和逻辑一致性;情感型的人则依赖个人的价值观和情绪来做决策,更关心他人的感受,注重人际关系和情感表达。判断型的人倾向于控制,更喜欢充满秩序的结构化世界,他们喜欢制订计划、确立目标,并坚持完成;相反,知觉型的人更灵活变通,顺其自然,他们倾向于适应环境,更喜欢保持开放性,随时应对变化。MBTI测试的目标是通过评估个体在这四个维度上的偏好,将其分类为16种可能的人格类型,如ISFJ(内向、感觉、情感、判断)或ENTP(外向、直觉、思考、知觉)。ISFJ型的人被称为"守护者",他们有礼貌、负责任、勇于承担自己的责任,并且非常关心他人的情感和诉求。ENTP 型的人被称为"辩论家",他们充满创新精神,喜欢冒险,有多才多艺的天赋,对于独立创新和解决复杂问题充满兴趣。

MBTI 测试在个人发展、职业规划和团队建设等领域得到广泛应用,甚至被很多国际知名公司如 AT&T 和 Apple 采用。这主要得益于 MBTI 提供了一种简单而直观的方式,帮助个体了解自己的人格特点,同时启发公司思考员工和团队的潜力,从而有助于公司更有效地分工协作、制订职业规划。然而,MBTI 也存在很多问题和争议。首先,它将人格分成 16 种类型,这可能过度简化了人格的多样性。每个人的人格都是独特的,因此将人们划分为少数几种类型可能无法全面反映人格的复杂性。其次,测试结果的不稳定性引发了疑虑,同一个人在不同时间和情境下可能会得到不同的人格分类,与人格相对稳定的观点不符。此外,MBTI 缺乏在各种情境下准确预测行为的能力,这也降低了其科学性。因此,尽管 MBTI 为许多人提供了有益的洞察和启发,但需要谨慎使用,并结合其他评估工具和方法,以获得更全面、准确和可靠的人格评估。

有趣的是,虽然 MBTI 测试在人格测量方面缺乏科学性,但它却在国内外社会化媒体上备受欢迎,受到大众的热烈追捧。这一流行现象可能出于以下几个主要因素:①测试问题简单易答,而且测试后能够迅速获得反馈,满足了人们对了解自己的渴望;②人类是社会性动物,渴望融入某个群体并找到与自己相似的人,因此将个体划分为特定人格类型有助于人们获得归属感;③人们普遍具有印象管理的意识和动机,而进行印象管理的一种重要方式就是给自己"贴标签",MBTI 测试给人们提供了一种简便易行的贴标签方式;④在社会化媒体时代,任何事物流行起来都需要具备"社交货币"的属性,无论人们是否相信 MBTI 测试的结果,都愿意与朋友分享并在社会化媒体上讨论这一话题。尽管 MBTI 测试的流行符合传播学的规律,但本书的读者仍应具备洞察力、辨别力和科学素养,从而更好地理解大众流行现象。

既然大多数当下流行的人格测试都缺乏科学性,那么如何科学地测量人格呢?学术界主要采用一种称为人格特征建模法的方法。这种方法通过评估个体在特定人格特质上的得分来了解其人格,认为人格由一组称为人格特质的维度构成。例如,内向-外向是其中一个重要维度,高度外向的人更热衷于社交,而内向的人更安静。这些人格特质大致呈现正态分布(图 2.3),大多数人的人格特质较为中庸,而极端者较少见。然而,了解一个人的所有人格特质极其复杂和耗时。在大量研究后,学者们发现了五个最重要的人格特质,即大五人格模型。这一模型是目前学术界最主流的人格理论之一,也是最广泛使用的人格测量方法。它提供了一种科学而全面的方式来描述和评估人格特质,有助于更好地理解个体的人格。2.3.3 节将详细介绍大五人格模型(the big five model)及其应用。

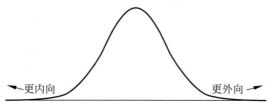

图 2.3　内向-外向人格特质的分布图

2.3.3　大五人格模型

大五人格模型的提出过程涉及大量的研究和数据分析，最初是通过对大量人格特质词汇的分析和分类来识别重要的人格维度。在早期的研究中，心理学家使用因子分析方法研究了一系列人格特质词汇，运用词汇学的方法对人格特质变量进行了再分析，最终发现了五个独立的人格维度。此后，许多学者进一步验证了这一模型，逐渐在人格特质上达成共识，形成了著名的大五人格模型。这一模型旨在测量和描述个体在五个主要人格特质维度上的相对表现，分别是外向性(extraversion)、经验开放性(openness to experience)、尽责性(conscientiousness)、宜人性(agreeableness)和神经质(neuroticism)。

外向性反映了个体在社交和外部刺激方面的兴趣与行为表现。高外向性的人通常热衷于社交活动，容易与他人建立联系，乐于参与各种活动。他们通常会体验到更多的积极情绪，并且更自由地表达这些情绪。相反，低外向性的个体通常更安静和谨慎，不太主动追求社交互动，更享受独自思考和宁静的时刻。

经验开放性反映个体对新奇、变化和艺术、文化活动的开放程度。高经验开放性的个体对新事物持开放态度，愿意尝试新的体验，喜欢思考抽象概念，富有想象力和创造力，对艺术和美感较为敏感。相反，低经验开放性的人更趋向于传统和稳定，他们更注重实际，偏爱遵循常规，倾向于传统和保守的思维方式。他们对熟悉的事物感到舒适和满足，不太追求新奇和创新。如果一个人在经验开放性上得分很高，他可能会喜欢艺术和文化活动，愿意冒险，并拥有很多不寻常的想法。他可能对世界充满好奇心，追求多样化的经历和体验。

尽责性涉及个体的目标导向、自律性和责任心，反映了个体控制、管理和调节自身行为的方式。高尽责性的人做事更有条理，计划性强，遵循规则，努力完成任务。他们一般被认为更加可靠和值得信赖，因为他们会对自己的职责和义务负责，往往能够按计划完成任务。然而，有些高尽责性者可能表现出完美主义或工作狂的倾向，他们可能追求极高的标准，有时会显得过于专注于工作，甚至单调和乏味。相反，低尽责性的人可能更加随性，缺乏自律性，更容易冲动行事。他们可能被视为有趣的伴侣,因为他们不拘泥于常规。然而,这种"冲动"行为可能会导致一些问题,因为他们可能不太关注自己的职责和计划,更容易在任务完成方面遇到困难。值得指出的是,尽责性与健康水平之间也存在密切的关联。一项研究在20世纪20年代初收集了1528名儿童的尽责性数据。学者们于1950年再次收集了其中1215名参与者与健康相关的行为数据。截至1986年,这些参与者中有419人已离世,而796人仍然健在。研究结果显示,儿童时期的尽责性与死亡率之间呈现显著的负相关,其中包括因受伤、心血管疾病和癌症而导致的死亡。这引发了一个思考:为什么尽责性与寿命有联系?该研究进一步揭示了尽责性与成年期间的饮酒和吸烟呈负相关。此外,其他相关研究还发现,尽责性高的人滥用药物的可能性较低,更有可能采取预防措施来保持健康,而且无论是作为司机还是行人,他们都不太可能从事危险行为。

宜人性衡量个体在人际交往中的表现,包括其合作性、友好性和亲社会行为。高宜人性的个体通常极具合作精神,他们乐于与他人协作,愿意为了集体利益做出努力,并具备妥协的倾向;他们善解人意、友善慷慨、乐于助人,甚至愿意牺牲自己的个人利益来满足他人的诉求。此外,高宜人性的个体通常会展现出强大的同理心和共情能力,他们不仅关注自己的情感和诉求,还非常关心并理解他人的情感和感受。这种特质使他们在建立亲密关系、解决冲突和提供支持方面表现出色。与高宜人性相反,低宜人性的个体通常更为直接和以自我为中心,较少考虑他人的感受和诉求。他们可能会将个人利益置于他人之上,不愿意为了他人放弃自己的利益,也不太愿意提供帮助。有时,低宜人性的人对他人持怀疑态度,常常怀疑别人的动机和诚实性。需要指出的是,并非所有情境都需要过高的宜人性。在某些职业和场合下,如科学家、评论家和士兵等需要客观判断和坚决的职业,高宜人性并不一定是优势。在这些情境中,独立思考和决策能力可能更为重要。因此,宜人性在不同情境下具有不同的价值和影响。

神经质衡量个体情绪稳定性和情绪反应的程度,指的是个体体验消极情绪的倾向。高神经质的个体更容易感受到情绪波动,他们的情绪容易受到外界因素的影响。这些人更容易体验到一系列消极情绪,如愤怒、焦虑和抑郁等。此外,他们对外界刺激的反应通常比一般人更强烈,而且情绪的调节能力较差。这可能会导致他们在思维、决策及有效应对外部压力方面表现出相对较差的能力,经常处于一种不良的情绪状态下。相反,低神经质的个体通常情绪更加稳定,更能有效地应对压力和挑战。他们较少因为遇到事情而烦恼,情绪波动较小,通常更为平静。需要注意的是,这并不代表他们总会体验积极的情绪:积极的情绪体验与外向性更相关。神经质主要反映了个体情绪稳定性的一面,通常情况下,个体在这一特质上的得分越低,表示其情绪越稳定。

在人格心理学的浩瀚星空中,大五人格模型熠熠生辉,它被誉为人格特质研究的"通用货币"。这一模型以其独到的洞察力,为我们揭示了个体人格的主要维度——外向性、经验开放性、尽责性、宜人性和神经质。这五大特质构成了一个框架,帮助我们理解个体在思想、情绪和行为上的多样性。人格的形成一直是心理学研究中的一个迷人议题,在探索大五人格模型的特质时,科学家们特别关注了基因的作用。通过对双胞胎的研究,学者们得到了一些有启示性的发现:五大人格特质确实受到基因的显著影响。具体来说,外向性在很大程度上受到基因的左右,其比例高达49%。对于其他的人格特质,基因的影响虽略有降低,但仍然不容小觑。经验开放性有45%可以归因于基因;神经质有41%受基因影响;尽责性受到影响的比例为38%;宜人性有35%受到基因影响。

组织行为工具箱:测量你的人格特质

你的人格特质是怎样的?这项评估旨在测量你在人格的五个主要维度上的特点。以下是一些描述人们行为的陈述。请选择一个数字以反映该陈述对你的描述的准确程度。请使用评分表回答每个问题,然后用数字6减去你对粗体问题的答案,差值就是你对这些粗体问题的新答案。例如,如果问题6的原始答案是"2",则新答案是"4"(6-2)。

1=非常不准确;2=不太准确;3=中立(既非不准确,也非准确);4=比较准确;5=非常准确

1. 我是聚会中的焦点。
2. 我能理解他人的感受。
3. 我会立刻完成家务。
4. 我情绪波动频繁。
5. 我想象力丰富。
6. **我话不多。**
7. **我对其他人的问题不感兴趣。**
8. **我经常忘记把东西放回原来的位置。**
9. **大多数时候我都很放松。**
10. **我对抽象的想法不感兴趣。**
11. 我在聚会上和很多不同的人交流。
12. 我能感受到他人的情绪。
13. 我喜欢秩序。
14. 我很容易生气。
15. **我很难理解抽象的想法。**

16. 我喜欢保持低调。
17. 我对别人并不真正感兴趣。
18. 我常常把事情搞得一团糟。
19. 我很少感到沮丧。
20. 我没有很丰富的想象力。

评分和解释：

外向性：第1、6、11和16题。
经验开放性：第5、10、15和20题。
尽责性：第3、8、13和18题。
宜人性：第2、7、12和17题。
神经质：第4、9、14和19题。

现在将你的分数绘制在图2.4中，看看你在每个维度上是高于还是低于平均水平。

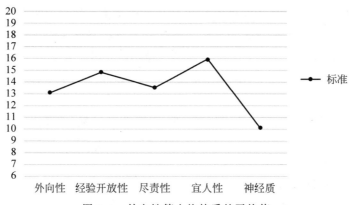

图 2.4 外向性等人格特质的平均值

资料来源：DONNELLAN M B, OSWALD F L, BAIRD B M, et al. The mini-IPIP scales: tiny-yet-effective measures of the big five factors of personality[J]. Psychological assessment, 2006, 18(2), 192-203.

除了大五人格模型之外，一些学者还提出了第六种重要的人格特质——诚实-谦逊(honesty-humility)。这一特质旨在评估个体诚实、谦虚、公正和谨慎的程度。高诚实-谦逊的个体通常表现出诚实守信、正直，对自己的言行负责，不轻易撒谎或欺骗。他们谦虚、慷慨，不过于追求权力和地位，通常会坚守道德规则和社会准则，对他人的权益和感受持尊重态度。相反，低诚实-谦逊的个体可能更为自私和虚荣，较少关心他人的利益，也更容易诱导或参与不道德的行为。综合以上研究成果，学者们提出了人格结构的HEXACO模型，该模型提供了更为全面的人格特质描述，有助于更深入地理解和解释个体的行为与决策。

2.3.4 人格在工作中的体现

前文提到,在工作环境中,个体差异因素至关重要。这些差异既包括可以预测一个人能胜任哪些工作的认知能力,也包括可以预测一个人是否愿意从事哪些任务以及会如何履行工作职责的人格特质。研究表明,人格特质能够有效地预测工作表现的积极和消极结果。例如,尽责性通常能够预测工作表现,这意味着尽责的人在许多情景下都能够取得出色的工作绩效;外向性被证明能够预测在需要社交和人际互动的工作领域,如销售和管理岗位中的工作绩效;不诚实的个体可能更倾向于从事反生产行为,如工作中的偷窃或长时间休息。

那么,在六种关键的人格特质,即外向性、经验开放性、尽责性、宜人性、神经质和诚实-谦逊当中,哪一种特质能最准确地预测工作绩效?哪些特质可以预测员工的离职倾向?哪些特质可以预测反生产工作行为的发生?这些问题涉及人格特质与不同工作岗位的匹配。不同的特质会对个体在工作中的表现产生不同的影响,而不同的工作岗位也需要不同的特质。因此,有必要深入研究每种特质如何影响员工的工作表现,以及具备特定特质者更适合哪些工作岗位。

1. 工作中的外向性

对于需要社会互动的工作岗位,外向性是非常重要的人格特质。高外向性的员工通常具有出色的社交和沟通能力,能够轻松与同事、客户和合作伙伴建立良好的人际关系,这有助于建立信任、增进合作,从而促进团队的协作和效率。因此,高外向性的员工通常更适合销售、市场营销、公关和人力资源等需要频繁社会互动的岗位。此外,外向性也在领导岗位上发挥着重要作用。一方面,外向者通常追求成功和影响力,积极提升自己的职业声誉。因此,他们更有可能在社会互动和任务相关的团队中崭露头角,成为领导者。另一方面,其他员工往往认为外向者更富有活力,更具备领导者的特质。研究还表明,高外向性的员工往往对工作更加满意,因为他们在各种情境下更容易感受到积极情绪。因此,外向性不仅有助于个体在工作中取得成功,还有助于塑造积极的工作氛围和团队文化。当然,外向性也存在一些负面的影响,如他们相对缺少独处的能力,可能显得自负,或者会表现得过于强势。他们的社交行为在一些不需要频繁人际互动的工作环境中也可能带来负面影响。

2. 工作中的经验开放性

经验开放性与员工的创新、学习和适应能力正相关。高经验开放性的员工愿意接受新观点,勇于尝试新方法,这有助于创新和改进工作流程。他们对于学习新知识和技能更加积极,愿意不断充实自己,不断提高专业素养和工作能力;他们更容易适应不同的工作环境和变化,能够灵活应对各种困难和挑战,工作适应性和应变能力强。因此,经验开放性高的员工通常适合需要不断学习和适应变化的岗位,如科研、创新项目、市场营销、设计和艺术等领域。在这些岗位上,员工要面对不断涌现的新问题和新挑战,需要具备好奇心和求知欲,善于从新经验中获得灵感和启示,以不断推动工作的改进和创新。经验开放性高的员工也适合从事跨学科的研究和工作,因为他们能够更好地融合不同领域的知识和观点,产生新的创意和洞见。此外,他们也更有可能成为有效的管理者。而且,他们相对较少经历工作与家庭之间的冲突。

3. 工作中的尽责性

尽责性是管理者在招聘中最看重的人格特质之一,因为它能有效预测工作绩效。尽责性表现为一个人对任务的认真程度、自律性和责任感。具有高尽责性的员工通常更加可靠、勤奋,并且倾向于完成好工作任务;他们对工作的投入和责任感也促使他们更积极地解决问题与应对挑战;他们会更加仔细地检查工作成果,减少出错的可能性,从而提高工作的效率和质量。因此,在每种类型的岗位上,高尽责性都能促进员工完成工作任务,取得更高的绩效。很多研究表明,尽责性高的员工即使面对破坏性的领导或消极的工作环境也能保持较好的工作绩效,不受其影响。也有研究表明,他们会做出更多的组织公民行为、更少的反生产工作行为。然而,和其他特质一样,尽责性也有可能带来问题。例如,尽责性过高的人可能会过于深思熟虑或追求完美,进而导致幸福感以及任务绩效、组织公民行为等降低;他们也可能会缺乏创造性。

4. 工作中的宜人性

宜人性是预测员工离职意向最有效的指标之一。高宜人性的员工通常信守承诺,对所在组织有较强的承诺感;他们倾向于将工作视为一种承诺,即使在工作中遇到一些不满意的地方,他们也可能会选择继续留下。此外,宜人性在工作中还表现出很多积极的作用,包括促进团队合作、客户服务、解决冲突和适应性等各个方面。高宜人性的员工通常容易与他人相处,他们愿意倾听和理解他人的观点与诉求,这有助于促进团队的协调与合作,增强团队的凝聚力;他们在客户服务方面表现出色,积极关心和响应客户的需求,乐于主动提供帮助和解决问题,从而提高客户满意度。此外,他们善于处理和缓解冲突,更倾向于采取合作的方式解决问题,维护良好的工作关系;高宜人性的个体通常能够更灵活地适应工作环境和团队氛围,与不同类型的人都相处融洽,这有助于促进团队的和谐与稳定。然而,需要注意的是,尽管高度宜人性的员工在建立人际关系和促进团队协作方面表现出色,但在职业发展中,他们可能面临一些挑战。这些挑战包括他们难以拒绝不合理的请求,因为他们追求和谐与融洽,也因此可能承受过度的工作压力。此外,有效的领导通常需要作出艰难决策和必要的决断,而这正是高宜人性的员工可能不太擅长的领域。

5. 工作中的神经质

让我们从神经质的反面——情绪稳定性来审视这一特质在工作中的重要性。情绪稳定性对于工作绩效具有显著影响。如果说尽责性是影响工作表现的最重要人格特质,那么情绪稳定性则是另一个重要因素。当一个人具备稳定的情绪时,他能够在工作中表现得更加从容、自若,不会轻易受到压力或负面情绪的困扰,也不容易因他人的言辞而感到伤心或过于敏感。这种情绪的稳定性使他在工作中显得坚定和冷静,有能力应对各种挑战和压力情境。因此,他更容易获得较高的工作满意度,也更具有适应快速变化的工作环境的能力。所有这些因素共同推动情绪稳定的员工在职场中取得出色的表现。

6. 工作中的诚实-谦逊

在职场中,诚实和谦逊这两种品质发挥着至关重要的作用。它们有助于预测和塑造员工的态度和行为,尤其是在减少反生产工作行为(如滥用办公设施或挪用办公材料)方面。这是因为拥有高诚实和谦逊特质的人通常表现出守信、正直的品质,更倾向于遵守组织的规章制度,避免不诚信和不道德的行为,从而减少了从事反生产活动的可能性。具有诚实和谦逊特质的人适合从事金融、医疗护理、法律和公共服务等领域的工作。在这些岗位上,员工需要处理敏感信息,应对复杂情境,同时与团队合作共同解决问题。此外,具有这一特质的员工也常常被视为优秀的领导者,因为他们以谦逊和诚实赢得团队的信任,更好地激励和引导团队成员取得共同成功。在职场中,这一特质有助于构建健康的工作环境并提高团队的整体绩效。

2.3.5 人格与情境

我们探究人格特质的目的在于希望通过它们来预测个体的行为。那么,单独通过人格这一项因素,是否能够准确地预测个体的行为呢?实际上,人的行为受到众多因素的综合影响,包括人格特质、环境条件和外界刺激等。尽管人格特质在某种程度上可以反映一般性的行为倾向,但我们无法单独通过人格预测具体的行为表现。例如,在高度约束性的环境下,个体的人格特质可能无法完全展现出来:即使是高度外向的学生,在上课时也会遵守课堂纪律,在图书馆中也会保持安静;即使是尽责性很低的员工,在老板的监督下也可能会表现出表面上的努力。因此,在预测个体的行为表现时,我们需要综合考虑多种因素。人格和情境共同影响着个体的行为,如果情境因素较弱,人格可以很好地预测个体的行为;但如果情境因素较强,人格对行为的预测能力可能相对较弱。特质激活理论和情境强度理论很好地解释了情境、人格以及个体行为之间的关系。

特质激活理论(trait activation theory)强调人格和环境之间的相互影响。该理论认为,个体的行为和情感表现不仅受到人格特质的影响,还受到周围环境的塑造。这一理论有助于更好地理解为什么同一个人在不同情境下可能表现出不同的行为和情感反应。例如,一个平时外向的人在社交聚会中充满活力,但当置身于要求专注和安静的图书馆环境中时,他可能会变得十分安静,因为这个情境抑制了他的外向性人格特质。同样,一名尽责性较低的员工可能在老板的监督下表现出更高的尽责性,以应对工作压力,这凸显了情境如何激活个体的尽责性人格特质,从而改变了他们的行为。空中交通管制员是一份极具挑战性的职业,要求高度的职业素养和专注。飞行安全对于机组成员和所有乘客来说都至关重要,这意味着在这一情境下,尽责性成为至关重要的特质。尽管一名员工本身的尽责性程度可能并不十分突出,但一旦从事这个关键岗位的工作,这种情境很可能会激活其尽责性特质,这正是特质激活理论的核心观点。

我们还可以运用特质激活理论来判断哪些工作与个体相契合。例如,基于佣金的薪酬制度可能会对外向性较高的员工产生更大的激励效果。这是因为外向性与奖励敏感性相关,外向的员工更倾向于追求与社交相关的积极反馈和物质奖励。因此,在销售等以佣金为基础的工作中,这些员工可能表现得更为积极和高效。相比之下,对于那些要求高度创造性的职位,如艺术、设计或研发领域的工作,经验开放性高的员工可能会有更好的表现。他们更愿意接受新观念,乐于探索未知领域,因此在这类工作中更能发挥自己的长处。这些例子强调了工作环境对于激发和利用个体人格特质的重要性。通过理解不同人格特质与工作环境的相互作用,组织可以更有效地进行人才配置,同时个体也可以更清晰地认识到哪些工作环境更适合自己的人格特点。这种理解有助于提高员工的工作满意度和效率,同时也促进了组织的整体绩效和创新能力。

特质激活理论探讨情境如何暂时性地激活个体的人格特质,情境强度理论(situational strength theory)则认为,不同的情境(强或弱)会在不同程度上限制或允许个体的人格特质影响其行为。情境的强度是指规范、提示或标准在多大程度上指导我们采取适当的行动。在较强的情境下,人们接收到的指示通常非常明确,它们会告诉我们应该如何行动,同时压力也迫使我们遵循这些明确的指示,以避免不当行为。因此,个体的行为更可能受到这些外部因素的影响,从而减少了人格特质对于个体行为表现的作用。与此相反,在较弱的情境下,规范可能模糊或不存在,这样一来,个体就有更大的自由去表达自我,其行为更可能反映其内在的人格特质。那么,如何判断一个情境的强度高低?情境强度理论指出,可以通过 4C 原则,即 clarity(明确性)、consistency(一致性)、constraints(约束性)、consequences(严重性)四个维度来判断。

1. 明确性

明确性是衡量工作环境中任务指令清晰程度的关键指标,它直接影响着情境的强度。工作职责和任务的指令越清晰明了,情境的强度越高。在高明确性的情境中,规范和期望被设定得具体和明确,因此个体往往能够轻松理解他们被期待从事的行为,并知晓应当如何恰当地行动。例如,在制造工厂的装配线上,工人们通常会拿到一份详尽的任务清单,其中不仅列明了他们必须完成的各项工作,还详细指出了每项任务的具体要求。这种详尽的指令使得工作环境具有高度的明确性,工人们能够明白无误地了解自己的工作职责,以及如何有效地执行这些任务。在这样的工作环境中,由于外部指导的明确性,个体的自主性和创造性的发挥空间相对较小,但这也带来了行为的一致性和可预测性。

2. 一致性

一致性反映了个体接收到的指令是否相互一致,或者存在矛盾之处。在高一致性的情境下,个体所接收到的各种指令和信息都是相互协调的,没有矛盾,共同指向一个明确的目标或行为模式。例如,在一家餐厅中,服务员可能会被要求既要对顾客表现出友好和热情的态度,同时也要在同事间展现出合作和支持。这种一致的工作环境为员工提供了清晰的行为指导,有助于形成一个和谐、高效的工作氛围。然而,一致性较低的工作情境也并不少见,如员工面临的外部和内部指示可能存在冲突。以销售团队为例,销售人员在与客户互动时可能被要求展现友好和宜人的态度,以建立良好的客户关系。但在团队内部,迫于业绩压力和激烈的竞争,他们可能被迫采取更具竞争性和攻击性的行为模式。这种内外矛盾的指令不仅增加了员工的心理负担,还可能导致他们在客户关系维护与同事竞争之间难以取舍。

3. 约束性

约束性是衡量个体在遵循接收到的指令方面所拥有的自由度的关键指标。当情境的约束性较低时,个体通常享有较大的行动自由,能够根据个人的判断和偏好来选择行为方式。以自由职业的插画师为例,他们在创作过程中往往不受严格的外部规则约束,可以自由发挥个人的创意和艺术风格,这正是低约束性情境的典型特征。在这样的工作环境中,个人的创造性和独立性得到了充分的体现与发挥。在高约束性的情境下,情况则大不相同。以税务审计员为例,他们的工作环境通常具有较高的约束性。税务审计员在履行岗位职责时,必须严格遵守法律法规,按照规定的程序和标准开展工作。这种高约束性的情境要求个体在行为上遵循明确和固定的指导原则,以确保工作的合法性和准确性。在这类环境中,个体的自由度受到限制,其行为更多地被规则和程序所约束。

4. 严重性

严重性反映了个体的决策或行动是否会对组织及其成员产生重要而深远的影响。在行为结果严重性较高的情境中,个体的行为可能会对组织或他人产生重要的影响,因此情境的强度较高。举例来说,外科医生的工作具有非常高的严重性,因为他们的每一项决策都可能直接影响患者的生命健康。这种高严重性的情境通常会对医生的行为产生强烈的指导作用,要求他们高度专业和谨慎。

情境强度理论还认为,情境的强度可以塑造和长期改变个体的人格。这一观点得到了一项发表在心理学顶级学术期刊 *Psychological Science* 上的研究的支持。该研究关注德国军队的士兵。在德国,义务兵役通常为期9个月,虽然时间不算太长,但这段时间,士兵的人格特质发生了显著的改变。学者对这些士兵进行了三次人格测试,分别是在服役前、退伍时以及退伍4年后,使用的测评工具是大五人格量表。研究发现,宜人性这一人格特质上的得分发生了明显的变化,士兵变得更具攻击性,不再像之前那样随和。更令人惊奇的是,这种人格特质变化在4年后依然存在,表明情境的影响不仅仅是短期的,而是持久的。这个研究为"情境强度可以改变人格"这一观点提供了有力的支持。首先,德国军队中的指令非常明确,士兵清楚地知道他们的任务和责任,因此情境具备明确性的特征。其次,虽然士兵接受了各种类型的军事训练,但这些训练都要求绝对服从命令,没有需要表现出怜悯或随和的情境,这使得情境满足一致性的特征。再次,军队的约束性非常高,士兵的自主性受到极大限制,必须严格遵循规定的程序和指令,这反映了情境的高约束性。最后,士兵清楚地知道他们的任务对国家的安全至关重要,这使得情境具有高度的严重性。由于德国军队的情境具备高强度的特征,服役对于士兵的人格特质产生深远且持久的影响。

情境强度理论之所以具有实践指导价值,是因为它可以在日常生活中发挥重要作用。假设你的团队成员表现出极高的职业道德和责任感,但似乎缺乏创造力和开放性思维。是否可以通过运用情境强度理论来激发他们的创新能力呢?答案是肯定的。通过巧妙地设计情境,可以促使下属改变自己的经验开放性人格特质。举个例子,你的部门面临需要创新解决方案的挑战,但有一名员工不太愿意发表意见。此时,可以采取一系列措施来创造高强度的情境,鼓励他展现出更开放的思维。首先,可以明确指派他负责解决这个问题,迫使他主动进行深入思考。其次,可以提高情境的强度,要求他提供至少三个备选方案,并告知他的提案将接受严格评估,可能会影响工作绩效以及奖金分配,从而让他明白自己的行为会带来实际影响。通过这种方式,可以创设出一个高强度的情境,让员工在有挑战性的情况下积极思考和创新。当然,一次任务可能无法立即改变一个人的人格,但如果能持续创设这种情境,让员工长期置身于其中,那么他们的人格特质可能会逐渐发生积极的变化。不过,在创设高强度情境以促进员工的人格特质变化时需要格外谨慎,以确保他们不会感到压力过大,从而影响他们的身心健康,或导致他们考虑离职。为避免这种情况,可以定期与员工进行沟通,了解他们的感受和诉求,确保他们知道自己可以随时寻求支持和建议,以应对高强度情境可能带来的挑战。其次,可以提供适当的资源和培训,帮助员工更好地应对高强度情境。这包括提供压力管理课程、创造性思维培训,以及组织团队建设活动,它们有助于减轻工作压力和提高员工的自我效能感。

▶ 2.4　告别职场歧视:打破偏见,拥抱多样性

在前两节中,我们已经讨论过认知能力和人格在工作中的重要性。学者们发现综合考量求职者的认知能力和尽责性,能够很好地预测其未来的工作表现,大幅降低作出错误招聘决策的可能性。在历史数据的基础上,得到预测绩效的经典公式:**预测的绩效表现＝0.51×一般智力水平＋0.31×尽责性**。组织在招聘时应用这个公式预测求职者的绩效表现,能够极大地提高选拔人才的准确性。

学术前沿:招聘中的重大偏误:
求职者和招聘者对于天赋和努力的相对评价差异

员工的天赋和努力工作的倾向对其工作绩效具有重要影响。一项研究揭示了求职者和招聘者在评价这两个属性时存在的显著差异:求职者倾向于强调天赋的重要性,招聘者则更重视努力工作的态度。这一差异根植于就业市场中双方基本动机的不同。通过包括随机实验和准实验在内的七项子研究,招募来自112个行业的真实招聘者和求职者,研究者们为这一现象提供了实证证据。子研究1A至1C突显了这种观点差异对就业市场效率的负面影响,揭示了求职者在面试过程中可能过分依赖印象管理策略,从而降低了他们获得工作的概率。研究2A和2B则表明,尽管全职员工认为职业潜力与天赋和努力工作都相关,但职位表现与努力工作的关系相比天赋更强。最后,研究3A和3B揭示了一个有趣的现象:求职者更关注职业发展的长期潜力,而招聘者则更加注重工作岗位的即时表现。这种关注

点的差异进一步导致了他们在评价求职者时的不同侧重点。

这项研究为求职者和招聘者提供了有价值的启示。求职者应当更加积极地塑造自己的正面形象,并展现个人的能力和优势。招聘者要认识到努力工作的重要性,并在评价候选人时兼顾其天赋和对工作的热忱,这是促进就业市场更加公平和高效运作的关键。

资料来源:DAI X,SI K. The fundamental recruitment error: candidate-recruiter discrepancy in their relative valuation of innate talent vs. hard work[J]. Organization science,2023,35(4):1-17.

根据以上经典公式,了解并充分考虑个体差异因素,比如综合考量求职者的认知能力和尽责性,可以很好地预测其未来的工作表现,然而这也成为职场歧视滋生的土壤。职场中的歧视是指对员工或求职者基于其个人特征或身份进行不公平对待的行为。这些个人特征可以包括种族、性别、性取向、宗教信仰、残疾状况、年龄、婚姻状况、国籍等。职场中的歧视可能以明显或隐蔽的方式出现,严重影响员工的工作环境和职业发展。

2.4.1 职场歧视的种类

职场中的歧视可以分为正式歧视(formal discrimination)和非正式歧视(informal discrimination)两类。正式歧视是指在组织的正式程序和决策中,对员工或求职者进行不公平对待的行为。这种不公平对待可能出现在招聘、解雇、晋升和薪酬等与工作职责和权益直接相关的事务中。正式歧视在很多法律体系下是违反法律、被明令禁止的。非正式歧视是指对特定目标展示出的口头或非口头的负面行为。与正式歧视不同,非正式歧视不一定涉及组织的正式程序,而更多地体现在人际交往和组织文化中。这种歧视可能以微妙或隐蔽的方式出现,如冷漠、排斥、挑剔、恶意评论等。非正式歧视可能严重影响员工的工作环境、士气和职业发展,但通常不容易在法律上追究责任。

职场歧视的典型例子是招聘过程中的歧视。招聘中的歧视很常见,包括性别歧视、种族歧视、年龄歧视、宗教歧视、残疾歧视、性取向歧视等多种形式。这引发了一个重要的问题:为什么在招聘过程中,招聘经理会根据与工作无关的特征(如人口统计学特征)来作出雇佣决策呢?这是因为他们常常根据明显的人口统计学特征和刻板印象来假定求职者的工作能力,而这种假定通常是下意识的。这些人口统计学特征往往与消极的刻板印象相关联,从而导致歧视的发生。一项在西方国家开展的实验中,一些女大学生以两种不同的着装同时应聘同一个岗位。结果发现,尽管她们的学历和其他背景信息完全相同,但当她们穿着宗教服饰时,面试官的态度就出现了明显的变化。面试官会不耐烦地打断她们的发言,不给她们完整自我介绍的机会,语言也会变得更粗鲁。即使没有明显的语言改变,面试官们也会通过咬嘴唇等微表情表现出不耐烦的情绪,同时透露出敌意。这一实验显示,穿着宗教服饰的女性可能会面对更多的负面态度和更少的雇主兴趣。

职场中的歧视多种多样,它们不仅限于招聘过程,还延伸到日常工作中的各个方面。作为一种歧视形式,恐吓通常被辱虐型领导采用。这种领导风格在职场中相当普遍,往往源于领导者面对工作压力时产生不满情绪,并将这些情绪以恐吓的方式发泄在下属身上。这种行为虽然属于非正式歧视,却会对员工的心理健康和工作表现产生深远的负面影响。另外,嘲笑和戏弄也是歧视的一种常见表现。在工作环境中,基于个人的生理或心理特征开的玩笑有时会被视作"冒犯"。虽然这种言论在喜剧表演中可能并无恶意且较为常见,但在工作场所使用这种方式可能会被认为是不尊重人,从而构成非正式歧视。排斥是另一种更隐蔽的歧视形式,它表现为不给予特定群体相应的机会。例如,一些女性可能在金融行业中担任重要职位,却被分配到边缘工作或被分配更少的工作量。表面上看,减少工作量似乎是出于好意,但实际上可能是为了限制她们获得晋升的机会,属于正式歧视的类别。最后,不礼貌也是一种常见的性别歧视。例如,统计数据表明女性律师在法庭上经常被打断,这导致她们在进行总结陈词时拥有的时间通常比男性律师更短。这种行为不仅是对女性律师专业能力的不尊重,也剥夺了她们充分表达观点的机会。总而言之,职场歧视的形式多样,它们可能是明显的,也可能是微妙的,但无一例外地对被歧视者造成伤害。因此,识别和消除职场中的各种歧视是每个组织塑造公平、健康工作环境的重要任务。

2.4.2 化解职场歧视的策略

职场歧视不仅造成了对个体的不公正待遇,还会给组织带来深远的负面影响。它会削弱员工的士气和积极性,破坏团队的凝聚力和合作精神。企业面临的不仅是因歧视而产生的员工流失问题,还有增加的招聘难度、要承担的法律责任,乃至声誉损失的风险。尽管社会普遍期望消除歧视,但反歧视的努力有时也会带来新的挑战,如难以明确界定歧视与非歧视的边界。以奥斯卡奖提名的争议为例,要求增加非白人演员的提名机会引发了广泛的讨论。这种做法可能会导致提名标准不合理、不统一,不再单纯以演技为准绳,从而对其他优秀演员形成不公。长远来看,这种做法甚至可能加剧歧视的观念,而非消除它。

工作场所中的歧视现象十分普遍,它的背后有着复杂的社会心理学背景和深层次的原因。其中之一是人们内心的偏见和刻板印象,也就是在缺乏充分了解的情况下作出先入为主的评判。偏见和刻板印象是影响人际互动和社会判断的两种普遍的心理现象。偏见是对某一群体或个人持有的先入为主的负面态度,通常基于无根据的假设和一般化的想法,而非个人的实际经验或事实。这种倾向可能源于社会文化的影响、个人经历或信息的片面性,会导致对特定群体的不公正评价和歧视性行为。刻板印象则是对特定群体的成员属性进行过度简化和泛化的固定观念。它是一种普遍的心理机制,用于快速分类和处理来自社会环境的信息。然而,刻板印象往往忽略个体差异,将群体中的一小部分特征错误地扩大应用到整个群体上,从而导致对这些群体成员的误解和不公正的对待。偏见和刻板印象的存在不仅损害个体的尊严与机会,还可能在更广泛的社会层面上造成分裂和冲突,它们是现代社会需要积极解决和克服的重要问题。例如,一些管理者可能基于偏见,认为怀孕的女性工作效率低于其他男性员工。这种基于性别的预设评判虽然缺乏事实支持,却可能导致管理者产生歧视行为。

要根治职场中的歧视问题,关键在于从根本上消除潜藏在人们心中的偏见。虽然制定相关政策是必要的,但如同之前提到的奥斯卡案例所展现的,仅依靠制度可能难以彻底解决歧视问题。这是因为偏见的根源深植于心理层面,单纯地改变规则难以触及其深处。因此,更为有效的方法之一是通过积极主动的行动来挑战并改变这些偏见。例如,怀孕女性可以通过展示自己出色的工作表现,来改变关于她们工作效率低下的刻板印象。如果足够多的人采取这样的行动,通过实际成效来证明自己,可能会逐渐地改变社会对特定群体的固有观念。

此外,创设多元化的工作环境也是一个重要的策略。通过促进具有多元化背景员工的沟通与合作,可以扩大员工的视野,增进对不同文化和群体的理解与尊重。有证据显示,歧视的根源在于缺乏与多样化群体的直接接触和交流,因此通过确保工作团队中包含不同性别、学历、国籍的成员,可以有效地消除隔阂,促进彼此之间的了解和尊重。在前面两个策略的基础上,企业需要制定并执行明确而有效的反歧视政策。这些政策应具体明确,如要求董事会中必须有女性成员等,以确保在实际操作中得到有效落实,从而促进公平和多样性的实现。综上所述,消除职场歧视需要多管齐下,包括个体主动地通过行动改变偏见(策略1)、企业通过促进多样性来减少歧视(策略2)以及制定并执行有效的反歧视政策(策略3)。只有综合采取这些措施,我们才能在根本上减少甚至消除职场中的歧视现象,打造一个更加公正和包容的工作环境。

▶ 本章小结

(1) 个体差异是指由于遗传与环境的交互影响,不同个体在身心特征上呈现出的独特的特质和特点。认知能力和人格都是重要的个体差异。管理者需要深入了解员工间的个体差异,以便更好地匹配员工与工作要求,取得最佳的团队协作和工作绩效。

（2）认知能力是指大脑加工、储存和提取信息的能力，包括学习、推理、解决问题、制订计划、抽象思考以及理解复杂概念的能力，如想象力、记忆力、观察力等。认知能力是能够最有效预测工作绩效的因素之一。

（3）人格也被称为性格或个性，指的是一个人独特且相对稳定的行为、思维和情感模式。了解个体的人格可以预测他们在通常情况下可能展现出的行为和反应。

（4）大五人格模型包含外向性、尽责性、宜人性、神经质、经验开放性五个核心特质。这一模型科学性强，在预测工作行为方面具有较高的准确性。

（5）特质激活理论指出，个体的行为和情绪表现不仅受人格特质的影响，还被周围环境塑造。同一个人在不同情境下可能表现出不同的行为和情绪反应。

（6）情境强度理论强调，人格如何影响行为方式取决于情境的强度。此外，高强度的情境可以长期性地改变个体的人格特质。情境强度可以通过情境的明确性、一致性、约束性和严重性四个标准进行判断。

（7）职场中的歧视可分为正式歧视和非正式歧视两类。正式歧视涉及在招聘、解雇、晋升和薪酬方面的差异对待，通常是非法的。非正式歧视则包括通过口头或非口头形式对特定目标展示出的负面行为，通常不受法律制裁。

第3讲

我爱我的工作：工作中的态度与情绪

　　天际科技是一家创新的科技公司，致力于开发前沿的人工智能（AI）技术，推动各行业的数字化转型。然而，尽管拥有技术和人才储备方面的优势，但随着 AI 技术的飞速发展，本应蒸蒸日上的公司却面临从未料想到的困难与挑战。在公司创立初期，员工们怀着满腔热血投身于工作，他们对于 AI 技术的发展和应用充满好奇，追求创新的动力十足。正是这样的好奇与动力，在公司内部掀起一阵阵研发创新的浪潮，使得天际科技在短短几年内就在市场上小有名气。然而，随着 AI 技术的广泛应用，一些传统工作开始被自动化替代，这让一部分员工产生了担忧与不安。他们开始质疑自己的价值和未来的发展前景，担心被新技术取代。他们的情绪逐渐变得低落，面对工作的态度也不再如从前那样积极。公司推陈出新的频率越来越低，陷入"吃老本"过日子的状态。

　　公司管理层逐渐意识到必须解决员工情绪低落的问题，才有可能扭转局面、推动公司继续前进。然而，管理层为安抚员工情绪采取的培训和带薪休假等措施并没有奏效。在一次公司内部调查中，一些员工表示他们对工作的热情仍然很低，远不如当初。管理层开始反思：究竟是什么因素导致员工的态度和情绪发生了如此大的变化？什么才是改变员工态度与情绪的有效方法？

▶ 3.1　工作态度：工作，想说爱你不容易

3.1.1　态度与行为

　　在工作场景中，员工的态度起着决定性的作用，它影响着个人的工作效率、团队合作，乃至整个组织的文化和氛围。态度相对稳定并且在人与人之间存在显著差异。例如，有些人热爱自己的工作，将其视为自我实现的一部分，另一些人则仅仅将工作看作谋生的手段。态度会对员工和组织绩效产生影响——积极的态度，

比如对工作的满意度高,可能会激励员工更加努力地投入工作,并带来更高的绩效;持有消极态度则往往会产生相反的效果。每天,我们都在与同事、客户、管理层交流互动,而这些互动中透露出的态度,无论是积极还是消极,都在无声地塑造着我们的工作体验。一名对工作充满热情的员工,其积极的态度不仅能提升自身的工作表现,还能激励周围的同事,共同创造正面的工作环境。相反,对工作持消极态度的员工可能会降低团队的士气,影响工作效率。因此,深入理解和探讨态度这一概念,对于组织管理者来说是至关重要的。那么,究竟什么是态度?态度是个体对人、物或者事件的主观评价,包含正面评价和负面评价,反映了我们对它们的感受。态度会涉及具体的对象,因为我们在谈论态度时必须有明确的评价对象。这个对象可能是具体的事物,也可能是一个人。简而言之,态度反映了我们对某个人或事物的整体感受。

美国著名心理学家迈尔斯曾提出 ABC 理论,即态度由认知层面(cognitive)、情绪层面(affective)和行为层面(behavioral)的元素构成。该理论认为,在形成态度时,我们会先进行认知层面的评估,对该事物进行评价。随后这种评价会引发特定的情绪,最终情绪将驱动我们做出相应的行为。举个工作中的例子:你的同事得到了晋升,但实际上你作出的贡献更大,这个机会本应该是你的。在对领导形成态度的过程中,首先你会认知性地对你的领导进行评价,可能会觉得你的领导是不公平的,这就是态度的第一个组成部分。然后,这样的评价可能会让你产生一种情绪,例如,你可能会对你的上司感到愤怒。有了这种情绪之后,你可能会采取相应的行动,如辞职、抱怨、传播领导的负面八卦等。这就是态度的三个组成部分。

了解态度的定义和组成成分后,我们来探讨一下行为和态度之间的关系。行为是态度第三个层面的构成要素,因此在通常情况下,我们倾向于认为人的态度会影响行为,也就是说,我们可以通过观察一个人的态度来预测他的行为。然而,我们是否可以确保人的态度和行为始终保持一致呢?事实上,我们自己可能也会出现言行不一致的情况。例如,明明想减肥却忍不住胡吃海喝。这种言行不一致的现象在每个人身上都可能发生,心理学家和组织行为学家也注意到了这一点,并提出了社会心理学领域最重要的理论之一——认知失调理论。

3.1.2 认知失调理论:我们为什么会找借口

有时候,人们的态度和实际行为之间可能存在不一致,而这种不一致往往会引发一种不适感。以前文提到的减肥为例,想要减肥却沉溺于美食,我们是否能够对这些保持内心的平静呢?实际情况是,我们常常会陷入内疚和自责中。这一现象指向了一个重要的心理学概念——认知失调。在社会心理学中,认知失调是一个极为关键的概念,因为它在现实生活中有广泛的体现,且能够阐明许多复杂现象。

接下来,我们将借助一个真实案例来深入介绍认知失调理论。

20世纪70年代,美国俄亥俄州曾发生过一起令人震惊的武装警察袭击大学生事件。在这起事件中,准备开始游行的大学生遭到了武装警察的袭击,一些无辜的大学生不幸丧生。设想一下,如果你在新闻报道中看到这一场景,你会形成一种怎样的态度?你可能会谴责哪一方呢?很多人可能会谴责警察的行为,认为他们应该为此负责。然而,在当时的美国,情况却与我们预期的不同——美国民众强烈谴责大学生,甚至开始对他们进行造谣,认为是这些大学生的行为不检点才导致了警察袭击。这与我们的预期相去甚远,为什么美国民众会作出这样的反应呢?再看2022年的另一个案例,一位白人警察因暴力执法导致了一名美国黑人的死亡。与俄亥俄州的历史事件不同,在这个案例中,美国民众对警察的态度是强烈谴责,最终的判决结果也是赔偿死者家属2 700万美元。这两个案例的差别在哪里?为什么不同时代的民众态度会发生如此大的转变?

深入思考后,上述现象其实不难解释:在20世纪70年代,警察在美国的社会公众心目中享有特别积极、正面的形象,被视为社会秩序的守护者、人民生命财产安全的保护神。美国民众普遍认为,当地经济的正常运转得益于警察在维护治安方面付出的不懈努力。然而,当发生出人意料的警察袭击学生事件时,人们陷入到了认知失调的状态,即他们一方面对警察持有积极的态度,另一方面又对警察攻击手无寸铁的大学生的行为感到不可接受。由于认知失调,人们会感到身心不适,因此会想方设法地让自己摆脱这种不舒服的状态。

如何走出认知失调?人们通常可以采取三种方法:首先是改变行为,但在上文的例子中,警察的行为已经发生了,很难改变。其次是改变态度,也就是公众需要改变对警察原本持有的积极态度。然而,这种态度是经过较长时间形成的,难以在短期内改变,因此第二种方法也难以实行。最后是找借口,当时的美国公众采用的正是这种方法。他们为袭击大学生的警察找借口,认为这些大学生可能犯了错,行为不检点或者挑事引发了冲突,才导致警察去采取镇压行动。人们通过编造这些借口,试图帮助自己走出认知失调。总结来看,走出认知失调的方法包括改变行为、改变态度或者找借口。认知失调的矛盾认知常常发生在日常工作和生活中,并且得到了广泛的研究。

组织行为学留声机:认知失调的经典研究

1959年,费斯廷格与梅瑞尔·卡尔·史密斯开展了有关认知失调最经典的实验,参加实验的是一批大学生被试。费斯廷格要求被试完成两项极端无聊和烦琐的工作。被试首先被要求将12个线轴放在一个托盘上,倒空托盘,再用线轴重新填满托盘。这样简单地拿出来和放进去的动作需要不断重复,一直持续半个小时左右。另外一项工作也是令人厌烦的。在一个计分板上有48颗木钉子,被试的工作十分简单、枯燥,他们只需要把这个计分板上的每一颗钉子按照顺时针的方向转动四分之一圈,然后再逆时针转动四分之一圈就可以了。但是被试必须注意,计分板上的48颗木钉子必须轮流转,不能出现任何遗漏的现象。这样的工作一共需要持续半个小时的时间。

接下来,实验人员告知被试实验已结束,并向被试解释这项实验的目的,即研究个体对于任务的预期对任务表现的影响。实验人员继续向被试解释说,他们被分配到的是"无预期组",即实验前不告知任何相关信息;还有一组是"有预期组",即被试在实验前被告知该实验十分有趣、非常吸引人。

随后,被试被随机分为三组:1美元组、20美元组和控制组。实验人员向被分配到1美元和20美元组的被试提出请求:"鉴于参加我们这项实验的另一名非常重要的研究人员因为临时有事不能及时赶到,你可以帮助我们向下一个被分配到有预期组的被试传达这个实验非常有趣的信息吗?"这些被试一般都会配合实验人员的工作,违心地告诉下一个被试(事实上是实验人员雇来的演员)这项实验十分有趣。实验人员向被分配到1美元组和20美元组的被试支付了相应的报酬。1959年,20美元可是一笔不小的数目。被分配到控制组的被试则无须向下一个被试讲述任何信息。

最后,所有被试都接受了简短的采访,并汇报了他们认为这项实验的有趣程度(从-5到+5,分数越高,则有趣程度越高)。实验结果令人惊讶并引人深思:被分配到控制组的被试认为这项实验相对无趣(-0.45);被分配到1美元组的被试会说服自己认为这些任务确实令人愉快(+1.35);然而,被分配到20美元组的被试还是认为这项实验比较无趣(-0.05),与被分配到控制组的被试无显著差异。费斯廷格把这种现象称为认知失调,即一个人的行为与自己先前的、一贯的认知产生了分歧,即行为与认知产生了矛盾。

在这项实验中,被分到1美元组的被试的初始认知是"这些工作十分枯燥和无趣,我一定要如实告诉下一个被试,不能说谎。"但是在接下来的实验中他们却不得不说谎,而他们的说谎行为又会使自己感到矛盾和痛苦,于是他们就改变自己的认知,也就是告诉自己:"那些工作真的有点儿意思,所以我并没有对其他人说谎。"自从改变了自己的认知后,这些被试的认知失调程度也就会降低甚至消失,这样一来,他们就不会再感到矛盾和愧疚了。而那些得到20美元报酬的被试很容易将他们的说谎行为归因于可观的金钱激励。他们没有经历太多的认知失调,因此更有可能如实地反馈说这些任务很枯燥。

这个经典实验凸显了人们想要减少认知失调、追求内部一致性的努力,以及他们会改变他们的信仰和态度以实现这一目标。当外部正当理由(比如得到20美元报酬)足够时,人们不觉得有必要改变他们的内部信仰;但当外部正当理由很少(比如得到1美元报酬)时,他们会通过改变内部看法来减轻认知失调。

资料来源:FESTINGER L,CARLSMITH J M. Cognitive consequences of forced compliance[J]. Journal of abnormal and social psychology,1959,58:203-210.

假如让我们预测这一实验的结果,直觉上我们可能会觉得获得更多报酬的人认为任务更有意思,但研究结果却发现获得低报酬的被试认为任务更有意思。这一现象非常反直觉,但仔细思考后又很合理,它可以被认知失调理论解释——当你认为一个任务无趣时,你其实不想去完成它,假如最终还是完成了,就出现了态度和行为之间的不一致。实验中被分配到低报酬组的被试通过改变自己的态度,努力寻找理由说服自己这个任务是有意思的,从而走出认知失调。

事实上,很多与认知失调有关的有趣现象在我们的生活中也频频发生。比如,一位魅力出众的女性在多个优秀的追求者中作出选择后,可能会感到矛盾,思考为何不选择其他同样出色的人。为了解决这种认知失调,她可能会采取一些方法,比如强调自己所选中追求者的优点,以证明自己的选择是正确的,同时可能会寻找其他未被选择的追求者身上的缺点。此外,我们在结识新朋友时也可以应用认知失调的原理。例如,当你结识一位新朋友并希望拉近关系时,可以请求对方帮一些小忙。从认知失调的角度来看,这种做法通常很有效。当对方帮你办事时,他们会因避免认知失调对你产生更为积极的印象,认为你是一个值得交往的朋友。因此,通过请求对方帮忙,可以迅速将你们的感情升温。

一些工作场景中也存在与认知失调相关的案例。如今,一些知名企业的招聘流程通常被故意拖得很长,从简历投递到最终录用可能需要半年以上的时间。虽然企业本可以通过几轮面试来快速作出录用决定,但它们通常会故意拉长这一过程,使求职者感觉有一定机会但成功的可能性并不大,需要更多努力才能获得工作机会。这种做法实际上是通过认知失调原理让求职者对该公司产生更积极的态度——即使求职者在进入该公司后发现实际情况与预期有所差距,但他们为了避免不舒服的心理状态也可能会找借口为公司辩解,从而保持对公司的忠诚度。另一个案例有关视频网站哔哩哔哩的会员制度。与其他视频网站努力降低注册会员门槛的做法不同,早年间哔哩哔哩采取了增加用户成为会员的门槛的做法。当时要成为哔哩哔哩的会员并不容易,需要认真学习题库后答题或者由已成为会员的人发出邀请。这与前面提到的拉长招聘过程的案例有异曲同工之处:让人们付出努力后才成为会员,人们会更加珍惜自己的会员身份,同时也培养了一种群体荣誉感。

除此之外,认知失调理论还可以解释为什么一些员工可能会表现出与实际情况不一致的工作满意度。例如,假设某员工被分配执行与其个人兴趣不符的工作任务。最初,该员工可能对这项工作感到不满,因为它与自己的兴趣和技能不匹配。然而，由于无法在短期内离职，他可能会逐渐改变自己的态度，声称自己对这项工作很满意。这是因为员工一开始的态度与实际情况之间的不一致导致员工产生了认知失调，为了减少认知失调带来的不适感，员工可能会采取措施来调整自己的态度，以期与自己的行为保持一致。例如，他可能会寻找工作中的积极方面，如薪酬待遇、工作稳定性或培训机会等，从而在内心找到支持自己表现出满意态度的理由，减轻与认知失调相关的不愉快情绪。由此可见，尽管员工可能会在表面上表现出满意的态度，但在内心深处，他们仍然可能会感受到认知失调。这种现象说明了人们会通过调整态度来减少认知失调，以维持表面满意度和实际行为的一致性。因此，人们的表面态度并不总能准确反映他们内心的真实感受，背后可能存在复杂的心理调节过程。

在职场中，认知失调理论不仅帮助我们理解人们在面临态度和行为不一致情况时的解决方式，还为管理者提供了有益启示。首先，认知失调理论揭示了人们如何寻找理由来减轻认知失调，这对于团队合作和组织管理至关重要。比如，为了降低发生认知失调的可能性，管理者可以在项目分配时合理安排工作任务，充分考虑员工的个体差异因素，使员工更好地将个人兴趣和能力与工作内容相匹配。其次，认知失调理论指出了人们具有积极主动地寻找支持自己决策理由的倾向。在工作环境中，这意味着员工可能会主动发掘工作中的积极方面，从而维持自身的工作满意度以及其他的积极态度。管理者可以通过积极反馈和认可，帮助员工更容易地找到支持其工作满意度的理由，促进员工的积极态度。最后，认知失调理论提醒我们，人们的表面态度可能并不等同于内心真实感受。在领导者和下属的沟通中，了解背后潜在的认知失调机制可以帮助他们更好地理解对方的态度与行为，从而建立更加有效的合作关系。

综上所述，认知失调理论在一系列工作和生活情景中为我们揭示了人们的心理调节机制，帮助我们理解行为与态度之间的关系。在管理实践中，理解和应用这一理论可以促进团队合作、提升员工满意度，做到有效的沟通与领导。

3.1.3 工作满意度：员工对工作的不满源自哪里

在前文中我们介绍了关于态度的一些基础知识，现在我们回到工作场景中进一步探讨工作态度。组织行为学将工作态度定义为员工对其工作环境、任务、同事或组织本身的一系列评价和感受。这种态度有一个明确的对象，即个体所从事的这份工作。在职场中，管理者通常非常关注工作态度的测量方法，那么可以通过哪些指标来了解员工的工作态度呢？有三个指标是管理者应高度关注的，分别是工作满意度（job satisfaction）、工作投入（job involvement）和组织承诺（organizational commitment）。工作满意度是反映人们工作态度的最直接、最重要的指标，它反映了我们对工作的评价。当我们考量工作的各个方面后,就会产生一种感受,工作满意度则反映了这种感受的积极/消极程度和正面性/负面性。工作投入是一名员工在工作中的投入程度的表征,反映了一个人从心理层面上认同这份工作的程度。一个人越认同这份工作,他就会越投入到这份工作中,相应地在工作中的积极性也会越高。组织承诺是指一个人对所在组织的认同程度,包括是否认同组织的目标和愿景。许多组织都会强调自己的愿景和目标,如"我们的目标不仅仅是赚钱,还要承担社会责任"。作为组织的一员,我们是否认同组织的目标和愿景会影响我们对组织的承诺程度。如果我们非常认同组织的愿景,就会更愿意留在这个组织工作。因此,该指标对员工离职率等重要结果变量有很好的预测作用。

在这三个指标中,工作满意度通常是管理者最在意的。那么有哪些影响员工工作满意度的主要因素?让我们先来看一组数据。图3.1是2021年对美国各行业从业者进行的一项调查结果,反映了美国职员的工作满意度情况。从中可以看到,工作满意度最低的职业的收入情况各不相同。这里的收入是指单个人的收入,而美国的2021年家庭年收入中位数水平是76 330美元(家庭收入通常为两名劳动者的总收入)。有些职业的收入较低,比如零售销售员和码头工人,因此他们对工作不满意比较容易理解。然而,尽管播音员、广告销售员等职业的收入水平相当可观,但他们仍然对自己的工作不满意。这就揭示了一个有趣的现象,即收入虽然重要,但并不是影响人们工作满意度的最重要因素。

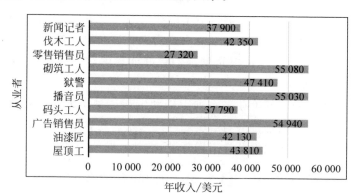

图 3.1　2021 年美国工作满意度最低的十份工作

资料来源:The worst jobs in America[EB/OL]. (2022-05-29). https://247wallst.com/special-report/2022/05/29/the-worst-jobs-in-america-3/.

正如上文所述,收入可能不是影响工作满意度的最重要因素,那我们应当如何去洞察影响工作满意度的因素呢?鉴于工作满意度对于管理者至关重要,我们首先需要确定如何对其进行有效的测量。一般而言,组织通常采用的测量方法是发放问卷,而且为了保证员工愿意表达自己的真实想法,常常会采取匿名问卷的形式。在有关工作满意度的问题设置上，有着两种不同的做法。

第一种方法是采用一个独立的问题，如让员工综合考量自身对工作的感受，并给工作满意的程度打分。这种方法简单明了，可以得到一个整体态度的分数，但由于人们对工作满意或不满意的原因各不相同，很难从中了解员工对工作"满意"或者"不满意"背后的原因。此外，采用这种方法可能无法得到准确的结果。员工在回答整体性问题时存在一定的困难，如当员工对工作的某些方面满意而对其他方面不满意时很难打分，因此这种方法的指导价值相对较小。

第二种方法是将对工作满意度的评估分为不同维度。已有研究证实，这些维度在很大程度上影响一个人的工作满意度，因此通过量表来测量这些维度，可以了解员工对自己的工作是否满意。这些维度通常包括以下几个方面。

（1）收入水平：员工对自己的薪资水平是否满意。

（2）晋升机会：员工是否感到自己有机会在职业生涯中得到晋升和发展。

（3）上司的管理：员工对自己的上级以及与上级之间的互动关系是否满意。

（4）团队成员：许多工作需要团队合作完成，员工是否与团队成员相处愉快。

（5）工作本身：员工对自己实际从事的工作内容是否满意。

（6）工作环境：员工工作的物理环境和心理感受到的环境。物理环境指公司的硬件条件，而心理环境涉及公司的氛围和员工是否被鼓励发表观点等。

通过对这六个维度进行测量，我们能够更深入地了解员工对工作的满意程度，从而帮助管理者作出更科学的决策和改进举措。值得注意的是，不同员工对这些维度的重视程度各不相同。有些人可能会非常看重团队成员之间的关系，认为与不合拍的同事一起工作难以忍受。另一些人可能更注重工作本身的特征，希望从事让自己认同和有价值的工作。因此，管理者在分析员工的工作满意度时也要注意个体差异性。以 90 后这一代人为例，近年来的调查发现，与之前的群体相比，90 后更频繁地换工作和离职。被问及原因时，他们常常提到的一点是，"我觉得我的工作没价值"。虽然他们可能不会直接提及自我实现这一概念，但可以看出，90 后对于个人价值是有一定追求的。他们渴望在工作中实现自身价值，不愿意从事完全无聊或体现不了自己能力水平的工作。

曾有学者对一部分员工的工作满意度进行调查。从图 3.2 所展示的调研结果来看，接近 80% 比例的受访者整体上对工作感到满意。然而，深入分析各个维度后，我们发现并不是所有方面都令人满意（调研中未包含工作环境维度）。图中清晰显示，虽然在整体工作满意度上表现良好，但人们在特定维度上存在不满足的情况，其中最突出的是对晋升机会的不满意。举例来说，有些工作可能初始薪资较高，但却缺乏职业发展前景，这可能让人们忧虑自己数十年后仍然停滞不前，从而失去工作动力和希望。晋升机会反映了我们能否在工作中看到升职的希望和成长的可能性,因此这一维度尤为重要。很多公司可能已经意识到了收入水平对员工的重要性,因此通过提高薪资来激励员工。然而,他们可能尚未认识到,员工不仅追求高薪资,也渴望在工作中获得个人成长和晋升的机会。这些机会不仅是实现个人价值的方式之一,还对员工的工作满意度产生深远影响。因此,晋升机会对于员工的满意度同样至关重要,这是很多公司在工作满意度提升方面需要加强的点。然而,扁平化的组织结构可能导致晋升机会相对有限,成为员工不满意的一个潜在原因。在这种情况下,公司可以考虑通过提供培训和分配更具挑战性的任务给予员工成长的机会,从而缓解员工对晋升机会不足的不满。

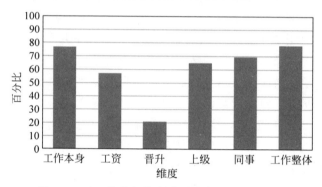

图 3.2 对工作的各维度感到满意的人数百分比

资料来源:罗宾斯,贾奇.组织行为学[M].孙健敏,朱曦济,李原,译.18版.北京:中国人民大学出版社,2021.

那么,在这六个维度中,哪个维度对整体工作满意度的影响最为显著呢?调查数据显示,尽管我们常常强调薪资的重要性,实际上薪资与整体工作满意度的相关性最弱。相反,工作本身成为最显著的影响因素,与整体工作满意度有着最强的相关性。这个发现或许出人意料:虽然薪资水平是人们在选择工作时重要的考虑因素,但对薪资的满意程度并不是对工作整体满意的主要原因。相反,对工作本身的满意程度对我们是否满意这份工作有着更大程度的影响。对工作本身的满意程度取决于完成工作是否需要多样性的技能、工作内容是否重要、工作中是否具有自主性等。

工作满意度的六大维度反映出,工作条件也显著影响着工作满意度。工作条件包括公司的硬件条件(如温度是否适宜、桌椅是否舒适)和公司的文化与氛围。此外,与同事的社交互动也是重要的工作条件之一。值得注意的是,这里的社交互动大多指同级别同事间的互动而非与上级之间的互动,这是因为同事之间的交往多为社交互动,而与上级之间的互动多为来自上级的监管。当然,管理者因素对于员工的工作满意度也有重要影响。元分析发现,领导-员工交换关系显著影响员工的工作满意度;此外,相比集体主义国家(如亚洲国家),二者的关系在个体主义国家(如西方国家)中更显著。

另外,人格也是影响工作满意度的重要因素。在人格中,有一个重要概念叫作核心自我评价(core self-evaluation),它指的是我们对自己的能力包括自身对周围社会和环境产生影响的能力的认知与评估。如果一个人对自己有很高、很正向的自我评价,他们会相信自己的内在价值和基本能力。因此,即使工作中有一些让他们不开心或不满意的地方,他们也可能不会对工作感到极度不满意,因为他们相信自己有能力去改变现状,从而获得更满意的工作。相反,如果一个人的核心自我评价相对较低,当在工作中遇到一些不愉快的事情时,他可能会把这些问题放大,对工作的满意度会降低。此外,大五人格中的尽责性、宜人性、情绪稳定性和外向性也会显著地正向影响个体的工作满意度。

除了人格特质,期望也会对一个人的工作满意度产生影响。抱有期望有时候是一件"危险"的事情,如果我们的期望过高,而实际情况达不到,失望感就会很强烈。简单来说,我们对工作的不满意程度等于我们的预期情况与实际情况的差距再乘以它对我们的重要程度。差距越大,我们就会越不满意;存在差距的这一点我们越是看重,不满意程度就会越高。因此当我们对工作或生活中的事情可能存在不满意时,可以适度调整自己的预期,避免期望过高。

在前文中,我们已经深入探讨了影响工作满意度的各种因素。现在,让我们从另一个角度出发,探究工作满意度对工作表现的影响。如果对自己的工作感到满意,员工会有什么表现呢?实际上,工作满意度会对几个常见的结果变量产生显著影响,分别是工作绩效、组织公民行为、反生产工作行为、顾客满意度和生活满意度。

管理者特别关注任务绩效,即工作任务是否出色完成。任务绩效和工作满意度之间的关联非常直接:快乐的员工更高产。元分析结果也证实,一个人对自己的工作越满意,他在工作中表现得越好。此外,工作满意度会影响组织公民行为。组织公民行为并不是员工的分内之事,它并不是岗位职责所在,并且做这些事情可能要付出额外的精力,对自己来说也没有直接的回报。比如你可能愿意去帮助一些新入职的同事适应工作过程,或者向其他人积极地介绍你的组织,这都是组织公民行为。对工作满意的员工更有可能表现出这种组织公民行为。同理,对工作满意的人不太可能做出反生产工作行为,即故意破坏工作的活动。

此外,工作满意度会影响顾客满意度,并与之呈现强烈的正相关。这一现象很容易理解,因为很多工作岗位都需要与顾客打交道。如果员工对自己的工作不满意,这种不满意会直接影响他们的工作表现。即使员工试图掩饰,顾客通常也能敏锐地察觉到员工是否热爱自己的工作。如果员工对工作不满意,就难以为顾客提供优质服务,会导致顾客对公司或接受的服务不满意。美国西南航空将员工的满意度摆在首要位置,因为他们的管理层相信,员工的满意度和积极性直接影响到他们提供的服务质量,从而对顾客满意度产生重要影响。这种关系反过来形成了一个良性循环,帮助公司在激烈的市场竞争中脱颖而出。

对于很多人而言,工作是生活的重要组成部分,因此,工作满意度还会影响到生活满意度。在组织行为学领域,越来越多的研究关注工作和生活领域之间的相互影响,因为现代社会很难将它们完全隔离开来。工作时间和地点的扩展使得工作似乎无处不在,即便在下班后,我们可能还要处理一些工作任务,这样一来,工作的影响势必会波及其他生活领域。此外,对工作的不满意可能会影响我们对伴侣的态度,导致生活中出现新的摩擦。这意味着管理者肩负重要责任,需要采取措施来改善员工的工作体验,提供更好的工作环境和福利待遇,从而增加员工对工作的满意程度。只有员工在工作中感到满意和快乐,才能更好地平衡工作和生活,并在工作和生活中都有出色的表现。因此,保持甚至提高员工的工作满意度将会对组织的整体绩效和员工的幸福感产生积极影响。

综上所述,工作满意度对任务绩效、组织公民行为、反生产工作行为、顾客满意度以及生活满意度等方面都有直接的影响。一名对工作满意的员工通常会在工作中表现得更好,并表现出更多组织公民行为、更少的反生产工作行为,同时也能提供更满意的服务给顾客,间接地提升顾客满意度。对自身从事的工作感到满意的员工对生活也会更满意,形成认真工作和舒心生活之间的良性循环。因此,重视员工的工作满意度是非常重要的,这也有助于提高整体的工作成效和公司的业绩。

了解工作满意度的相关知识后,请思考一个问题:面对一份不满意的工作,你会采取什么行动?很多人可能会第一时间想到离职,但实际上,我们面对不满意的工作时可能会有不同的举措和应对方案。第一种是"建言"。举例来说,如果你是一名人大代表,发现存在社会性问题需要改进时,你会提出建议。类似地,在企业内部,如果发现导致你对工作不满意的问题,你可能会积极寻求改变,向管理者提出建议和意见。除了"建言"和"离职"以外,还有另外两种应对策略。当别人批评你所在的公司时,你可能会为公司进行辩护并寻找借口,但事实上你明明对公司感到不满,却既不提出建议又不积极帮助管理者进行改变。这可能会让你陷入认知失调的状态。长此以往,公司内令人不满意的因素将继续存在,你只是不断说服自己这份工作还不错,或者相信公司将来会变得更好,这被称为"愚忠"。最后一种方式是"无视",是指既不辞职也不做采取任何行动,而是听之任之,任由事情发展,这可能会导致情况进一步恶化。

我们可以通过两个维度来划分这四种应对举措。第一个维度是看行为是主动的还是被动的。无论是"建言"还是"离职",都是主动行为,而"愚忠"和"无视"都是被动行为。第二个维度是看行为对组织是有帮助的还是不利的,例如,你对公司说好话或提出改进意见,这些都是有利于公司的,所以我们称为"建设性行为"。相反,离职和无视都是具有破坏性的,我们称为"破坏性行为"。

员工面对不满意工作时采取的不同举措给管理者提供了有益的启示。有些人可能会选择直接离职,这一行为向管理者传递了一个重要的信号,表明有员工对工作产生了不满。此时,管理者可以意识到问题并作出相应的改变。然而,更大的挑战在于,有些人可能会选择忍受不满,而不是表达出来。作为管理者,如果不了解员工的真实感受,就难以针对影响工作满意度的因素进行改进。因此,管理者应该重视员工的满意度,经常与员工沟通,了解他们的情绪和看法,尽可能获取真实的反馈。同时,也要确保员工可以自由地表达工作中的不满,而不会受到排斥或报复,从而共同营造一个健康、积极的工作环境。这样的环境有助于增强员工的工作满意度和工作投入,最终促进整个团队的成功。

上文提到的四种举措是工作满意度低时员工可能会采取的常见应对举措。然而,随着Z世代(网络流行语,指新时代人群)进入职场,"'00后'打工文学"等话题不断涌现,可以发现这一代年轻人在职场中有自己独特的工作态度和工作风格,在面对不满意的工作时也会采用独特而多元的应对方式:Z世代的员工在工作中更倾向于将自己视为专业人士和合作伙伴,而不仅仅是下属。他们渴望参与决策和团队建设,愿意分享自己的想法和观点,以实现共同的目标。这种开放和自信的态度使他们在面对不满意的工作时更可能积极地寻求解决方案,而非自怨自艾或者苦苦忍受。

与此同时,Z世代强调生活与工作的平衡,他们追求更有意义的工作体验,反对无意义的加班和过度投入,更加注重在工作中实现自己的个人价值、满足情感诉求,而不仅仅将工作视为谋生手段。Z世代非常重视工作和兴趣的一致性。他们认为工作应当是充满乐趣和挑战的,能够激发他们的热情和创造力。因此,对工作不满意时,他们可能会积极寻求能够更好地满足其兴趣、价值观和需要的职业选择,以实现更大的自我价值。不仅如此,工作满意度较低时,Z世代员工可能会采取直接而坦率的沟通方式。他们倾向于开诚布公地表达自己的真实想法和情绪,可能会直接向上级或同事提出问题或建议。这种坦诚的交流方式可以帮助他们更好地表达自己的诉求和期望,寻求解决问题的途径。

总体而言,面对一份不满意的工作,Z世代的员工可能会以积极、坦率和追求价值、兴趣一致性的方式行动。了解和应用这些特点,有助于在管理中更好地与新生代的员工合作,提升他们的工作满意度与投入度。

3.1.4 工作嵌入:员工为什么舍不得离职

通过深入剖析工作不满意的应对策略,我们意识到当员工对工作不满意时,并不一定会立即跳槽;相反,他们很有可能坚持从事原来的工作。为什么会出现这种现象呢?让我们通过一个例子来理解这一问题:在中国,医生这一职业有时会被形容为一座"围城",也就是在成为医生之前,人们通常认为它是一个社会地位高、很稳定的职业。然而,如果真正深入了解医生们的感受,就会发现很多医生对自己的工作非常不满意。他们的不满意来自哪里?研究发现,医生对自身工作感到不满意的原因是多方面的。首先,医生在从业前的高投入和从业后取得的回报不成正比。一方面,医生在从业前会经历高强度的学习和培训。成为一名医生通常需要经过多年的历练,博士毕业后要经过长达两年的规培,历经科室的轮转后才能从住院医生做起。另一方面,从业后工作时间很长、工作中难以休息片刻,长此以往难以顾及家庭生活。但在中国,医生的收入普遍较低,导致高强度的工作投入和一般的收入水平之间存在不平衡。此外,医生的职称评定条件极为苛刻,临床、教学、科研都要足够强,即便这样,晋升的名额仍然有限,这使得许多医生尽管符合评聘条件,也难以获得相应职称,甚至评上职称后还有"评聘分离"的现象出现。另外,医患关系的紧张也导致医生的工作满意度普遍较低。由于信息传播的碎片化,社会公众的舆论容易被引导,这使得医生成为一个高风险的职业。

然而,尽管很多医生对工作并不满意,他们并不会轻易跳槽。即使跳槽,他们也更多选择跳到收入更高的医院,而不会放弃医生这个职业。出现这种现象的原因也是多方面的:首先,医生在这个职业中已经付出了大量的时间和精力,考虑到沉没成本对决策的影响,他们不会轻易转行;其次,医生的专业性很强,从头再来从事其他职业可能没有太多优势,反而会面临很多劣势;更重要的是,医生在工作中感受到使命感,这也是他们愿意坚持的重要原因。

通过对医生的剖析还可以引出"工作嵌入"的概念,它描述了员工在其工作的环境和组织中的根植程度。医生的工作嵌入程度通常很高。具体地,从事医生这份工作与他们希望为社会作出贡献、救死扶伤的价值观以及前期接受的医学训练、培养的专业技能高度契合。医生在工作中建立了紧密的联结。工作一段时间后,他们可能已适应相对简单的人际关系,与同事和医学同仁们和谐相处,不想花费太多时间在"办公室政治"上。另外,做医生可能有一些隐性福利,如能够帮助亲友问诊或者让子女享有更好的教育资源,为成为医生前期投入的沉没成本以及这些福利会让他们舍不得放弃自己的工作,不会轻易决定离职。

工作嵌入的概念反映了员工与其工作环境间的多重深层联系,包括他们与同事、领导和组织内其他人的关系(联结),他们的个人价值观、职业目标与组织文化和需求之间的匹配程度(契合),以及他们决定离开当前工作岗位时可能不得不放弃的各种利益和投资(牺牲)。这些维度共同构成了员工对其工作岗位的整体投入和忠诚度,影响着他们留在或离开组织的决定。此外,该理论还提出了"社区嵌入"的概念,包括员工与其居住社区的联结、匹配性和牺牲。这意味着,员工的留任决定不仅受工作环境的影响,还会受其生活环境的影响。一直以来,管理者都密切关注员工的离职意向和离职率,并认为二者在很大程度上受到工作满意度的影响。然而,随着学术研究的发展和对员工心理与行为的深入洞察,人们逐渐认识到工作满意度并非影响离职率的唯一因素。高工作嵌入度的员工往往与他们的工作和组织形成深度联系,即使面临挑战和变化、对工作不那么满意,也倾向于留在当前组织中。这一概念在组织行为研究中非常重要,因为它提供了一个更加全面的视角来理解和管理员工的留任与流动问题。事实上,我们每个人也都一定程度地"嵌入"在各自的工作中,只是在嵌入的程度上存在差异。举例来说,在工作中我们要与不同的人打交道,这些人际交往过程实际上是建立人与人之间联结的过程。在完成工作的过程中建立的联结越多、越深入,我们在工作中的嵌入程度就越深,越不想离开。

接下来让我们尝试应用工作嵌入的思路解决管理实践中的棘手问题。一家中国公司在非洲开设工厂,初衷是降低生产成本。然而,工厂建好后中方管理者才意识到自己面临着巨大的挑战——非洲人的一个突出特点是缺乏时间观念,导致流水线无法正常运转。公司希望员工早上8点30分开始上班,但非洲员工到达公司的时间很随机,很大程度上取决于自己的心情。在中国,管理者可以通过规章制度和奖惩手段来规范员工的行为,但这在非洲不一定奏效。非洲员工并不在乎一份工作提供的具体薪酬,他们只关注当天有饭吃、吃得好,不太考虑长远,而非洲丰富的物产资源意味着吃饱饭并不难。提供医疗和子女教育方面的福利也宣告无效,这些都不是非洲人看重的点。更麻烦的是,受到当地法律规定的限制,解雇不准时上班的员工也不可行。在众多方法都不奏效、管理人员一筹莫展时,公司发现相比金钱奖励与惩罚,非洲员工更在乎挣得面子,渴望被朋友和邻里认可。于是,管理层在各种场合公开表彰那些按时上班的员工,甚至亲自走访员工住处、敲锣打鼓地进行表彰,以确保邻里都能看到。这个别出心裁的解决方案取得了显著的效果,其他员工也纷纷开始准时上班。这个案例说明,在管理员工时,了解他们的心理需要至关重要。进一步地,当一份工作增进了员工与其他人的关系(联结)时,员工就会嵌入到这份工作中。

由此可见,面对管理困境时,不能只关注与工作直接相关的因素,单纯通过工作满意度的思路解决问题。实际上,家庭和社区等非工作因素也可以发挥激励员工的重要作用。一家公司如果能帮助员工在家庭和社区中扮演好自己的角色,就可以通过社区嵌入的途径增加工作嵌入度。接下来,让我们继续帮这家公司解决中国企业"走出去"过程中遇到的难题。该公司计划在德国建立研发中心,需要招募一批优秀的工程师,但却面临无人应聘、也挖不到人的困境。如果你是公司的管理者,会如何解决这个问题?许多人可能会采取传统的举措,比如给出更高的工资。不过，想要挖的工程师在目前就职的公司已经有足够高的薪酬并且对公司有着很高的忠诚度，单纯提高工资无法吸引他们加盟。优秀的工程师们关注自身的职业生涯发展。相比在西门子等大公司内部晋升，在新成立的研发中心有更大机会成长为总工程师、进而充分发挥自己的聪明才智。这个道理工程师们都懂，但对新成立的研发中心产生足够的信任，进而作出职业生涯中的重要决策，从来都不是一件容易的事。那么，案例中的管理者究竟是怎么做的呢？他们注意到德国人重视工作-生活平衡，希望能够履行好自己作为家庭成员的职责。因此，这家公司对希望吸引到的工程师进行了家庭拜访，深入了解他们的诉求和痛点。这家公司发现很多工程师的子女在读幼儿园或小学，而作为高知人群的工程师及其伴侣通常希望孩子接受更好的教育，但这样的学校往往有很高的门槛。于是，这家公司采取了一项突破性的举措，在当地建立了附属幼儿园和小学，并给出高薪聘请了顶尖师资，让公司员工的子女都能够在这所学校就读。不仅如此，公司还考虑到一些细节问题。比如，员工可能要在上班前把孩子送到学校，还可能需要提前下班接孩子放学。为减轻这一负担，公司设置了通勤车，每天定时、定点接送孩子，减少了员工的后顾之忧，让员工在上班期间全身心地投入工作。公司还成立了家庭与儿童委员会，员工可以加入委员会并提出更多的实际诉求，为自己的家庭争取更多权益和福利。通过这些举措，这家公司凭借实力突出的研发中心最终成功打入欧洲市场。这个案例再次告诉我们，在管理中除了要关注工作相关因素外，还应充分考虑公司能够提供增益的家庭和社区等非工作因素，以期更好地吸引和激励员工。

在管理实践中，尽管很多管理者并不了解工作嵌入的概念，但他们采取的实际举措都在践行工作嵌入的理念。例如，有一名非常优秀的年轻雇员想要跳槽，领导百思不得其解，因为他的薪水已经很有竞争力了。经过多次询问，这名雇员才透露出真实的原因：他的女朋友在另一座城市工作，他愿意为了爱情而牺牲事业，想要离职与女朋友在一起。公司了解到这个情况后，积极帮他女朋友在公司内找到了适合的工作。这个举动让这位员工感受到公司真的在为他着想，即使没有加薪，他也愿意继续留下来为公司效力。再比如，有的公司配备了医疗团队，这一团队的成员并不是专业的医学生，也不需要为员工问诊，他们的主要工作是帮助员工及其家人挂各大医院的专家号，并提供免费的陪诊服务。高端医疗资源在大城市中也是稀缺资源，普通人很难轻易获取。此外，在大城市辛勤打拼的年轻人有繁重的工作任务要完成，一旦家人生病就会陷入工作和家庭难以两全的局面。此时，假如公司充分为员工着想，帮助其扮演好家庭成员的角色，也就增加了员工与家人的联结以及他们的工作嵌入程度。

3.2 工作中的情绪：迪士尼的《头脑特工队》在讲什么

你有没有看过迪士尼出品的电影《头脑特工队》？该片荣获了第 88 届奥斯卡金像奖最佳动画长片奖。《头脑特工队》是一部深刻探索情绪世界的动画电影，通过小女孩莱莉的内心世界和她的五种基本情绪——喜悦、忧愁、愤怒、恐惧和厌恶的互动，生动地展现了情绪对个体行为和决策的影响。这部电影不仅凭借其创新的故事和丰富的情感深受观众喜爱，也为我们提供了一个极佳的切入点来探讨工作中的情绪问题。通过电影中情绪角色的互动，我们可以更好地理解在职场环境中，情绪如何影响我们的思维方式、决策过程以及与同事的互动（图 3.3）。

图 3.3　工作场景中复杂而多样的情绪

情绪伴随着我们日常生活与工作的始终。受到领导的表扬，我们会感到自豪与愉悦；遭遇挫折时，我们可能会感到沮丧或愤怒。无论是积极的情绪还是消极的情绪，抑或是情绪的波动，都有可能会对员工的工作表现产生影响。接下来，我们将探讨情绪在组织行为中的作用。具体地，我们将探讨情绪耗竭的概念，并尝试找到走出情绪耗竭的途径。接下来，我们将深入探讨情商的概念并理解情商在组织中的作用。最后，我们将为管理者提供一些建议，探讨如何应用情绪以促进员工情绪的积极发展，从而为组织取得更好的绩效。

第 3 讲的前半部分中我们聚焦工作态度。作为一种重要的工作态度，工作满意度和情绪之间是一种怎样的关系？如果一个人对工作整体上很满意，他是否会在工作中时刻保持高涨的情绪？答案是否定的。事实上，尽管工作态度和工作中的情绪具有一定的联系，如根据态度的 ABC 理论，情绪是态度的重要组成部分，但二者具有重要的差异。相比态度，情绪的波动性更大，会随着时间的推移而波动，并且它会在很大程度上受到工作和生活中发生的具体事件影响。

请设想一名典型员工在一个工作日内的情绪变化。因为前一天晚上休息得不错,这名员工开始工作时的情绪是比较高涨的。然而,不久之后他收到了一封让人烦恼的工作邮件,情绪立刻跌至谷底。接下来,他参加了一个非正式的会议,讨论一个长期项目的进展。由于是非正式讨论,氛围比较轻松愉悦,他的情绪逐渐得到缓和。在微信上与朋友进行了一段有趣的对话后,他的情绪又回到了中等水平以上。午饭结束后他参加了一个新项目的头脑风暴,在讨论的过程中,他意识到这个新项目十分有趣且具有一定的挑战性,很享受参与讨论的过程,所以情绪变得越来越积极。最后情绪到达高峰时,他突然接到一通电话,被告知有紧急工作需要加班完成,情绪又跌至谷底。通过以上的例子,不难发现情绪在一天中的波动幅度非常大。因此,管理者不能停留在了解员工对工作是否满意的阶段,还有必要了解员工在完成特定工作任务时的情绪状态。

3.2.1 情绪与心情

什么是情绪?在英文中,有三个不同的词——affect、emotion、mood,它们对应的中文翻译都与情绪有关。但实际上,这三个词代表着不同的含义:affect 可以被翻译为"情感",是一个总体性的描述,包括 mood 和 emotion 两种类型;emotion 被翻译为"情绪",是持续时间较短(几秒钟到几分钟)的情感体验,可以归因于特定的刺激,通常伴随着行为、心理、生理信号的变化;mood 更准确的翻译是"心情",是持续时间较长(数小时至数天)的情绪状态,并非由特定的刺激引起。一项研究发现,相较于晴天,阴雨天会降低人们对生活满意度的评价。随着研究的推进,研究人员意识到人们的心情在其中起到了很重要的作用:在阴雨天,很多人可能会感到有些抑郁,因此减少了他们的生活满意度评价。这是心理学中的一个重要现象,被称为具身认知(embodied cognition)。具身认知主张人们的认知过程不仅仅局限于大脑,而是在很大程度上受到我们的身体以及身体与环境的相互作用的影响。这意味着知觉、思维和行动是存在相互联系的,身体的体验和动作在思维与认知加工中发挥着重要作用。在一项有趣的实验中,一名实验助理让被试帮他拿热咖啡而不是冰咖啡,这样一来,被试会不自觉地评价阅读到的实验材料中的人很热情、能力很强。在另一项实验中,面试官手中拿到的简历纸张重量影响了他们对求职者的评价。拿到克数较重或放在文件夹中的简历时,面试官倾向于认为这个求职者更可靠。

在生活中,我们常常将心情与情绪混为一谈,实际上它们是两个完全不同的概念。我们一般将心情分为两类:好心情和坏心情。心情通常可以持续很长时间,且缺少一个具体、明确的来源。比如你可能今天一整天心情都比较低落,或者最近几天心情一直不太好,但却想不到具体的原因。相反地,情绪是一种非常细分且多样的心理状态,是我们针对某个人或某个事件的强烈感受。我们一般认为基础情绪,也就是全世界人普遍可以感受到的情绪包括五类,分别为快乐、悲伤、害怕、愤怒和厌恶。此外,轻蔑、嫉妒、希望、骄傲、感恩、惊奇等都是情绪。这些情绪类型非常丰富且特色鲜明,而且往往由特定的事件引起。例如,和朋友玩耍的时候,我们会感到快乐;碰到危险时,我们会害怕;遇到不公平的对待时,我们会感到生气;很多小朋友被强迫吃西蓝花时会感到厌恶。每种情绪都有自己独特的作用。快乐可以让我们放松下来,去尝试新的东西;分享悲伤时,我们可以建立与他人之间的情感联结;害怕可以保护我们免受危险;生气会激发我们采取行动;厌恶则提醒我们远离潜在的危险。

我们通常会根据情绪的积极/消极属性以及能量水平的高低将情绪划分为四类,分别是高能量消极情绪、低能量消极情绪、高能量积极情绪以及低能量积极情绪。比如,兴奋和快乐属于高能量积极情绪,失望和疲倦属于低能量消极情绪。不同文化背景的人在表达和接受情绪时也会存在差异。例如,西方人很善于描述自己的情绪,日常用词中充满了描述情绪的词汇。相比之下,中国人可能更内敛,不太容易找到准确描述自身情绪的词汇。此外,相较于西方人,消极情绪对东方人的危害可能更小,这是因为东方人会认为消极情绪可能会更有用或更具建设性。

那么,究竟是什么使我们产生了如此多样而细分的情绪?特别是,工作场景中有哪些因素会影响我们的情绪呢?情感事件理论(affective event theory)指出,工作中发生的积极或消极的事件可以使员工产生积极或消极的情绪反应,进而影响他们的工作态度和行为。此外,人的性格也会影响情绪,有些人天生比较乐观,容易进入正性的情绪状态,有些人则更容易陷入消极情绪。睡眠质量也对情绪有很大影响,好的睡眠可以帮助我们恢复情绪资源。年龄、性别等因素也会对情绪产生影响:年纪越大的人的情绪波动程度越低;女性通常比男性有更强烈的情绪体验,更持久地保持某种情绪,并且更频繁地表达除愤怒以外的情绪。

学术前沿:理解职场中引发敬畏情绪的因素

尽管敬畏情绪在实践中扮演着重要角色,但它在组织行为学领域却鲜受研究关注。为了推进对这一重要主题的学术研究,作者进行了开放性调查,收集了来自美国、加拿大的163名成年工作者及来自中国的126名成年工作者的回答。随后,作者运用扎根理论对作答进行了分析,比较了代表两个文化集群的三个国家中引发敬畏情绪的因素。

研究发现,不同文化中存在10个共同的引发敬畏情绪的因素,包括组织的美德、组织的能力和成就、工作场所的美感、同事的美德、同事的能力和成就、同事的奉献精神、同事的魅力、同事的地位和权力、个人成长和成就以及感知到的意义。

作者还发现了两个中国文化背景下专属的敬畏诱发因素：组织的地位和权力、工作内容。

通过展示盎格鲁文化集群和儒家亚洲文化集群工作场所中引发敬畏情绪的因素，本研究为希望在组织中引发敬畏情绪的组织管理者提供了实践指导，如应当关注工作场所的设计，以及关注企业对待员工、客户和公众的态度和行为等。

资料来源：HU B, MENG L. Understanding awe elicitors in the workplace: a qualitative inquiry[J]. Journal of managerial psychology, 2022, 37(8): 697-715.

3.2.2 情绪耗竭怎么办：情绪资源的保护

了解情绪的多种来源后，我们接下来探讨一个普遍存在且备受关注的问题：情绪耗竭。尽管不同情绪是我们日常工作和生活中的常见体验，但情绪耗竭的现象可能更加隐蔽。让我们来思考一个场景：假设你是一名航空公司的空乘，你的工作很有挑战性，因为你需要面对一些难缠的顾客，这可能会引发负面情绪。在这种情况下，你可能需要戴着"面具"，隐藏负面情绪，保持友好的微笑状态，以维持专业形象和公司声誉。然而，长期佩戴这种"面具"可能导致情绪资源耗尽，进入情绪耗竭状态。情绪耗竭指的是在处理工作或个人事务时，长时间、过度地经历和承受情绪压力，导致情绪资源逐渐耗尽，产生工作倦怠。人们难以从情绪耗竭的状态中有效恢复。这一现象在服务业或需要频繁与人打交道的工作中尤为普遍，但即使在其他不需要频繁人际互动的工作中，我们仍然可能需要在同事和上司面前隐藏负面情绪，以保持职场形象并促进积极沟通。

在职场中，情绪耗竭是一个普遍存在的严重问题。接下来，我们将从三个方面来理解情绪耗竭：首先，我们会探讨情绪耗竭产生的原因以及可能对我们自身造成的负面影响。其次，我们将探讨如果在工作中不可避免地陷入情绪耗竭，应该如何走出这种状态。最后，我们将尝试站在管理者的角度，探讨应如何保护员工，避免他们陷入情绪耗竭的状态。

让我们先来了解发生情绪耗竭的原因，我们可以通过"情绪劳动"来思考这个问题。情绪劳动是指为了符合组织或职业规则而付出的有关情绪表达的努力和控制，通常需要我们表达特定的情绪或掩饰真实感受，以满足工作的期望。情绪劳动主要有两种典型表现：表层扮演和深层扮演。这两种反应方式有着显著的区别：表层扮演指的是个体掩饰真实情绪从而表达在特定情境中被期望或要求展示的情绪，即使这些情绪并非真实存在。例如，当我们产生负面情绪时，却选择展现出与内心真实感受相矛盾的正性的外部表情。换言之，我们可能内心并不感到愉快，但为了维护和展现积极形象，我们选择伪装出愉快的样子。相对地，深层扮演指的是我们有意识地努力体验在特定情境中被认为是恰当的情绪，让内在感受与外在表现保持一致。让我们以保险客服为例来理解表层扮演和深层扮演的区别。假设你是一名保险客服,在接听客户的投诉电话时遭受到客户的辱骂。如果你采用表层扮演,即使内心感到不悦,你仍保持冷静,努力展示出一种镇定和积极的态度,以传递专业、耐心的形象。如果你采用深层扮演,则会尽量设身处地地感受客户的困境,比如试着理解顾客可能因为家庭变故等原因而心情不好,渴望通过保险理赔解决问题、走出困境。这样一来,你就不太容易因为他的辱骂而生气,因为你理解了他情绪背后的原因。你不再需要伪装,因为你外在的情绪与内心感受是一致的,不再是表层扮演。总体来看,表层扮演是指在外表上展示符合职业规范的情绪;深层扮演则是努力使内在情绪与外在表现保持一致,从而更深层次地与客户或同事建立关系。在保险客服的例子中,这两种扮演方式都是为了维护公司形象和提供更好的客户服务。

一项学术研究根据人们采取的情绪劳动的方式将研究对象分成了四类,分别是完全的深层扮演者、完全的表层扮演者、既没有深层扮演也没有表层扮演的人,以及深层扮演和表层扮演水平都较高的人。研究结果发现,表层扮演者在与人交流时会伪装自己的情绪,假装非常积极,但实际上内心可能很消极。他们过于在意他人对自己的印象,这反而可能适得其反。相反,深层扮演者努力改变内心情绪,使内外表现一致,这类人往往能够与同事和顾客建立更高水平的信任,更好地实现工作目标。值得注意的是,同时采取表层扮演和深层扮演的人需要付出更多的情绪资源,代价更大,可能会影响健康指标,更容易感到情绪疲惫。为什么会出现这种现象?实际上,深层扮演者的内心确实处于积极状态,这使得他们更容易获得积极反馈,建立和谐的人际关系,从而在工作中获得自我效能感和成就感,并及时补充情绪资源。只采取表层扮演的人,其内心情绪与外在表现不一致,可能导致认知失调、情绪耗竭和工作退缩等负面后果。如果长期无法合理释放和宣泄消极情绪,甚至可能导致离职的想法产生。

这项研究给我们带来了一些有益的启示:在短期内,通过微笑来回避矛盾和不必要的接触可能很容易;但从长期来看,这种努力可能对改善健康情况和人际关系没有实质性的帮助,反而会导致员工情绪耗竭。对于员工来说,为了避免情绪耗竭,有几个要点需要注意:首先要学会表达自己的感受,不要让情绪积压在心中,因为这会给心理带来很大的负担。其次,即使处在消极情绪下,最好也不要伪装自己的真实感受,而是要采用深层扮演的方式,使内心情绪与外表现保持一致。一旦选择伪装情绪,很可能只会让原本的消极情绪变得更消极。最后,要真正保持一种积极的心态,无论是外在表现还是内心,都坦然接受并积极应对自己的情绪,这样的心态有助于应对情绪耗竭的挑战。

深层扮演的一个正面例子是美国西南航空的一位机长。很多机长在飞机上播报时很敷衍,缺乏真情实感,他们这样做或许是为了避免过多消耗自己的情绪资源。然而,这也许并不是最好的工作方式。这位与众不同的机长从来不拘泥于提前准备好的标准用语,他将每次在飞机上的播报视为一个脱口秀舞台,允许自己真实地分享工作中发生的一些事以及自己的感受,包括负面情绪。实际上,这是一种非常好的情绪宣泄方式:他没有掩饰自己的真实感受,而是坦诚表露。这样做让他达到了一种深层扮演的状态,乘客听了也感到很开心,并且他也成功避免自己陷入情绪耗竭的状态。

情绪耗竭可能会带来怎样的影响?情绪耗竭是职业倦怠最重要的核心维度,也是最明显的症状表现。在情绪耗竭状态下,人们失去工作热情,情绪波动大,容易迁怒他人,并且感到自己的情绪处于极度疲惫的状态中。陷入情绪耗竭的人可能会感到幸福感降低,对自己和他人的关怀能力下降,难以平衡好工作和生活,由此产生更加消极的情绪,最终陷入恶性循环。那么,当我们在工作中不可避免地经历情绪耗竭时,应该采取怎样的措施来摆脱这种状态呢?

情绪管理对我们非常重要。我们需要以理性的态度来面对自己的情绪,并认识到情绪实际上是一种宝贵的资源。遗憾的是,我们通常未能意识到这一点。就像其他资源一样,情绪也会在日常生活中逐渐消耗甚至耗尽。但幸运的是,我们可以通过一些方法来及时补充它。在日常生活中,许多事件可能会消耗我们的情绪资源,如遇到一个经常辱骂你的上司,或者被迫参加社交活动。当我们意识到自己的情绪资源不断损耗时,我们应该采取措施来进行补充。然而,一些常见的方式,如领导一边辱骂一边给予金钱的奖励,并不会真正起到作用。相反,通过正面的生理感受来积极影响心理感受可能是更有效的方式。例如,适量的运动和充足且高质量的睡眠都有助于补充情绪资源。此外,在工作的间隙散步、暂时不去想工作中的烦心事是一种心理疏离的有效手段。心理疏离是指个体在心理上从工作环境中脱离,能够暂时忘却工作的压力和责任,从而恢复精力和提高个人福祉的重要过程。科学研究显示,冥想或其他正念训练也可能帮助我们从情绪耗竭中解脱出来。除此之外,来自他人的社会支持也很重要,因为每个人都不是孤立的个体。当遇到情绪损耗时,适度地寻求他人的支持是可行的,但不要把他人当成情绪的垃圾桶,因为情绪是具有传染性的。

接下来的问题是,管理者应当如何保护员工,避免他们陷入情绪耗竭的状态呢?首先我们从情绪舒适区的概念谈起。在情绪出现波动的情况下,有些人可以通过自我调节将情绪保持在舒适区,这样的员工通常可以获得更高的工作满足度和工作绩效。然而,在现实生活中有时很难做到这一点。例如,兽医在日常工作中不可避免地需要对一些动物实施安乐死,而动物主人在这个时候可能会情绪崩溃、大哭大闹,给工作人员带来很大压力。甚至还有一部分动物主人拒绝面对这种时刻,导致动物在离开这个世界的最后一刻都没能和它们的主人告别,这也会让兽医的情绪产生非常大的起伏,离开自己的情绪舒适区。研究发现,情绪舒适区并不适宜扩大,只有使自己停留在情绪舒适区内,才可以有效执行任务,并在一定程度上避免对这份职业产生倦怠感。那么,作为管理者,应该采取哪些措施来确保员工保持在情绪舒适区内呢?

研究者为管理者提供了一些可行的建议。首先,对于情绪负荷较大的职业,管理者可以招募那些承受能力强或者能够有效进行自我情绪调节的员工。拥有高心理韧性的员工能够在面对变化和不确定性时保持泰然自若。他们能控制情绪波动,在处理有可能导致他们情绪耗竭的事件时游刃有余。因此,在员工招募过程中,管理者应特别关注候选人的心理韧性,尤其是针对那些情绪资源消耗较大的岗位。除了招聘合适的员工,管理者还应为在职员工提供包括软技能在内的全面培训,如让员工了解情绪耗竭、深层扮演和表层扮演的区别和联系以及如何纾解情绪、找到情绪的宣泄途径,从而实现深层扮演。促进年轻员工和经验丰富员工的交流也是一种有效策略。经验丰富的员工通常知道如何调节情绪、保持在情绪舒适区,并可以将这些经验传授给新员工。新员工自身在准备从业时,也应做好心理准备,主动探寻适合自己的情绪调节方法。

更重要的是,管理者应该给员工提供自我情绪调节的空间和机会。例如,兽医在执行安乐死后,可以有一段时间(如15分钟)不工作,专门用来调整自己的情绪。这种做法被称为重新聚焦法,即当员工遇到情绪耗竭事件时,给予他们一些时间去从事简单轻松的事情,以转移情绪。此外,应当在组织内搭建情绪抒发窗口,帮助员工发泄负面情绪,比如艾森哲公司建立了匿名论坛,让员工可以自由发表观点并得到同事的支持与帮助。总的来说,情绪管理是一个复杂议题,但通过招聘合适的员工,提供有针对性的培训以及采取具体解决方案,管理者可以帮助员工更好地应对情绪耗竭问题,提升其福祉和工作表现。

拓展阅读　告别情绪耗竭:从"顾客至上"到"员工至上"

3.2.3　情商:拥有调节情绪的智慧

接下来,我们将深入讨论另一个与情绪相关的重要概念——情商(emotional intelligence),也称情绪智力。很多人对情商存在误区,常见的包括将情商等同于人际交往能力,或认为情商是天生决定、难以改变的。心理学认为,情商指的是一个人感知自我和他人的情绪,理解这些情绪的含义,并能够相应地调节自己以及他人情绪的能力。情商对员工和领导的工作绩效都有着重要影响。研究表明,情商高的管理者往往比情商低的管理者销售业绩更好,因为他们更有凝聚力,更能增加自己及员工有效的、以销售为导向的行为。还有研究者对11位美国总统进行了评估,发现区分成功与不成功的总统的重要特征是情商。

虽然情商很重要,但它的准确测量一直以来都是一道难题。因此,学者们一直在积极尝试开发测量情商的科学方法。目前,学界普遍认可一种较为可行的测量方式,即通过两个重要标准来划分情商的维度:一是围绕个体关注的是自身还是他人情绪;二是围绕在情绪处理中更倾向于识别还是调节情绪。根据这两个方面,情商可以被划分为四个不同的维度(图3.4),包括认识自己的情绪、识别他人的情绪、调节自己的情绪以及管理他人的情绪。

	自我	人际
识别	**自我认知** • 情绪自我认知 • 准确的自我评估 • 自信心	**社交认知** • 共情/移情能力 • 组织意识 • 服务导向
调节	**自我管理** ✓ 自我控制 ✓ 透明度 ✓ 适应性 ✓ 成就驱动 ✓ 主动性	**人际关系管理** ✓ 鼓舞人心的领导力 ✓ 发展他人 ✓ 变革催化剂 ✓ 冲突管理 ✓ 构建关系 ✓ 团队合作与协作

图3.4 情商的四个维度

我们可以这样理解情商的四个维度:首先,左上角的维度是"自我认知",即一个人是否能准确地认识自己的情绪。或许你会认为这是显而易见的事情,但与欧美人相比,中国人有时更难用准确的词汇描述当下的情绪,这导致我们有时难以精准地识别自己的情绪状态。相对应地,右上角的第二个维度是指一个人是否能够识别并关注他人的情绪状态,共情(或同理心)是其中的重要因素。共情被广泛认为是一种特质,也是一种能力。如果我们具备共情能力,就意味着我们能够真切地关心并设身处地理解他人的情绪状态。这两个维度主要聚焦在情绪的第一个层面,即情绪的识别。在情绪识别的基础上,情商还强调情绪的管理。因此,根据是对自身情绪还是对他人情绪的管理,情商可以进一步划分为图中底部的两个维度。具备较高自我管理水平的个体能够控制自身情绪,因而可以更好地适应环境,并在面对挑战时采取积极主动的行为。拥有较高的人际管理能力意味着个体能够有效激励他人、解决冲突并促进团队协作。

情商一旦形成,是否恒定不变?它是否可以被提升?实际上,情商并非一成不变的特质,而是可以通过有意识的行为调整和学习进行提升的。在提升情商的过程中,我们可以遵循一些关键步骤。

首先,理性分析自己的情绪感受是很重要的一步。这意味着我们需要在情绪涌动之前,冷静地审视自己的情绪,辨明自己当下是怎样的具体感受,如"被拒绝""被孤立""被支持""愤怒""伤心"等。通过这种自我剖析,我们能够更好地掌握自己的情绪状况,避免情绪失控。当我们感知到自己的情绪时,应当准确地描述自己现在的情绪状态。研究表明,当我们可以准确说出当下的情绪状态时,就更少地受到情绪影响而作出有偏差的决策。

其次,我们需要对自己的情绪负责。这意味着我们应该勇于承认自己的情绪很大程度上是受到自己而非他人的影响。高情商的人在表达自己的情绪时,更多地强调情绪本身,而不是针对他人。例如,在面对冲突时,我们要告诉自己"我感到很生气"而非"你让我很生气"。当我们为自己的情绪负责时,我们可以更好地控制并调整自己的情绪,这在避免情绪进一步升级的同时有助于维护双方的关系。

提升情商的第三步是尊重他人的感受。尊重他人的重要表现包括设身处地地识别并理解他人的情绪。除了可以通过面部表情和肢体语言判断对方的情绪,更重要的是换位思考:比如询问对方"如果我对你这样做,你会感觉如何?"或者询问自己"如果我是他,在这种情况下我会有什么情绪?"通过识别并尊重他人的感受,我们可以建立更加亲近和支持性的人际关系,培养更高的情商。

最后,认可并接受他人的情绪并展示同理心也是提升情商的重要一环。当我们能够接受他人的情绪时,我们不仅建立了更加良好的沟通基础,也能帮助他人更好地理解和调节他们自己的情绪。虽然完全感同身受是很困难的,因为每个人都有不同的立场和经历,但我们至少要试图去认可和接受对方的情绪,设身处地思考对方表现出特定情绪的原因,并展示出自己的同理心,这些都有助于我们更好地处理与他人的关系。展示同理心需要我们认真倾听、换位思考、避免评判他人,并在此基础上传达情感。当我们展示同理心时,对方也会更愿意与我们沟通合作。在识别、理解他人情绪的基础上,有效地影响他人的情绪状态是高情商个体在社会互动中的关键技能。通过这种能力,个体能够在团队合作、冲突解决和人际沟通等方面发挥积极作用,促进更和谐的人际关系和更高效的团队协作。有效地调节和调动他人的情绪,不仅能够帮助他人更好地应对情绪挑战,也能增强团队的整体氛围和凝聚力。例如,一位领导者在团队面临压力时,能够通过积极的沟通和鼓励,提升团队成员的士气,这就是有效调动他人情绪的实践。同样,当一个朋友经历困难,通过倾听、同理和适时的劝解帮助他调节情绪,也体现了高情商的情绪调节能力。

综上所述,情商并非由先天因素决定、一成不变,而是可以通过日常工作和生活中的努力与实践进行提升的。通过理性分析自己的情绪、对自己当下的感受负责、尊重他人的情绪、理解并接受他人的感受,乃至有效地调节和调动他人的情绪,我们可以逐步培养更高的情商,提升自己在情绪管理方面的能力,从而更好地应对各种复杂的人际关系和情境(图3.5)。

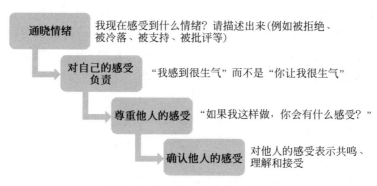

图 3.5 提升情商的方法和步骤

3.2.4 情绪与管理

前面的篇幅中我们已经讨论了很多与情绪相关的问题。无论是作为员工、管理者还是未来的管理者,我们都可以从中得到一些启示。举例来说,在正式的工作状态中,我们通常对自己和下属有着严格的工作要求。然而,在一些非正式场合,如休息时,我们可以在办公区域放一些轻松、愉悦的音乐,这可能有助于员工产生积极、正面的情绪。此外,如果有机会与同事或下属进行交流,我们可以多了解他们的状态,询问其是否遇到棘手问题。这种关切表现出同理心,对维持员工积极情绪非常有益。特别是在新常态下,远程办公变得更普遍,许多员工和管理者也在适应这一变化。尽管似乎所有工作都可以在线完成,也似乎不需要面对面交流,然而,通过邮件或线上会议沟通与面对面的交流还是存在很大差异。面对面的交流能让我们更真切地感受到对方的情绪和感受。因此,保持一定频率的线下沟通和交流,让管理者了解下属的情绪状态对于高效管理是必要的。这样的举措有助于保证团队合作氛围和员工的积极性。

再举个例子,银行客服人员每天都需要接听大量来电,其中很多是来自客户的抱怨或投诉。因此,这份工作实际是既辛苦又苦闷的,甚至会引发员工的情绪耗竭,毕竟客服要始终保持良好的服务态度,带给客户愉悦的体验。在这一背景下,客服的工作满意度往往较低,离职率也相对较高。那么,管理者应该如何纾解客服人员的负面情绪呢?一个可行的方案是为客服人员设置统一的休息时间,并将休息室中的桌子替换成长桌,从而为他们提供互相交流的外部条件。这种方式是简单有效的,因为人与人之间的沟通创造了情绪纾解的窗口。

情商在招聘环节中也能派上用场。对于那些需要频繁与内部的团队成员或外部客户打交道的职位,员工的情商显得尤为重要。因此,在招聘时管理者可以将情商作为一个重要标准进行考量。如今,越来越多的雇主在招聘中会采用情商测试。

然而,准确评估候选人的情商并不能完全依赖于简单直接的量表,因为这些量表往往容易受到求职者伪装的影响。在实际的招聘情境中,常常需要通过更为直观的方法,如特定的互动来进行评估。通过与求职者的互动,我们能更直观地感受到其情商表现,从而作出更准确的判断。需要注意的是,情商是可以通过培训提升的。即使当前员工在情商方面表现不尽如人意,也不必过于担忧,因为通过组织相关培训,如聘请专业咨询师或开设与情绪相关的课程,我们可以让员工更好地了解在工作中可能存在的情绪状态,并学习提升情商的方法。这样的举措对于员工的长期发展和组织的成功都是非常重要的。

作为管理者,身体力行至关重要。在面对工作中的各种挑战时,即使产生负面情绪,管理者也要懂得寻找合适的时间和地点来宣泄情绪,以保持在下属面前积极和正向的形象。为什么要保持这种形象呢?这是因为情绪在团队中特别容易传染。如果团队中有一个人情绪不佳,很容易影响整个团队的情绪,导致群体性的情绪低落。当具有负面情绪的人是管理者时,情绪传染会更容易发生。研究发现,魅力型领导以及鼓舞人心的领导可以使员工在工作场所更开心、更乐观、更热情,也更善于合作。因此,作为管理者,我们必须意识到自己的情绪可能会对团队成员产生传染效应,而且负面情绪的传染力更强。另外,我们还应该密切关注员工的情绪。例如,一旦发现有员工上班时情绪状态不佳,虽然我们可能无法立刻了解原因,但至少我们可以避免让他继续从事危险以及可能让他情绪更加负面的工作。此外,还要给员工一些空间让其缓解情绪。这种关心员工情绪的态度和行为对于维护团队和谐与员工积极性非常重要。

总体来看,在工作环境中,管理者的情商扮演着至关重要的角色,管理者不仅要善于管理自身的情绪,更要擅长引导和调节下属的情绪状态,以营造积极向上的工作氛围和增强团队协作。此外,有效运用情商测量工具在招聘过程中识别候选人的情商,可以为组织选聘到具有良好情绪管理和人际互动技能的员工,从而促进组织目标的实现和提升整体工作效率。这种全方位的情商管理不仅优化了人力资源配置,还为构建更和谐的职场关系提供了坚实基础。

▶ 本章小结

(1)态度是个体对特定对象(人、观念或事件等)所持有的稳定的心理倾向。态度的成分涉及三个维度,分别是认知、情感和行为意向。

(2)大多数情况下态度可以预测个体的行为,但个体有时也会发生态度和行为不一致的情况。认知失调理论认为个体对于事物的态度和行为间出现不一致时,会导致个体心理紧张。个体为走出认知失调会采用改变认知、增加新的认知、改变认知的相对重要性、改变行为等方法来力图重新恢复平衡。

（3）工作嵌入是个体和组织内外所有与工作相关的情境之间所形成关系网络的密切程度，它从非主观和工作之外的因素入手，为我们理解组织行为提供了一个全新的视角。管理者在试图激励员工时，需要考虑非工作的因素，如员工的家庭因素和社区因素。

（4）情绪持续时间较短，可以归因于特定刺激，通常伴随着行为、心理、生理信号变化。心情则是持续时间较长的情绪状态，并非由特定刺激引起。

（5）表层扮演指的是个体掩饰真实情绪以表达在特定情境中被期望或要求的情绪，即使这些情绪并非真实存在。表层扮演可能会导致情绪耗竭。

（6）深层扮演指的是我们有意识地努力体验在特定情境中被认为是适当的情绪，让内在感受与外在表现保持一致，可以减少情绪耗竭、提升员工工作绩效、提高顾客满意度、增加顾客的消费额度。

（7）情绪耗竭的预防以及应对举措包括补充情绪劳动过程中员工的情绪资源；根据员工的特征，让合适的人做合适的事等。

（8）情商是一个人感知自我和他人情绪、理解这些情绪的含义，并能够相应地调节自己以及他人情绪的能力，对工作表现有着重要影响。

跳出有限理性的旋涡：管理中的知觉与决策

X 航空是一家全球知名的航空公司，在市场上拥有良好的声誉和客户基础。然而，由于最近燃油价格的剧烈波动和市场竞争加剧，该公司陷入严重的财务困境，面临着巨额债务、居高不下的运营成本以及不断增长的竞争压力。在这个关键时刻，公司的高级管理团队面临一个重要决策，他们要决定是继续进行业务重组并寻求资金支持，还是宣布破产并停止运营。

决策过程中 X 航空的三位高管出现了分歧。首席执行官相信航空业将很快复苏，并且 X 航空具有较高的品牌价值和市场潜力，可以通过业务重组、优化公司内部结构、降低成本并寻求资金支持来克服当前的困境；也有著名航空公司从困境中破局、逆风翻盘的先例支持她的想法。但首席财务官并不认同，他指出 X 航空面临巨大的现实困境和财务压力，宣布破产并停止运营能避免进一步损失并最大限度地保护股东权益。首席执行官发言后，首席运营官认为其观点具有参考性。首席运营官更着眼于航空公司运营效率的提升和持续发展，他强调改进运营流程、降低成本以及与供应商和合作伙伴进行有效合作的重要性，认为公司有机会维持运营并逐渐恢复盈利能力，停止运营会使之前的投入和努力失去意义。

管理团队面临两难抉择，诸多因素影响着决策的制定。X 航空究竟该如何决策？在决策过程中，团队高管的考虑是否存在偏颇？如何基于当下作出最优决策？

▶ 4.1 横看成岭侧成峰：社会知觉及其偏差

4.1.1 一千个读者，就有一千个哈姆雷特：知觉及其特点

组织行为观察团：辛普森案的对立观点

1994 年，美国前橄榄球明星奥伦萨尔·辛普森因涉嫌杀害前妻妮可·布朗·辛普森和她的男友罗恩·高德曼而成为全美最轰动的案件焦点。这起案件本身并

不复杂,但审理过程却波折重重。警方的若干重大失误,导致关键证据失效,辛普森最终被判无罪释放,尽管他在随后的民事诉讼中被判对两位死者负有责任。这一案例成为美国司法史上遵循"疑罪从无"原则的经典判例之一。

1995年10月3日上午10点,当辛普森案的裁决即将宣布时,美国全国陷入一种停顿状态。当时的总统比尔·克林顿取消了原定的国事行程,前国务卿詹姆斯·贝克推迟了他的演讲,华尔街的股市交易也显得清淡异常,连长途电话线路都静悄悄的。洛杉矶市的街头巷尾部署了上万名全副武装的警察,以应对可能的不稳定局面。CNN(美国有线电视新闻网)的统计数据显示,大约有1.4亿美国人通过电视或收音机关注了这场"世纪审判"的最终裁决。

判决前的一项问卷调查显示,74%的白人认为辛普森有罪,而77%的黑人则认为他无罪。在这样一起刑事案件中出现如此对立的观点,令克林顿总统深感担忧,他甚至针对此案向全国发表了讲话。裁决结果公布后,检察官马西亚·克拉克对CNN记者表示:"尽管自由主义者不愿承认,但一个以黑人为主的陪审团在此类案件中很难作出公正判决。"此言一出,立即引发了公众舆论的强烈反响。

思考题:
1. 辛普森案件本身并不复杂,为什么会有如此对立的观点?
2. 基于辛普森的案例,简要分析客观事实与知觉判断之间的联系。
3. 哪些因素影响了人们对辛普森罪名是否成立的判断?

观察到同样的事物或现象,不同的人却会产生不同的认识并作出不同的反应,其中知觉在发挥作用。比如,在与上司进行对话时,不同的下属可能会有不同的感受和观点。一些下属可能会感到上司对自己有所偏见;另一些下属则可能会将上司的训诫视为对自己在工作中存在问题的帮助和改进,是对事不对人的表现。

那么,什么是知觉(perception)呢?相比知觉,我们日常生活中会更常提及感觉(sensation)这个词。感觉是知觉的基础,二者紧密联系但相互区别。首先,感觉是基础性的,类似于生理反应。人类有五种感受器,分别是眼睛、耳朵、鼻子、嘴巴和皮肤,它们分别接收来自外界的一些刺激材料。收到这些刺激材料后,这些感受器会产生一种直接的响应,我们称之为感觉。感觉是一个基础性的神经生理过程,知觉建立在感觉的基础之上,是对感觉进行进一步认知加工的复杂适应过程。具体来说,知觉指的是个体为了对自己所处的环境赋予意义而解释感觉、印象的过程,是个体选择、组织和解释感觉到的刺激材料的过程。这一过程很重要,因为人们的行为往往是基于对现实的知觉,而不是现实本身。

知觉过程具体是怎样发生的呢?我们通过一个视觉的例子进行说明:当我们看到一个瓶子里盛着红色的液体时,首先是感觉阶段,我们仅仅接收到外界刺激,意识到瓶子中有红色的液体存在。此时只有感觉,我们对这个信息/刺激材料还没有进行深入的处理,没有为它赋予含义。接下来是认知加工阶段,我们根据个人的日常经验、记忆和知识,赋予这个视觉刺激特定的含义。例如,我们可能根据以往的经验认为这是辣椒油。在这个阶段,我们将感觉信息连接到先前的认知框架中,为其赋予更为具体的意义。最终,这个过程导致了我们对瓶中液体的知觉。我们认为它具有刺激性或很辣,进而产生相应的行为反应。当然,人们可能会为同样的刺激材料赋予不同的认知含义,这体现了知觉的主观性。

此类现象屡见不鲜。虽然客观世界本质上是统一的,但由于每个人的关注点各异,加之个体能力与知识背景的差异,对同一事物的理解也自然不尽相同。这表明,知觉具有极强的主观性。正如定义所述,当我们接收外界刺激并对其进行适应性反应时,这种适应基于我们自身的认知和理解。此外,知觉的选择性是一种普遍现象:在众多感官刺激中,个体通常只关注特定信息,同时忽略其他信息,这也是主观性的体现。在组织管理中,尽管所有管理者面对的组织环境本质上一致,但不同的管理者会作出各异的选择。理解知觉的主观性对我们认识自我主观偏好与认知局限、更好地理解他人、改善沟通以及作出更明智的决策至关重要。

4.1.2 知觉的影响因素

面对同样一件事情,为什么不同的人所产生的知觉可能会存在很大差异呢?很多因素会影响到知觉,甚至会带来知觉偏差。学者们综合归纳了这些因素,并将其分为知觉者因素、知觉对象因素和情境因素。知觉者的个体特征、知觉对象的特征和属性,以及情境的影响共同塑造了我们的知觉过程。其中,知觉者因素包括知觉者的态度、动机、兴趣、经验和期待等;知觉对象因素涵盖其新颖性、可接近性和相似性;情境因素包括时间、工作环境、社会环境等。下面我们将介绍影响知觉的代表性因素,从而更好地理解知觉的复杂性。

首先,知觉者因素,即产生知觉的个体方面的因素,可以影响知觉结果。具体地,当人们观察到一个事件并试图对其形成印象时,个体本身所具有的知识、经验、需要等多方面因素会影响到知觉结果。例如,未满足的需要或动机会刺激个体,进而对他们的知觉产生强烈影响。因此,一名迫切想要升职的员工会更加关注与职业发展相关的信息。此外,人们的注意力的中心会受到自身兴趣的影响。因此,面对一处美丽的海滩,画家会认为它是写生的绝佳场所,企业家则会盘算如何把它开发成旅游胜地。知觉者的经验和态度也同样重要。假设你的一名下属每天按时上下班,从不迟到甚至经常早到半小时,把办公空间整理一新让后续上班的同事都有美好心情。作为管理者,你会怎么评价这名下属呢?通常,我们可能会认为这是一名不错的下属。不过,对于准时上班这件事,不一定每位管理者都认为这是一个重要的好习惯。这取决于你作为管理者自身的作息规律——如果与这名下属一致,习惯早睡早起,那很可能会给出高度的评价;如果你在日常工作中主张效率优先,认为工作地点、工作时间都是可以调整的,没必要严格遵循公司的上下班制度,那你很可能会对该下属给出不同的评价。这些都说明:我们作为一个"知觉者",自身特质可能会影响对他人的评价。

知觉对象的特征也会影响我们的知觉结果。请设想一下,你去一家餐厅用餐,当你坐下来浏览菜单时,注意到其中一道菜品,这道菜的描述让你回忆起其他餐厅的类似佳肴。由于你对那道相似的菜品印象深刻且喜欢,在不了解新的餐厅菜品的情况下,你很可能会认为这家餐厅的相似菜品也一定非常美味。这说明我们在产生知觉的时候,会受到知觉对象之间相似性的影响,即我们在形成知觉时,往往会参考已有的信息、经验和印象,从而对新的知觉对象进行评价。换言之,如果我们对一个已知的知觉对象有着积极的评价,而新的知觉对象与已知的知觉对象在一些重要特征上存在相似之处,我们往往也会给予新的知觉对象积极的评价,正所谓"爱屋及乌"。这便是知觉对象给知觉带来潜在影响的例子。

回到"辛普森案的对立观点"案例中,事件本身并不复杂,但辛普森的复杂身份引发了公众对事件的高度关注,知觉者因素和知觉对象因素都在发挥作用。辛普森是著名的橄榄球运动员,后期又成功转型为好莱坞影视明星,创办了影视公司。他本人是成长于美国贫穷社区的黑人,是依靠自己的努力成为成功人士的代表。而受害者之一是他的第二任妻子妮可,是一名典型的白人。在美国种族矛盾严重的社会背景下,人们容易对案件的背景赋予更多社会意义,形成更丰富的故事性解释。因此,不同种族的人会对辛普森案的判决结果形成不同观点,对立现象也由此产生。

情境因素反映的是知觉对象所处的情境也会对知觉判断产生重要影响,如时间、工作场景等(图 4.1)。相比在正式、严肃的工作场合看到某种行为(如穿着奇

图 4.1 情境因素对知觉的影响

装异服、大声说笑等），人们在非正式、娱乐性的聚会等场景中观察到同样行为时会作出不一样的判断。毕业生在毕业季参加校招时，往往选择穿着正装前往各个写字楼进行面试，这种打扮会被视为合适、得体。然而，如果他们在参加野外露营时依然穿着正装，就会显得不太适应场景，可能会引起周围人的注意和困惑。这表明情境对知觉判断产生了影响。类似地，当人们在海边举行婚礼时，男士穿着西装、女士穿着婚纱的装扮会被认为是符合社交期望的行为。但设想一下：一名女生在大学课堂上穿着婚纱，这样的场景会让我们感到非常奇怪和不适应。

4.1.3 常见的知觉偏差

人们的主观因素会在不经意间影响到对外部世界的解释。人们在复杂的社会环境中处理复杂问题时，通常会采用经验法则，这可以在很大程度上降低人们的信息加工负荷，帮助人们更有效地处理现实世界中的复杂信息。著名的管理学家赫尔曼·西蒙将这种能够提供捷径的非正式的"经验法则"定义为启发式。遗憾的是，启发式在提供知觉便利的同时给人们带来了很多知觉偏差。

选择性知觉（selective perception）是指当人们面临复杂情境时，并不会对知觉对象的每个特征都有所知觉，而是根据自身知识、经验等，有选择地提取相关特征并形成判断。当下我们处于一个感官信息大爆炸的社会，每时每刻都在接收各种感官刺激，但由于我们无法接收和处理所有的信息，只能选择性地接收和加工有限的信息，往往会存在选择性知觉的认知偏差。那么，怎样的信息更有可能吸引我们的注意力，并影响知觉呢？当我们对一个人、事物或事件进行评判时，会收到各种相关刺激材料，其中最突出的刺激材料会被我们觉察，这会在很大程度上影响我们的知觉。接下来我们讨论的知觉偏差，都是选择性知觉的具体体现。

在日常生活中，"情人眼里出西施""品牌知名度越高，产品越好"等知觉非常普遍，在管理学和心理学中被称为晕轮效应或光环效应（halo effect）。晕轮效应是指当个体作出知觉判断时，会被知觉对象的某一突出特征左右，据此形成一个总体印象。正如管理者一旦因为某一员工的某项特质而建立起对其的正面印象，就倾向于认为此人各方面都比较优秀。又如，与学业成绩相比，美国人更加看重一个人的运动天赋。人们会倾向于认为一名运动健将也具备卓越的管理能力和领导才华，尽管这两者之间并没有必然的联系。与晕轮效应相反的知觉偏差被称为霍尔效应（horns effect），它指的是个体的一个负面特质可能会不合理地影响我们对这一个体其他方面的评价。比如，当我们对一个人或事物形成初步印象时，如果最初注意到的特点是其缺点而非优点，我们会基于这个突出的缺点来形成整体的负面印象，进而认为该知觉对象在其他方面也都表现糟糕或平庸。

面对客观存在的晕轮效应，我们能否在工作和生活中加以利用呢？在现代社会中,人们通常追求成为全才,但实现这一目标绝非易事,即便投入大量时间和精力也未必能够做到。然而,我们可以转变思维方式,将时间和精力集中在培养自己的特长上,让其成为独特的亮点或专属标签。在这个时代,被贴上标签并不一定是坏事。拥有鲜明标签能帮助他人记住我们,并且容易产生晕轮效应。例如,在职场中如果一个人具备突出的英文能力或表达具有感染力,这样的优秀特点很容易给他人留下深刻印象,并促进晕轮效应的产生。然而,这种标签必须是真实存在的,而不能是虚假的人设。如果标签与我们真实的自我不符,最终会崩塌。

投射效应(projection effect)指的是用自身的想法、经验、态度去推测他人面对同一问题时的想法和态度,从而把自身特点强加于别人的现象。人们普遍假定别人会与自己作出类似判断,容易将个人观念推及周围人。譬如,当我们希望自己的工作具有挑战性并能够独立负责工作时,往往会假设他人也有相同的期望。类似地,当一名员工工作非常努力并且总是加班,他可能会认为其他人也有同样的热情和动力。当他看到其他同事下班比较早时,他可能会认为那些同事不够负责任,即使这并不是真实情况。人们在日常生活中经常会无意识地表现出投射效应。一位父亲可能认为他的孩子会喜欢与他一样的事物,因为在他小时候就喜欢这些事物。他可能会因此为孩子选择特定的运动或兴趣班,没有真正询问孩子的兴趣所在。此外,来自某个文化背景的人可能会假设其他人与自己的价值观、信仰或习俗一致,而没有意识到来自不同文化和背景的人可能会有非常不同的观点。

对比效应(contrast effect)是指人们在进行评价或比较时会受到预先或同时接触到的相关信息的影响。在对比效应的影响下,我们对当前知觉对象的评价往往会产生偏差。这是因为我们常常将事物放在相对的背景中进行评估,而不是独立地加以考量。例如,如果你在上午刚听了一堂枯燥的培训课程,很可能会觉得下午的互动课程更有意思,这是通过对比而产生的知觉。在招聘场景中也会存在对比效应:如果在我们之前参加面试的恰巧是一个能力卓尔不群的人,那么在其对比之下,我们可能会显得没有那么出色,泯然众人矣。

刻板印象(stereotype)指的是人们会根据某些人、某类事物的共同特征形成对此类事物的共同看法,不区分具体情况、个体差异地推广到对具体人、具体事物的判断中。职场中,刻板印象并不罕见。年长、头发花白的医生往往会被认为经验丰富、医术高超,但年龄与医术水平之间并没有必然的联系。思维定式也是我们在知觉过程中难以摆脱的一种偏误,如在招聘或者工作场景当中,性别歧视是客观存在的,其根本原因之一在于人们存在思维定式,普遍认为女性要承担更多的家庭责任,没有过多的时间投入到工作中,更有甚者认为女性的工作能力弱于男性。此类偏见长期存在,影响了人们接触到新的人或事物时产生的评判。

知觉"捷径"在组织管理情境中并不罕见,应当引起管理者的高度重视。例如在招聘面试中,面试官通常倾向于将新的简历与之前的进行比较,进而产生对比效应;在绩效评估过程中,一个人在某一方面的出色或糟糕的表现有时会导致主管对该下属在其他方面的表现都作出优秀/糟糕的评价,这是晕轮效应的结果。了解这些现象,并进行合理的规划和利用,也许会对我们的职业发展有所裨益。

4.1.4 归因理论及归因偏差

人们具有一种天然倾向,即对自己观察到的他人做出的行为进行归因。归因理论(attribution theory)认为,在日常的社会互动中,人们为了有效地掌控和适应环境,往往会对发生在周围环境中的各种社会行为有意识或无意识地作出一定的解释。举例来说,当我们观察到有人向我们眨眼、比手势时,我们会去考虑他做出这样动作的原因,他是想要传达出他的友好但不知如何更合理地表现?还是在进行挑逗?其实这取决于我们对他的"挤眉弄眼"行为进行的归因。归因理论的基本观点是:当我们观察第三方的行为时,倾向于对其行为进行解释或归因,以判断该行为是由内部驱动还是由外部驱动。内部归因是指人们认为个体行为的原因来自个人的性格、态度或其他内在特质。例如,如果一个人在公共场合大声说话,我们可能认为这是因为他非常自信或不拘小节。与之相反,外部归因则是将个体的行为原因归结于外界因素,如情境压力或社会规范的影响。如果同一个人在一个正式的会议上大声发言,我们可能认为这是由于场合的正式性使他感到有必要这么做。这两种归因方式影响着我们如何理解和评价他人的行为。

既然归因很重要,那么在现实生活中有哪些因素会影响归因呢?请思考这样一个场景:你的一名下属今天上班迟到了,是否要扣减其工资?这时我们需要对事情进行归因,判断下属是内在原因(如懒惰)还是外界因素(如交通堵塞)导致的迟到。通常来说,我们会通过判断该行为是否具有独特性(distinctiveness)、共识性(consensus)、一致性(consistency)三个特征进行归因。独特性指的是人们是否会在不同情境中表现出不同的行为。假如这名迟到的员工也是那种经常对其他承诺视而不见的人,则上班迟到行为不具备独特性,此时上司会给出内部归因,即认为员工是由于自身原因导致的上班迟到。共识性指的是面对相同情况的个体在行为上是否有着类似的表现。假如平时乘坐同一条地铁线路的同事今天都迟到了,则该行为具有共识性,此时上司会给出外部归因,即认为员工是因为外部的不可抗力导致的上班迟到。一致性指的是同一行为是否经常重复出现。如果这名员工经常性迟到,则上司会给出内部归因,即认为员工是由于自身原因导致的迟到;如果员工只是偶尔迟到,则可能被认为是由外部原因导致的。

在现实生活中,我们对观察到的各种现象都会进行归因和评价。然而,由于人们的有限理性,往往会在评价过程中产生一些系统性的偏误。常见的两类归因偏差分别是基本归因偏差（fundamental attribution error）和自我服务偏差（self-serving bias）。前者出现在对他人的行为归因时，后者出现在对自己的行为归因时。具体而言，基本归因偏差指的是人们在对观察到的他人行为作出判断时，倾向于低估外部因素的影响，高估他人的内部或个人因素的影响。譬如，当管理者看到下属业绩下滑、近期工作表现与先前差距较大时，会倾向于从下属身上找原因，认为这是由于其工作不够努力等内部因素所导致，往往会忽略行业竞争、季节等外部因素的影响。此类评判更多考虑了他人自身因素，而忽视了外部因素的影响，导致产生了基本归因偏差，使我们的观点变得狭隘。再如，在社会化媒体上的网络欺凌中，观察者常常倾向于将欺凌行为归咎于受害者个人的弱势或行为不当，即受害者有罪论。他们可能认为受害者没有保护好自己的隐私，或者在言辞上激怒了其他用户。这种归因偏差导致了对受害者的责备和指责，而忽视了网络文化、群体动态和匿名性等环境因素对欺凌行为的影响。这值得我们反思：在观察他人行为时，我们应尽量避免这种偏差，从更全面的视角来看待问题。

同时，个体倾向于对自己作出积极评价，会出现自我服务偏差。自我服务偏差指的是，人们倾向于将自己的成功归结于内部因素，而将失败归因于外部因素，如会将个人取得的成绩归结为聪明和努力，却将失败归咎于运气不好。在职场中，这种现象并不少见。在绩效评估方面，员工往往会将优异的绩效归因于自己的努力和能力，认为自己是公司最出色的员工，理应获得更高的奖励和晋升机会。然而，当面临低评价或晋升要求被拒绝时，他们往往会将责任归咎于评估标准不公正、管理者的偏见或其他外部因素。这种自我服务偏差可以保护员工的自尊心和自信心，并减少对自身能力和表现的负面评估。类似地，在团队合作中遇到挑战、问题或失败时，领导者往往会将责任归咎于外部因素，如团队成员的不合作、环境限制等。他们可能选择性地忽视自己的缺点，以及在带领团队过程中犯下的错误。管理者和企业雇员在归因过程中应当努力避免这两种归因偏差，保持客观和中立，促进公正和客观的工作评价，塑造积极的工作环境和团队文化。

▶ 4.2 思考，快与慢：有限理性的决策者

在经济学和心理学的探讨中，人类最初被视为理性的决策者，总是追求自己的最大利益。然而，这种"完全理性"的假设在现实生活中真的适用吗？事实上，由于信息的不完整、认知的局限性和处理复杂决策的时间压力，人们往往并不总能作出最优的选择。这就引出了人的有限理性，它挑战了传统的完全理性假设，指出人们在决策时不仅受到外部环境的制约，还受到内在认知能力的限制。那么，这种有限理性如何影响我们的日常选择与决策？我们又该如何应对这些局限性，以期作出

第4讲 跳出有限理性的旋涡：管理中的知觉与决策

更明智的选择？这是一个既广泛又有深度的话题，值得我们深入探讨。

情境模拟：轮盘赌

你是否了解过轮盘赌？转盘被分成很多小方格，一共有18个红色的色块、18个黑色的色块和一个绿色的色块。轮盘转动后，小球开始滑动，这时你需要下注，猜测这个小球最终会停在什么位置，根据你下注的颜色和数字与实际情况的匹配程度来判定输赢（图4.2）。现在设想一个场景，你来到了拉斯维加斯，准备玩刚才介绍的轮盘赌游戏，在尝试之前，你决定先观察一下前五轮游戏中小球停在哪里［以下描述中提到的颜色（如黑色和红色）在打印时可能会显示为不同的灰度。黑色会显得更深，而红色会显得更浅］。这里共有两张桌子，一张桌子上最终停下来的方格分别是黑色、红色、黑色、黑色和红色，颜色分布相对均匀，三个黑色两个红色。在第二张桌子上，小球连续五次都停在红色位置，是一个比较极端的情况。

图 4.2 轮盘赌示意图

思考题：
1. 你会选择在哪个桌子下注？
2. 你会选择下注红色还是黑色？

人们在面对独立事件时往往会受到无关信息的影响。即使知道每次小球停下的位置都是独立事件，我们却常常无法摆脱这种影响。例如，你可能会从整体出发，认为已经连续出现5次红色时，下一个球停在黑色方格的概率更大。不过，这个想法是赌徒谬误（gambler's fallacy），缺乏理性。同样，也有人会认为已经观察到连续5次出现红色，接下来大概率还是红色。这种"热手"（hot hand）心理在竞技体育中也很常见：当我们连续投中篮球时，会产生一种错觉，认为能继续命中。然而，事实上每一轮都是独立的事件，并不取决于之前的情况。这意味着，无论你在刚才的问题中选择了哪张桌子、什么颜色，只要你是基于之前的观察作出的评判，都是错误的。

事实上，我们要认识到现实生活中是存在随机事件的，决策时应该以客观事实和概率为基础，避免受到无关信息的干扰。在日常生活中，我们习惯基于随机的事件总结规律，然后指导自身行为，但实际上每次事件都是独立的，没有必然的联系。我们应该依靠理性思考，才能更加客观地作出判断和决策。

4.2.1 决策的有限理性模型

知觉是决策的基础和出发点，没有对外界环境的知觉，就不能激发决策需要。

决策指的是决策者为实现某一目标,在认识问题情境、形成行动方案的基础上,从若干个可行方案中选择某个行动方案的过程。理性决策是一种基于逻辑、分析和评估的决策方式。它认为决策者是理性的,会根据具体的限定条件作出稳定的、价值最大化的选择。从理论上看,理性决策模型提供了一种系统化的决策方法,可以实现最优化决策。然而,现实并不总是符合理论假设,理性决策模型的假设条件面临许多障碍和挑战。现实中,该模型之所以不成立,是因为:很多情况下人们要解决的问题都是高度复杂的,超出了人们的理解范畴;人们的认知能力、价值观等都存在差异,这些个体差异会给决策带来偏误;人们决策时面对的信息不完全;人们决策时面临信息过载;不同决策者之间的目标可能存在冲突等。

随着研究不断深入,学者们逐渐认识到人们是有限理性的,反映为人们有两个截然不同的决策系统。系统1基于直觉和潜意识,系统2则基于分析和理性。在不同的决策情景下,人们会激活不同的决策系统。举例来说,在驾驶汽车过程中,人们往往自动启动系统1,而系统2则保持在低认知能力消耗的待机模式,以监控个体的行为。具体地,当我们行驶在熟悉的路线时,系统1在发挥主导作用,这个系统依赖于以往的经验和学习,能够迅速作出反应,并在熟练的情况下产生有效的行为。然而,当我们行驶到陌生路线或遇到复杂路况时,系统2则会从待机模式迅速被调用到前台。值得注意的是,系统1是基于直觉、情感和无意识层面的信息处理,因而往往存在偏见,并难以被关停。

有限理性模型提供了一种更加实际和符合人类决策行为情况的框架,它认识到人们在决策过程中受到心理因素、信息处理能力的限制以及不确定性和复杂性的挑战。有限理性是指决策者认知能力和信息加工能力是有限的,不可能掌握全部的信息并选出最优选项,只能处理一些主要信息,忽略其他的相关信息。寻求满意解而非最优解、基于直觉进行决策是人类有限理性的两大重要体现。

4.2.2 跳出思维的陷阱:揭秘决策偏误

人类是有限理性的。当我们面临决策时,尽管会努力权衡各种选择,但仍然容易受到各种决策偏误的影响。这些偏误并不是个体独有的问题,而是人类思维的普遍特点,源于我们的认知局限、情绪影响和社会环境。例如,当人们过于重视现有信息(锚定效应),或对未来过于乐观(过度自信偏见)时,都可能导致决策出现偏差。更进一步地,这些决策偏误可能会导致我们对信息的过度简化、刻板的归纳和片面的判断。这不仅会导致我们作出非理性的决策,还可能在长期带来意料之外的后果,引发遗憾和损失。因此,了解并识别这些决策偏误至关重要。只有当我们意识到自己在决策过程中可能出现的失误,并采取策略避免或修正它们,我们才有可能作出更加明智和有效的选择。这不仅有助于提高个人和组织的决策质量,还可以减少后续的纠纷和矛盾,确保决策结果与初衷更为一致。

1. 后见之明

后见之明(hindsight bias)是一种经典的认知偏误,也被称为"我早就知道"效应。它描述了一种人们在知道某件事情的结果后,会过高估计自己预见到这个结果发生的可能性的现象。换句话说,事情发生之后,人们经常觉得这个结果是可以预见的,甚至觉得这是不可避免会发生的。举例来说,假设法国队和德国队在足球比赛中有着相同的胜负记录,在一场新的比赛前,人们可能会认为双方的胜负难料。然而,这场比赛的结果是德国队打败了法国队。基于这一新的比赛结果,大多数人会迅速更新认知,认为德国队原本就比法国队更强大,对两队过去和未来的看法也会因为这种新认识而发生变化。再比如,在金融市场中,如果某只股票的价格大幅下跌,人们可能会说:"我早就知道它会跌。"但实际上,如果在事先真的那么确定后续会发生的事,大多数人可能早就已经卖出了那只股票。

后见之明之所以存在,部分原因在于已知结果在人们的认知中显得更加明确和确定,使得其他可能的结果更加模糊和不可能。后见之明可能会导致人们高估自己的预测能力或低估事物的不确定性。这种偏见还可能导致人们对他人的决策作出过于苛刻的评价,因为在知道结果后,人们可能会认为当初的错误决策是可以避免的,或者当初的正确决策是显而易见的。这种现象一方面使得人们对作出正确决策者未能给予足够的认可,另一方面对错误决策者给予更严苛的批判。我们要避免将结果作为评判他人决策的唯一标准,更深入地理解决策者当时所面对的挑战和不确定性。例如,某个公司在做营销企划时,决定投入大量资源进行线下宣传,认为这是吸引目标受众的最有效方式。然而,由于市场环境和消费者行为的变化,线下广告的效果并不理想,没有带来预期的品牌知名度提升和销售增长。在事后评估时,可能会有人指出当时还有其他更适合的市场营销策略,比如通过社会化媒体营销或者通过和意见领袖合作,与目标受众建立更紧密的联系,并批评公司过于依赖单一的线下广告形式,认为如果能够更早地察觉到市场趋势的变化,采用更多元化的推广手段,将会取得更好的效果。事实上,这种论断是不成熟、失之偏颇的,我们应当采用谦逊、客观和理性的态度,避免陷入后见之明的陷阱,拒绝盲目批判他人。为了降低后见之明的影响,可以通过书面记录决策时的思考和当时的预测,这样在事后可以更客观地评估自己的预测能力。此外,认识到自己容易受到这种偏见的影响,并在评价过去的事件时努力保持中立和客观也很有帮助。总的来说,后见之明是常见的心理偏误,了解它并认识到自己可能会受其影响,有助于我们更加理性地看待事物和作出决策。值得注意的是,后见之明偏误是最难避免的思维陷阱。

2. 可得性偏误

人们在作出决策和判断时也会受到可得性偏误(availability bias)的影响,它是指人们在做决策时,往往会过分重视那些容易回忆起来或更容易获得的信息,而忽视了其他可能更重要或更准确的信息。这种倾向使得我们对某些事件或情况的评估和判断产生偏差。我们的记忆库中存储了大量信息,当我们作出判断时,需要主动从记忆库中提取信息,而那些容易被提取到的信息会在更大程度上影响我们的决策。举例来说,由于媒体报道和社会关注度较高,某些交通事故如飞机失事等往往更容易被人们注意到和记住。这些信息的可得性高,因此人们可能会过分重视这些低频但引人注目的事故,从而认为这种出行方式更危险。相反,对于搭乘汽车或高铁等常见的出行方式,媒体较少报道相关交通事故。因此,人们对于这些交通方式的安全性往往缺乏关注和记忆,导致在知觉上产生偏差。统计数据显示,私家车事故的发生率远高于飞机。可得性偏误会导致人们对不同出行方式的安全性产生错觉,以致在决策时规避那些事实上风险系数更低的出行方式。类似地,如果媒体近期频繁报道关于鲨鱼袭击的事件,或者最新上映的热门电影涉及鲨鱼袭击,即使这些事件在全球范围内罕见,人们可能也会认为鲨鱼袭击是较为普遍的。

因可得性偏误作出错误决策的情况并不罕见。例如,在投资决策中,当我们在考虑投资某个行业或某只股票时,如果经常听到成功的投资案例或者看到朋友们取得高额回报,可能会高估该行业或股票的收益潜力,忽视失败案例或者整体市场的变化,从而导致投资决策失败。在管理情境中,可得性偏误可能导致管理者过度依赖已有的可得信息和印象。例如,在制定战略时,管理者对过去的成功案例或失败案例过度依赖,忽略了更广泛的市场情况和未来的变化趋势;在收集信息时,管理者过分关注媒体报道中的个别事件或突发情况,而忽视了更为普遍和常规的情况,从而影响他们对组织形象、品牌声誉或危机管理的评估和决策。

可得性偏误的关键在于,人们对于容易记忆起来或更容易获取的信息产生了过度的重视和依赖,而没有全面考虑其他相关信息的权重和影响。这种偏误可能导致我们作出错误的判断、不准确的预测,以及偏离理性决策的路径。因此,在决策过程中要意识到可得性偏误的存在,并尝试收集更全面和客观的信息,从而减小可得性偏误带来的负面影响,提高决策的准确性和合理性。

3. 代表性偏误

在讨论代表性偏误(representative bias)之前,请思考以下情境。家默高中时的心理学老师对他进行了这样的评价和描述:家默智商很高,但缺乏真正的创造力;他追求秩序感和清晰度。他的写作相当枯燥和乏味,偶尔有一些老生常谈的双关语和科幻类型的想象力闪现。他有很强的能力,但似乎对别人缺乏同理心,也不喜欢与人交往。尽管以自我为中心,但他有着很高的道德感。转眼几年过去,家默已经成为一名研究生,现在请你基于对他的了解,猜测一下目前他最有可能就读的专业。备选项包括工商管理、计算机科学、法学、药学和社会科学。基于刚才的一小段描述,部分人认为家默不适合社会科学,最有可能去就读工科的计算机科学专业。然而,我们要意识到仅靠这段有限的描述对家默的专业进行猜测是不够可靠的。人们往往会陷入思维定式中,误以为读同一专业的人性格都相似,或者同班级同学的性格一致。事实上,为了回答好这个问题,我们需要进一步了解额外的信息,比如目前在大学生的总体人群中,各个专业的比例是多少?通过理性分析,我们可以确定哪个专业所占比重最大,从而推断出家默最有可能就读的专业。

代表性偏误是指人们在基于样本评估整体时,会过分依赖特定模型或经验,而忽视其他相关的概率或信息。简单来说,人们可能会因为某些特征或事件与某个特定模型或类别很"相似"而下意识地认为它们之间有高度的关联性,即使统计数据并不支持这种观点。代表性偏误通常发生于以下几种情况:忽视基线概率,或先验概率。例如,如果某个城市 95% 的出租车是绿色的,只有 5% 是蓝色的,即使有目击者声称在一起事故中看到了蓝色的出租车,我们也要谨慎地对待这一证词。基于代表性偏差,人们可能会过高估计目击者的准确性,而忽视绿色出租车的高基线概率。另一种情况是小样本误差,即基于小样本得出结论,并错误地认为它代表了整体。例如,如果某人到访一座城市并在那里遇到了五个不友好的人,他可能会错误地认为整座城市的居民都不友好。最后一种情况是类似性判断,即当某事物或事件与某个特定的类别或模式很相似时,人们可能会超出合理范畴地认为它们之间有关联。例如,如果一个人在阅读人物描述时,发现某人喜欢阅读诗歌、听古典音乐,并经常参加和平集会,他们可能会错误地判断这个人是一名大学教授而不是一名卡车司机,尽管卡车司机的数量远远大于大学教授。

代表性偏误导致我们在评估和决策过程中过于依赖突出的信息,忽视更广泛的背景和概率。这种偏差可能会影响我们对人和事物的判断,使我们陷入片面或错误的推断中。为了降低代表性偏误的影响,我们应当采用系统性的分析方法,并警惕那些可能误导我们的表面特征或突出信息,以期提高决策的准确性。

4. 锚定效应

心理学中的一个有趣现象是锚定效应(anchoring effect)。现在请在脑海中默念自己手机号的后四位,接下来竞猜某个产品的价格。当你不知道这道题目的答案时,你对问题的回答就很容易受到手机号的影响。锚定效应指的是人们在日常生活中无意间接触到的一些无关信息,却有可能对人们的决策和判断造成很大影响的现象。当人们首次接触到一个数字或信息时,它们会在人们的心中设定一个"标准"或参考点。之后的估计和决策往往会围绕这个参考点进行,而不是完全独立地评估事物。

其实锚定效应的应用非常多,特别是在市场营销中,很多商家会有意识地设定一个锚以影响消费者的评价。例如,菜单上可能会有一道价格昂贵、远超其他菜品的特色菜。当我们浏览菜单时,这道高价菜会成为一个锚点,引起我们对其他菜品价格的评价。相对于昂贵的特色菜,其他菜品的价格似乎就变得比较合理和实惠。我们购物时也会发现,商家常常会使用原价和折扣价来吸引顾客。如果一款产品标价100元,但打折后只需50元,我们可能会觉得这是一笔不错的优惠,因为我们将原价100元作为一个锚点,相对于它来说,50元似乎很划算。

求职或工资谈判中也存在这一现象。例如,起薪通常会成为一个锚点。如果雇主首次提出较低的起薪,那么求职者在后续谈判中要争取更高的薪资可能比较困难,因为他们已经被锚定在了较低的起薪水平。求职者自身也倾向于以先前的薪资为基准进行思考和决策,即使新的工作岗位本身具有更高的价值和薪资潜力,求职者也往往会被先前的薪资水平所锚定。类似地,在谈判过程中,首次提出的价位或条件往往会成为后续讨论的锚点。这就是为什么在一次性谈判的策略中,先开口出价或设定条件很重要,它可以为后续的谈判设定一个有利自身的参考点。

了解锚定效应的客观存在以及它是如何影响决策的,可以帮助我们更加谨慎地评估信息并作出更加理性的判断。在接受任何形式的估计或建议之前,最好始终带有批判性地考虑其背后的动机和上下文,以避免受到不必要的影响。当然,即使人们意识到自己可能受到了某个锚点的影响,纠正这种偏见也是非常困难的,这是因为这个锚点往往会在潜意识中影响人们的判断。

5. 确定性偏误

确定性偏误(confirmation bias)意味着,我们更愿意去寻找、相信并记住那些能证实我们原有信念或观点的信息,而忽略那些反对我们观点的证据。例如,现在向你提问:你对微博等社会化媒体的态度是什么?请说明原因。实际上,当我们不得不认真回答这个问题时,我们会发现社会化媒体既有优点也有缺点。然而,当你对社会化媒体持支持态度时,一旦别人询问你理由或提出否定观点,你可能会无视那些反对已有观点的论据,选择性地挑选支持性的论据。类似地,假设一位顾客非常喜爱某个品牌,并且在过去的购买经验中一直获得满意的商品和服务,这些积极的体验塑造了她对该品牌的高度忠诚和信任。由于确定性偏误的影响,这名顾客会倾向于忽视可能存在的负面反馈或评价,只关注那些支持本人观点的正面评价。看到负面评价或投诉时,可能会将其归结为个别案例或不可靠的信息,从而选择忽略这些驳斥性的证据。然而,在现实中,每个品牌都有其优缺点,消费者反馈的多样性是再正常不过的。仅仅关注那些支持自己观点的正面评价,消费者可能无法获得全面、客观的信息,也无法意识到其他消费者可能遇到的问题或挑战。

人们倾向于基于先入为主的思维方式作出判断,戴着"有色眼镜"来评价事物,从而难以完全、客观地分析问题。了解确定性偏误有助于我们认识到自己的思维倾向,并警惕其可能带来的偏见。当别人提出不同的观点时,应当尽量保持开放和客观的态度,积极寻求各种证据和论据,以期更加全面、客观地评估问题。

6. 框架效应

框架效应(framing effect)是指当我们站在不同角度对同一个现象进行描述时,会导致评价和决策发生很大变化。假设一个小镇暴发了一场洪灾,如果政府毫无作为,会有 600 人因此丧生,为此政府推出两种方案:方案 A 确定会有 400 个人丧生,方案 B 有 1/3 的概率所有人都可以得救,但有 2/3 的概率全部 600 人会死亡。你会支持方案 A 还是方案 B 呢?通过简单的计算可以发现,两种方案的期望值都是 400,但是方案 A 会确定性地带来一种负面结果,所以大多数人可能会选择方案 B。假设政府又推出了另外两个方案,方案 C 可以确定性地挽救 200 人,方案 D 有 1/3 的概率 600 个人都会被挽救,但有 2/3 概率所有人都会死亡。面对现在的两个方案,你又会做何选择呢?可以发现,其实方案 A 和方案 C 完全一致,方案 B 和方案 D 也是一样的,只是换了一种不同的表述。有趣的是,如果人们只看到方案 C 和方案 D 这两个选项,大多数人会选择方案 C。将同样的事情转变为另一种表述,人们的偏好就迅速发生了扭转,这就是框架效应的魔力。

框架效应为什么会存在呢?它背后的心理学机制是人们的损失厌恶(loss aversion)。损失厌恶是行为经济学中的一个重要概念,指的是人们对损失的厌恶感远大于对同等数量收益的喜爱感。简单来说,损失给人带来的负面影响比获得同等价值的收益带来的正面影响更强烈。例如,失去 100 元的不愉快远比获得 100 元的愉快强烈。这种心理现象在投资决策、消费等多个领域都有重要体现。损失厌恶导致人们往往过分规避风险,即使这可能意味着放弃更大的潜在收益。回到对框架效应的讨论中,方案 A 和方案 B 这两个选项都是从负面角度来描述的,我们很难接受 400 个人注定要死亡,在这种情况下往往更倾向于选择放手一搏。但是当我们将其描述为积极正性的事件,即转换为方案 C 和方案 D 时,人们希望在收益的情况下获得确定性的结果,即救活 200 个人,而不愿再冒风险。

框架效应在日常工作和生活中有许多应用。一个管理场景中的例子是在公司内部组织团建活动时,需要请上级领导审批预算。然而,团建活动并不会直接为公司带来利润,因此上级领导可能认为这是一种资金浪费,从而否决你的请求。在这种情况下,我们需要特别注意自己的言辞,将这项开支描述为积极的事件,促使上级领导支持我们的决策。一个可行的方法是努力挖掘团建活动可能带来的积极影响。例如,我们可以告知上级领导团建活动在增强公司凝聚力、降低员工离职率等方面的作用,并把团建描述为组织的长期投资。换言之,我们需要以一种积极的框架来呈现我们的想法,以便让他人更容易接受。

理解框架效应的原理和影响可以帮助我们更加巧妙地组织自己的语言、选择恰当的表达方式。无论是在日常生活还是在工作环境中,我们都可以利用框架效应来影响他人的态度和决策。然而,我们也应该谨记,在使用框架效应时要保持诚实和真诚,以确保我们的观点和主张基于可靠的事实与数据。

7. 沉没成本效应

请设想这样的场景:你正在电影院里观看电影,影片播放过半但味同嚼蜡,事实上随着时间的推移,大荧幕前的你变得越发煎熬,如坐针毡、如芒在背、如鲠在喉。此时,究竟要不要提前离场?现实生活中,很多人会选择坚持看完整部糟糕的电影。实际上,这种做法既浪费时间,对我们的心情产生了负面影响,也无法收回之前购买电影票的支出。这就是沉没成本效应(sunk cost effect),即人们在做决策时,往往过分考虑已经投入且不可恢复的成本,即使这些成本在经济学上应当被视为已"沉没"并且理论上不应影响未来的决策。由于这种效应,人们可能继续投入更多的资源到一个并不划算的项目或决策中,仅仅是因为他们不想浪费之前的投入。

在理性决策中,只有未来的成本和收益才应该被考虑,而过去的投资,由于已经不可恢复,不应该影响未来的决策。但实际情况是,人们往往不是这样做的。沉没成本效应的存在反映了人们对损失的强烈反感,以及不想承认过去判断失误的微妙心态。当我们面临放弃之前的投入时,常常会认为这是一种损失,因此人们往往选择继续投入,希望能够挽回这种损失。沉没成本效应非常普遍,不仅包含金钱成本,也包括其他非物质成本,比如时间和精力的付出。人们可能会坚持读完一本并不喜欢的书,而不是放弃并选择另一本更有意思的;面对一段不健康的亲密关系,人们可能仍然选择留在其中,部分原因可能是他们已经在这段关系中投入了很多时间和精力;人们选择忍受一份毫无发展前景的工作,只是因为已经在这份工作上付出了很多努力;一家公司可能会继续投资一个明显会失败的项目,只是因为它已经投入大量的资金和时间,或者不想承认之前的判断失误。

事实上,要在决策中彻底规避沉没成本效应是一项艰难的任务。意识到沉没成本效应的存在是第一步。面临决策时,要尝试分析自己决策的真实动机,判断自已是为了取得未来的收益,还是仅仅为了不浪费之前的投入或者害怕承认错误。一种策略是定期重新评估长期项目或投资的真正价值,并真实地看待未来预期收益与成本,而不是被过去的投入所束缚。此外,不要害怕失败,也不要因为承认之前决策的失败而自我否定。

组织行为读书会:英特尔的艰难选择

20世纪70年代初,英特尔(Intel)几乎垄断了存储芯片(DRAMs)的制造和供应市场,存储芯片已经成为英特尔的标志。然而,到了20世纪70年代末,日本的存储芯片生产商进入个人电脑市场,英特尔在DRAMs上的亏损迅速增加。与此同时,英特尔的一个团队研发出了一款微处理器,它在个人电脑市场中逐渐占有一席之地。由于是新产品,微处理器的市场增长当时还很缓慢。彼时英特尔要作出的决策是:是应该投入更多资源保护存储芯片业务,与日本制造商竞争?还是应该从存储芯片市场退出,专注于微处理器这个新兴增长的市场?

为了不浪费已有的投资,英特尔追加了额外的资金用于建设基础设施、购买特殊设备,并为员工提供额外的培训,以提高存储芯片的质量。然而,到了1985年,由于亏损不断增加,英特尔的首席执行官Andy Grove和董事长Gordon Moore感到非常焦虑,他们的缺乏决断也开始影响公司员工的士气。有一天,Andy问Gordon:"如果我们被公司赶出去,董事会找来了一位新的CEO,你认为他会做什么?"Gordon立刻回答:"他会让我们退出存储芯片市场。"Andy有些惊讶地说:"那我们为什么不走出这扇门,然后走回来,自己也这么做呢?"这一对话成为公司转折的关键契机。Andy和Gordon决定调整人员和部门的领导,重新评估公司战略,并在微处理器领域投入更多资源。这一决策为公司赢得了重大的转机,使其成为全球微处理器市场的主导力量。

资料来源:格鲁夫.游向彼岸:安迪·格鲁夫自传[M].张春雨,译.北京:中信出版集团,2022.

英特尔的故事反映了管理学中一个与沉没成本效应密切相关的现象——"承诺升级"(escalation of commitment)。当人们面对一项决策并且已经在其中投入很多时,即使面对亏损或失败,往往也会继续投入更多的资源,希望能够扭转局面。这可能会导致更大的损失,因为人们不愿放弃或接受已经投入的沉没成本。发生承诺升级现象的一个主要原因是人们对损失的天然厌恶。在许多情况下,人们宁愿冒险承受更大的损失,也不愿意承认并接受已有的损失。此外,承认错误或失败可能意味着丢面子,尤其是在领导者或关键决策者面前。为了保持自己的形象和地位,人们可能会继续坚持错误的决策。有时,人们可能错误地期望情况会改变,或者相信他们可以控制或影响结果。这可能会导致他们继续投入资源,即使这看起来并不明智。另外,过去的决策和投资可能会成为未来决策的"锚点"。人们可能会认为,既然已经投入那么多,就应该继续前进,直到看到投资的回报。

为避免陷入承诺升级的陷阱,人们需要学会定期重新评估和审视自己的决策,考虑是否真的值得继续投入资源。此外,营造开放的、不畏失败的企业文化,让团队成员和决策者能够自由地讨论和质疑决策也是非常重要的。这有助于确保决策是基于客观事实和分析,而不是个人的情感和承诺。英特尔的故事提示我们还可以进行换位思考,站在局外人的角度思考问题,从而卸下决策时的历史包袱。

8. 过度自信效应

过度自信效应(overconfidence effect)是指人们对自己知识、技能或判断的准确性过于自信。人们常常高估自己的知识水平、预测能力或某项技能,认为自己的表现会比实际上更好,或者认为自己对某个情况的理解比实际上更深入。当人们被要求估计自己在某项技能或任务上的表现相对于其他人的情况时,很多人都倾向于认为自己是在平均水平以上的。例如,大多数人可能都会认为自己的驾驶技能高于平均水平,尽管这在统计上是不可能的。人们在预测未来事件的发生概率时,往往对自己的预测过于自信。例如,投资者可能过于乐观地预测股票的未来价格,而不考虑不确定性和风险。即使面对复杂或不确定的问题,人们也可能高估自己的知识或理解程度。当被问及他们对某个答案的确定程度时,其估计往往高于实际的正确率。

过度自信可能是一种心理防御机制,帮助人们维护自尊和积极的自我形象。此外,由于确认偏误等因素,人们可能更容易注意和记住与自己的观点一致的信息,而忽略与自己的观点不符的信息。过度自信可能导致各种问题,如决策错误、投资失误、项目延期和成本超支等。这种效应在高风险的领域,比如金融市场上尤为常见。为了避免过度自信效应带来的负面影响,人们需要定期对自己的判断进行反思和评估,寻求外部意见,并在决策时考虑到不确定性和风险。此外,还可以采用事前死亡分析(pre-mortem)的方法,这是一种逆向思维策略,要求项目团队在项目开始之前想象项目失败的各种可能原因。与传统的项目评估(如 post-mortem 分析,即事后分析)不同,事前死亡分析鼓励团队成员在项目实施前预测可能的失败点,并思考如何避免或对应这些问题。通过这种方法,团队能够提前识别潜在的风险,制订应对措施,降低过度自信,减少盲目投入和不理性决策。

9. 启动效应

启动效应(priming effect)描述的是先前的刺激会影响到后续的刺激在大脑中无意识中的加工处理。简而言之,之前接触到的信息会影响到后续的认知和决策。

如果你刚刚读过一篇有关老年人的文章,然后被要求描述一个人走路的速度,你可能会下意识地用到"缓慢"一词,因为"老年人"的概念可能使你无意识地关联到"缓慢"的特征。我们可以通过参与填词游戏来进一步理解启动效应。游戏中呈现了一组完整单词和一个缺失字母的单词,你的任务是填补缺失的字母,使其成为完整单词(比如 so_p)。其他单词的含义理论上是无关信息,不应影响我们的判断。然而,这些看似无关的信息实际上却影响了我们的决策。当我们读到同属于食品类别的面包、果汁和牛奶三个词时,更有可能将需要填空的单词写成"汤"(soup);而当我们看到的单词都是与沐浴相关的用品时,更有可能填写"香皂"(soap)。不难发现,我们接触到的无关信息确实对我们的行为产生了影响。

启动效应可以激发或抑制特定的行为。当我们接收到特定的信息或刺激时,我们的行为会受到影响并表现出相应的倾向。这种效应可以被用来引导人们采取特定的行动,促进积极的行为选择。让我们来看一个真实案例。阿尔巴尼亚曾陷入经济滞胀的状态,即经济停滞和通货膨胀并存,导致经济无法正常运行,物价持续飙升,货币贬值。大量居民流离失所,基本的生活物资和食品供应也受到影响。如果你是治理者,会采取什么举措呢?

通常情况下,走出这种困境需要采取宏观经济调控措施。有趣的是,阿尔巴尼亚的治理者选择不诉诸财政和货币手段,而是尝试运用心理学的原理。启动效应的一种特殊情况是破窗效应:如果一条街道上的所有窗户都完好无损,人们不会进行任何破坏活动;一旦看到有窗户被打破,无论是由于孩子失手还是其他原因,都会有更多人去破坏窗户,或者在街上做出违反公德的破坏行为。假设你处于一间整洁的教室,看不到任何垃圾。此时我们会主动把用过的纸巾放进垃圾桶,而不是随意丢弃。然而,如果走进一间地上满是垃圾的教室,我们可能就没有那么强烈的意识去保持教室的整洁,会选择随手扔掉垃圾。

阿尔巴尼亚治理者的做法走到了破窗效应的反面,采取了一系列举措,其中之一就是将建筑外立面涂成五颜六色,使整个城市焕然一新,给人以整洁美好的视觉感受。这一举措可谓四两拨千斤,产生了意想不到的效果:整个城市的犯罪率下降,经济活动开始复苏。通过创造美好的城市环境,人们不再有进行破坏的行为动机,也不再去犯罪。他们愿意参与到生产劳动中,维护整洁、美好的城市环境。这一举措最初由阿尔巴尼亚首都时任市长提出,并在试行后获得巨大成功。

在过去,各个政府部门都拥有各自独立的办公空间。当公众需要办理涉及多个部门的业务时,他们不得不分别前往这些部门,整个流程复杂而烦琐。如今的趋势是推出集中式的办公区域、提供一站式服务,大大提升了办事效率和便利性。这些现代的行政服务大厅的特点是开放且无障碍,有确保社会公众与行政人员平等对话的空间布局。得益于启动效应,这种开放、平等的办公场所设计隐性地改变了行政人员的工作态度。在这样的环境中,行政人员更容易产生服务公众的意识,而不是产生权威的自觉。目前,越来越多的机构都转向这种开放的布局,不仅提高了工作效率,还强化了服务意识。这样的转变不仅是由于制度的完善和公众观念的进步,空间设计更是在塑造行政人员的服务态度上发挥了关键作用。

在工作和生活中,启动效应都可以带来积极影响。有些公司通过改变会议桌的布局来影响员工的建言行为。会议桌一般有长桌和圆桌两种不同的布局,区别在于长桌有一个明显的领导位,给人等级森严感,人们坐在长桌上会不由自主地变得谨小慎微,不愿意畅所欲言。相比之下,圆桌的设计营造出平等、开放和合作的氛围,让每个人都感到被重视、有平等机会发出自己的声音。另外,在工作场所中,我们经常会看到一些绿植,它们发挥着多重功效。首先,绿色植物在白天会释放氧气,有益于人们的身体健康。此外,绿植还会产生心理上的启动效应。研究表明,人们看到绿植时,会感到放松、平静和愉悦,情绪会变得更加积极。在办公场所摆放绿植,可以减轻员工的工作压力,提高其工作动机和效率。基于启动效应,我们所处的环境激活了我们特定的认知模式,而这种认知模式又在潜意识中影响了我们的情绪、思维以及行为,这就是启动效应发挥作用的机制。

4.2.3 我们该如何面对直觉:决策的优化

面对决策时,我们常常会受到各种决策偏误的影响,导致我们在信息处理、判断和决策过程中产生错误或不理性的倾向。了解决策偏误旨在帮助我们认识到自身决策的局限性,即有限理性。基于直觉作出决策是人类有限理性的重要表现。不过,我们既不应完全抛弃直觉,也不应仅凭直觉进行决策。当决策环境相对常规、可预测,或者通过持续练习可以学习和掌握一定规律时,我们可以相信直觉。

决策偏误是人类认知的固有特点,但通过增强自我意识和培养批判性思维,我们可以最大限度地减少其负面影响并更加理性地进行决策。重视科学研究、积累经验以及认真听取其他人的观点也是改进决策质量的关键。在日常生活和工作中,我们要时刻保持冷静、客观,并且运用科学的决策模型和方法来避免或纠正决策偏误,以期获得更好的决策结果。具体来说,如何帮助自己降低决策偏误呢?

首先,要明确自己的目标。例如,在管理决策中,承诺升级是一种常见现象。通过明确目标,即最终希望获得的收益,我们可以帮助自己走出沉没成本效应。因此,明确决策实现的目标至关重要,这有助于过滤掉与目标无关的信息。由于我们时刻都在接收大量信息,其中可能包含与决策目标无关但会对判断产生影响的内容,如果我们能够筛选出相关的信息,就能更加理性地作出决策。

其次,我们要有意识地收集那些与我们最初态度和观点不一致的信息,并停下来思考:我的观点是否正确?是否全面?我的决策是否存在问题?人们普遍倾向于先形成一个态度,然后尽可能地寻找支持自己观点的信息,而忽略那些否定自己观点的信息。只有直面并吸收那些支持我们对立观点的信息,我们才有可能发现自身决策的非理性之处。

最后,我们应该相信某些事件之间没有必然联系、具有随机性,因此不应该养成尝试从任何事件中都总结出规律的习惯。在生活中我们无法掌控全部事情,需要学会面对生活中的不确定性。对于我们来说,这也是一场思维方式的变革。

4.3 管理者的一把温柔利器:助推理论及其应用

4.3.1 轻触决策的秤砣:助推的内涵

人们在决策过程中是有限理性的,会发生后见之明、可得性偏误、代表性偏误、框架效应、锚定效应、过度自信效应、沉没成本效应等一系列决策偏误。事实上,让决策者自己克服和纠正决策偏误是一件非常困难的事,除了聚焦于决策的目标、积极寻找与自己信念相悖的信息之外,人们还可以做的事非常有限。那么,管理者和政策制定者可以做些什么,从而优化人们的决策?基于人们的有限理性和决策偏误,行为经济学家提出了一项措施——助推(nudge),旨在反其道而行之,利用人类的非理性行为帮助人们作出更好的决策。助推通过低成本、非指令的方式取得对于决策者和整个社会更圆满的结果,其设计目标是通过精心构建决策框架,对人们的行为产生较大的影响力。助推概念的广泛流行源于2017年理查德·塞勒荣获诺贝尔经济学奖,他在该领域的核心贡献就是提出了助推。

助推最初是一个学术性的概念,而如今已经在现实生活中得到广泛应用。所谓助推,顾名思义,指的是轻轻用手肘推动别人的动作,目的是引起他们的注意。然而,助推与"推"并不相同。"推"可能具有强制性或指令性,强迫别人采取某种行动;而助推并不对人们施加任何强制性约束,而是通过设计一个选择框架,利用人类的非理性行为,促使他们作出对自己和社会更有益的选择。助推理论是行为经济学、决策科学、社会心理学乃至行为科学领域中的重要概念,它提出了决策环境(即选择或决策框架)的自适应设计是影响群体或个人的行为和决策的重要方式。助推与传统的教育、立法或强化等手段有鲜明区别。人们既不是迫于外力、不得不做出某一举动,也不是经过理性思考后做出某一举动,而是在有限理性的状态下,受到部分决策偏误的影响而做出管理者或政策制定者期望中的行为。

4.3.2 巧妙影响决策,塑造美好未来:助推的经典案例

在现代社会中,无数的选择摆在我们面前,从选择健康的食物到决定是否加入退休金计划。然而,提供这么多的选择并不总能让人们作出最佳决策。为帮助人

们作出更符合其长远利益的决策,助推这种新的策略应运而生。其核心思想是,通过微妙的方式调整选择的展现方式,就可以激励人们作出更好的选择。那么,助推背后的理论基础是什么呢?为何它在某些情境下如此有效?让我们通过一系列经典案例深入探讨助推的原理及其在日常工作和生活中的应用。

经典案例1:助推器官捐赠

全球各国都长期存在器官供体不足的问题,电影《误杀2》描述的就是由器官捐赠过程中的违法犯罪导致的一个悲剧故事。要通过传统方法解决这个问题异常困难,一种可行的解决方案是依靠科技的进步制造人造器官,但这需要大量的资金和时间,目前技术仍不成熟;另一种经济学的举措是允许器官的自由买卖,但这可能会带来很多的社会性问题,催生出绑架、谋杀等一系列的违法犯罪行为。事实上,这一棘手的社会问题恰恰可以利用人们决策的非理性、通过助推来解决。地理位置相近的德国和奥地利,器官捐赠率却有着天壤之别。在德国,同意捐赠器官的比率仅为12%;在奥地利,这一比率则高达99%。尽管德国在提高公众的器官捐赠率方面做出了诸多努力,如向年满16周岁的民众提供有关人体器官捐赠的详细介绍资料,并定期书面询问其是否有捐赠意愿,但总是收效甚微。事实上,两国都为人们提供了自主选择自己在发生意外情况后是否要捐献器官的机会,比如在医院体检时会签署关于是否同意捐献器官的协议。器官捐赠率之所以会有这么大的差别,最主要的原因是民众面对不同的默认选项。在德国,器官捐赠表格上的默认选项是不捐赠器官,如果民众愿意捐赠,需要主动签署同意声明;而在奥地利,默认选项是同意捐赠,如果民众不愿意捐赠,需要主动改选不同意的选项。这两种情况下,人们都有充分的自由度和选择权,正是默认选项这一细节上的差异导致了器官捐赠率上的巨大差异。默认选项也是理查德·泰勒提出的重要助推策略。助推这一举措极具启发性,它巧妙地利用了人类的非理性行为,以促成对人类个体或整个社会都有益的决策。这种方法不仅能充分利用人们在决策过程中的心理特点,还有助于引导他们朝着整体利益最大化的方向迈进。

经典案例2:助推健康饮食

助推在业界的应用也非常广泛,尤其是在一些世界500强的企业中。例如,谷歌作为先锋雇用了一些熟悉助推理论和方法的行为科学家,并采取了一项有趣的措施,通过助推促进员工健康饮食。一直以来,谷歌都为员工提供良好的福利待遇,希望员工能够在工作期间感到舒适和自在。因此,在企业园区内设有许多公共娱乐设施,并提供形式多样的免费餐饮选择。对员工来说,这无疑是非常惬意的。然而,人们很难抵抗美食的诱惑。久而久之,谷歌的员工出现了一些亚健康问题,如肥胖率大幅度上升。谷歌从承担企业社会责任的角度出发，认为有必要关注员工的健康问题。谷歌既不希望损害员工健康，也不想采取指令性的举措禁止某些垃圾食物。因此，为了保留员工自主选择的权利，谷歌决定设计一个选择框架，让员工在不自觉的情况下作出更健康的选择。那么，应该如何助推员工健康饮食？

西方有咖啡文化，人们在疲劳时往往会选择饮用现磨咖啡。谷歌的员工也有这样的喜好。然而，现磨咖啡需要时间，员工通常会在等待期间享用零食。为满足员工的不同诉求，谷歌将各种零食摆放在咖啡机旁供员工随意取用。然而，享乐型食物对人们有天然的诱惑力，尤其是高热量的薯片成为大多数人的首选。谷歌决定作出一些改变，但并没有停止高热量零食的供应，而是将其放在柜子里，人们需要打开柜门才能取到。虽然只增加了一个动作，但由于人们的"懒惰"，多数人不愿意费力去拿这些高热量的零食。与此同时，谷歌将水果等更健康的食物摆放在更显眼的位置上。然而，仅仅这么做还不够。人是有惰性的，橙子等水果需要剥皮，这个额外的动作可能会阻碍他们的选择。因此，谷歌选择将它们换成香蕉、苹果等更易于食用的水果。通过这些改变，人们选择食用水果的概率大幅提升。总结来看，采用简单的举措利用人们的惰性来促使他们在行为上作出改变。

经典案例3：助推疫苗接种

美国民众不配合政府工作的情况并不罕见。为应对流行性传染病，美国政府推出了疫苗，但很多民众不愿意接种。原因包括对疫苗安全性的担忧和怀疑以及人们的惰性等。面对这种情景，该如何鼓励人们接种疫苗呢？事实上，可以采用预承诺的方法，也就是利用人想要保持自己言行一致的心理。人们言行不一致时会感到不适，进入认知失调的状态，进而会改变行为或态度以降低这种不适感。因此，为了助推行为上的改变，可以让人们事先作出承诺：会去接种疫苗。一旦成功促使人们作出这样的承诺，他们在未来接种疫苗的可能性就会大幅提升。

关于预承诺的重要性，学者们做过一个有趣的实验，要求人们在周六早上8点去实验室参加实验。通常情况下，较少有人会选择在这个时间点参加实验。为了研究预承诺的效果，被试群体被分为两组。实验人员事先告知第一组被试实验进行的具体时间点，然后询问他们是否愿意报名参加，很多人表示不会报名。对于另一组人，实验人员预先告知实验内容和周六这一大致时间，然后询问他们是否愿意报名，一些人选择报名；之后再告知他们具体的实验时间是早上8点。结果发现，由于之前作出了报名的承诺，尽管没有实质性惩罚，但人们更有可能在周六早上参加一个时间段并不那么宜人的实验。可见，预承诺是一种有效的方法。

如何促使人们作出预承诺呢？公司可以在下发其他文件的同时提供有关疫苗接种的信息，包括告知员工可以去接种疫苗，并列出公司或员工居住社区附近的接种地点和时间。为了让员工作出承诺，可以在所有备选的疫苗接种地点和时间之前加框，让员工勾选出他们希望去接种的时间和地点。即使这些选择并不会传达给医疗机构，但这个勾选动作会让员工觉得自己作出了一个承诺，增加实际履行承诺的可能性。因此，我们可以寻找一个自然的情境让人们作出承诺，从而推动他们采取实际行动。相较于口头承诺，纸面上的承诺会让人们感到更有约束力，即使这个选择实际不具备约束性，它仍然会对人们的行为产生重要影响。

经典案例4：助推养老储蓄

助推还被应用到美国的养老储蓄中。我国的养老保险制度通过一个全国性的统筹账户，让人们在退休后按月领取养老金，为其提供了重要的生活保障。然而，美国没有类似的全国性统筹养老金制度，导致许多人老无所依、老无所养。相较于中国，美国人的边际消费倾向较高，他们花掉了几乎所有收入，甚至还有债务，这为社会稳定性带来了问题。一些大型公司意识到自身的社会责任，开始在公司内部设立养老金账户。这些公司的员工可以通过按比例缴纳养老金并与公司配比的方式进行储蓄。例如，员工每月拿出收入的5%存入养老金账户，公司也会配比5%，员工存入的金额越多，公司配比的金额越多。尽管员工当月拿到手的收入会降低，但养老金账户中的钱都可以在退休后取出，长远来看对员工有利。遗憾的是，美国人普遍缺乏对未来的长远规划，较少有人愿意积极参与精心设计的养老金计划。你能否提出有效举措助推员工在自己的账户中存入更多养老金呢？

为解决养老金储蓄难题，理查德·塞勒推出了名为"Save more tomorrow"的助推方案。具体方案是，一旦加入养老金计划，员工承诺未来升职加薪后，要在养老金账户中存入更高比例的工资，比如由投入5%改为投入6%。这样一来，员工将增加养老金账户中的储蓄和升职加薪联系在一起。在员工看来，损失变成了潜在的收益，框架效应发挥了作用。这一方案的巧妙之处在于员工现在作出的决策将在未来真正落实。美国人通常不会特别关注未来才发生的事，他们认为这一方案不会立即影响他们的现状，这增加了他们同意方案的概率。另外，方案中设置了默认选项，即员工在入职时默认同意加入这个方案。尽管可以随时退出，但默认选项的设置让更多人加入这一计划。此外，让员工在养老金储蓄事件实际发生前就提前作出加入方案的承诺，虽然后期仍可以随时退出，但出于与自己的承诺保持一致的心理，员工大概率会坚守这个承诺。事实上，这一系列的举措非常有效，许多大公司在实施养老金助推方案后，养老金缴存比例上升了50%。

经典案例5：助推环保行为

你入住酒店时会自带毛巾还是使用酒店提供的毛巾呢？从数据上看，大多数

第4讲 跳出有限理性的旋涡：管理中的知觉与决策

人会选择使用酒店提供的免费毛巾。假如你连住一周，且选择使用酒店毛巾，那你会连续使用还是每天更换呢？虽然人们希望每天使用干净的毛巾，但频繁更换毛巾会带来经济成本和环境成本，酒店清洗毛巾将消耗大量水资源并产生污染。因此，许多酒店集团希望通过一些措施来鼓励旅客减少更换毛巾的频率。其中最常采用的举措就是激发旅客的道德感和责任感，如给旅客一个小牌子，上面写着：帮助保护我们唯一的绿色星球。但事实上，这种举措的效果不够好。

在学者主导的一项田野实验研究中，一家酒店在浴室中放置了"之前入住本房间的大多数旅客都至少重复使用过毛巾一次"（原文为英文）的标识。看到这一标识后，大多数旅客都做出了相同的举动。结果显示，这一社会规范助推的效果比酒店简单地呼吁旅客重复使用毛巾或者参与环保行动更好。在组织中，如果想要让员工更好地践行有利于组织和员工自身的方案，与其制定规则"强制"他们参与，不妨尝试社会规范助推策略。很多时候员工都会无意识地受到组织中他人的影响。对于管理者而言，将这一影响向着积极的方向引导会起到事半功倍的效果。社会规范助推策略主要基于从众心理，它指的是由于群体规范或压力的存在，个人的观念与行为会向着与多数人一致的方向变化。从众行为背后有三种重要的动机：尽可能高效地作出正确的决策、获得他人的认同以及提升自我形象。

由于人们常常会在意自己是否合群，这一经典案例中采用的助推点是设立一种社会规范，即提供信息、告知其他人的行为进而影响人们的行为。在另一案例中，在电力公司账单上列出附近邻居的能源消耗情况，有效地鼓励了用电过多的居民节约用电。在社会规范助推中，提供更加明确的参照对象，比如之前入住同一房间的旅客，并加入具体数据，比如曾经重复使用过毛巾的旅客的百分比，可以进一步增强社会规范信息的影响力。

经典案例6：助推知识共享

管理者非常希望员工之间能进行知识共享，传播有益的技能、想法等，这对公司是有利的。但对员工而言，这并不是岗位职责，也不会因此获得奖励，甚至可能为自己制造竞争对手。一些公司选择采用游戏化策略，其做法是给参与知识共享的员工提供积分并形成排行榜，满足其成就感。此外，员工可以看到他人在积极进行知识共享，从而受到潜在的社会规范影响。起初，这种游戏化举措十分有效，许多人开始无私地向同事传递知识。然而，对于分外之事，大多数人不会要求自己比别人做得更好，一旦知识共享达到平均水平，他们就不再付出努力。此外，对于在排行榜上领先的员工来说，当他们发现自己在知识共享方面做得比别人更多时，可能认为自己在不恰当的地方浪费了太多时间和精力。因此，公开积分排行榜的信息反而成为去动机性的因素，使员工不愿意进行更多的知识共享。

如何使用助推策略来扭转这种现象呢？之前，当员工在知识共享方面的表现超过平均水平时，会看到很大的文字提示："做得很棒！你的知识共享绩效高于平均水平。"反之则会出现"很遗憾，你的知识共享绩效低于平均水平。"的提示。改进后，公司在提供上述文字的基础上另外提供了一个表情符号，并且从视觉上放大了表情的尺寸。当员工的表现超过平均水平时，通过一个大笑脸来激励他们；当员工表现不如他人时，看到的则是一个哭脸的表情符号。这种简单的助推举措改变了员工的行为，负向激励被扭转。这是因为人们对面孔有天然的敏感性，能够很快地识别出面孔，也会格外注意面部表情。微笑的表情被认为是赞许，哭脸则被视为严厉的社会性惩罚，人们都不愿意看到哭脸。这种反应已深深根植在人类的基因中。因此，通过提供表情符号就能巧妙实现助推效果。

在前述经典案例的基础上，我们可以总结一系列助推的理论要点，包括默认选项效应、认知失调、损失厌恶和社会规范。默认选项效应指的是，个体在决策时倾向于选择默认选项，而不太愿意主动作出改变。这是因为默认选项给人一种默认值即合理和安全的感觉，降低了决策的认知负荷和难度。认知失调指的是，个体希望自己的态度与行为能保持一致，否则会产生认知不协调的状态。为了消除这种不适感，人们会进行一些调整，比如重新评估信息、改变自己的信念或行为，使其与决策保持一致。损失厌恶指的是，面对同样数额的收益和损失时，人们认为损失更加令其难以忍受，即人们对既定数值损失的敏感度相比同等数值的收益更高。社会规范效应指的是，在特定情境下某一群体的成员都广泛认可的行为标准会对人们的行为产生影响。人们倾向于根据社会规范调整自己的行为，以符合社会预期和群体认同。这些理论要点揭示了人类在决策过程中的一些普遍偏好和心理机制。了解这些理论基础可以帮助我们更好地理解人们的决策，并在必要时采取相应的干预措施，以助推更理性和明智的决策。

拓展阅读　应用行为经济学，实现企业的"助推"式管理

学术前沿：为情境设计提示：金币贴花助推工作场所中的行为

有研究者在中国的一个工厂中开展了一项田野实验，旨在揭示助推是否能够以及会如何改变员工的工作行为。在中国某纺织厂的生产部门中，工人对于厂方通过行政命令和金钱激励要求其将垃圾扔进垃圾桶而不是地板上的反应较为冷淡。研究者设计了一种助推策略，即将金币图案的贴花贴在生产车间的地板上。在中国的文化背景中，金币象征着财富和好运。因此，工人有足够的动力保持金币贴花不被废弃物污染。在为期5个月的时间内，团队使用交叉重复设计，以每个部

门为单位，随机安排了金币贴花助推的实施、移除和再次实施的日期。研究团队收集并编码了每个生产车间在金币贴花助推的实施和移除之前、期间和之后的每日工作现场照片（总计 7927 张）。与贴花前相比，首次实施金币贴花助推后，地板上的垃圾减少了 20% 以上。然而，当金币贴花被无故移除又重新粘贴后，助推措施不再起作用。移除和再次实施金币贴花可能改变了工人对金币贴花的理解与认识。综合来看，研究结果支持了这样一种观点：助推举措的效果并非可以一概而论，必须充分认识到特定环境中人们的动机和主观解释。

资料来源：WU S J, PALUCK E L. Designing nudges for the context：golden coin decals nudge workplace behavior in China[J]. Organizational behavior and human decision processes, 2021,163：43-50.

4.3.3　应用助推思维设计决策框架的基本原则

理查德·泰勒提出助推这一概念的初衷是帮助人们作出更优化的决策。无论是从组织还是从个人层面来看，助推的积极作用都不言而喻。然而，在组织的管理实践中，助推仍可能会受到员工的抵制。这是因为，任何组织中都不乏相对理性、拥有较强自控力的员工，他们往往具有较强的使命感并渴望自主权和掌控感。对于这些员工而言，组织的一些助推举措可能会被理解为对他们能力和专业性的质疑。此外，无论助推发起者的实际意图如何，助推都有可能让员工感受到来自管理层的优越感或微妙的操控感，这可能会引起员工的排斥心理。

思考题：怎样才能在助推策略的设计和实施过程中充分考虑员工的感受，尽可能避免给员工带来被操纵的感受呢？

助推不是洗脑，而是一种鼓励。学者们认为，制定助推策略时应当遵循三项基本原则：第一，目标透明化。助推之所以会被部分员工排斥和抵制，归根结底是因为他们认为自己被迫参与了目的不明的项目。而这种不透明，更多时候会被认为是一种不利于员工利益的暗箱操作。为解决这一问题，管理者应明确告知员工，助推项目的目标是帮助他们作出更科学、优化的决策，避免出现决策偏误。第二，参与式助推。在管理活动中，要想更好地激励员工，一个有效的措施是让员工参与到计划环节中。这一方法在助推项目中同样适用。在助推项目设计伊始，就可以让被助推者适度参与，共同推动项目的实施。这种举措不仅尊重、保护了员工的自主权，还可以让员工切身体会到管理者与其目标是一致的。从助推实施的整个流程看，参与式助推有助于双方共同确定解决方案的优先级、避免错误步骤。第三，及时性反馈。员工对助推产生偏见的一个重要原因是不确定助推对他们是否有好处。即使实施者与被实施者拥有一致的积极目标，被实施者仍然可能会对助推产生的效果有所顾虑,打破这种顾虑最好的办法就是给予他们及时的反馈。助推计划施行后,唯有亲眼看到积极的反馈,员工对于助推的顾虑才可能会消失。

遵循以上三项原则后,管理者可以更有效地设计和实施助推项目,接下来让我们尝试在管理情景中应用。临床医生等专业人士有三个显著特点:他们有明确的目标,渴望自主权,并且对自己的专业性也有一定要求。他们倾向于把助推视为对自主权的威胁或者对专业能力的质疑。遗憾的是,过度自信效应同样发生在医生身上,有必要对其进行科学的助推。这种情况该如何应对呢?可以根据三项原则分别进行剖析。第一是目的透明。管理者可能会设置一些带有默认选项的表格让临床医生填写,而这些表格在医生看来是对他们专业性的质疑。管理者可以作出的改变是,明确披露默认选项的存在,从而保持沟通和消除怀疑。透明度有助于创设良好的环境,推动双方对话。第二是合作共创内容,管理者可以根据医生的初步评估,自动补充不同的诊断测试从而简化工作流程,提高效率。例如,对于急诊室中的胸痛病人,管理者可以根据医生的判断为高风险患者自动补充高级心脏检查,为低风险患者补充非心脏类检查,既尊重了医生的自主权,又有助于达成共识并补充必要的检查。第三是及时性反馈。美国犹他州的管理者收集了患者的就诊反馈信息,并公开于外部网络。在与同行的比较中,超过一半的犹他州医生的患者满意度得分超过了90％的同行,而1/4医生的得分超过了99％的同行,这让医生对助推的效果产生了直观认识。尽管助推并非始终有效,但只要找到正确的引导方向,助推同样可以成为一种对专业人士的有效管理方式。

助推的初衷是提高人们的福祉,但在实践中不可避免地也会存在一些不合理应用,例如一些信用卡公司会在特定时段向客户发送有针对性的促销信息,从而增加客户的非理性消费。此外,在管理实践中,管理者被赋予了设计选择的权力,这种权力扩大可能会导致无视员工成长与发展的权力滥用。例如,尽管员工加班可能对组织有利,这种行为也可以被助推,但这种助推未能充分考虑员工的身心健康、不以优化员工的决策为出发点,严重偏离了助推的本意。助推是管理者的一把温柔利器,这种举措本身并没有对错之分。能否把助推用在正确的地方,实现组织与员工的双赢,非常考验管理者的价值观和智慧。在管理中实施助推,管理者需格外警惕自身的"恶意"助推倾向,避免欺诈、权力的滥用,坚持公平原则。

▶ 本章小结

(1)知觉是指个体为了对自己所处的环境赋予意义而解释感觉、印象的过程,是个体选择、组织和解释接收到的刺激材料的过程。对知觉产生重要影响的因素包括知觉者因素、知觉对象因素和组织情境因素。

（2）在降低人们信息加工负荷的同时，启发式给人们带来了很多知觉偏差。常见的知觉偏差包括选择性知觉、晕轮效应、投射效应、刻板印象。

（3）人们具有对自己观察到的他人做出的行为进行归因的天然倾向。在归因过程中人们经常会出现两类归因偏差，分别是基本归因偏差和自我服务偏差。

（4）有限理性指的是决策者的认知能力和信息加工能力是有限的，很难全面地掌握信息并选出最优选项，只能处理主要的信息，忽略一些其他的相关信息。

（5）人类有两个截然不同的决策系统。系统 1 基于直觉和潜意识，系统 2 则基于分析和理性。在不同的决策情景下，人们会激活不同的决策系统。

（6）常见的决策偏误包括后见之明、可得性偏误、代表性偏误、框架效应、锚定效应、过度自信效应、沉没成本效应等。

（7）助推理论认为，决策环境（即选择或决策框架）的自适应设计是影响行为和决策的重要方式，其目的是引导人们做出管理者或政策制定者期望中的行为，提升决策者乃至整个社会的福祉。

（8）管理者应遵循的助推原则包括目标透明化、参与式助推、及时性反馈。

第5讲

激发工作的驱动力：动机与激励

　　我国的长三角和珠三角地区分布着近万家纺织厂。工作在生产线上的一线员工通常被包裹在密不透风的工作服里，除了要忍耐35摄氏度以上的高温，还要忍受机器运转的巨大轰鸣声。尽管工作环境如此恶劣，但这份工作的优势在于无须复杂专业技能，能在短期内上手，因此流水线上的工人从未停止轮转。虽然同一工种的工人都从事着机械的高重复性工作，但其工资却存在很大的差别，有人只拿底薪，有人却月薪上万，堪比白领。有学者就此进行了访谈，对比某纺织厂内高绩效员工和低绩效员工对于工作的描述后发现，高绩效员工具有一个共性：他们有着相似的家庭背景，多来自农村，经济条件较差；他们承担着供养家庭的责任，或有留守在老家念书的子女，或有高龄且健康状况欠佳的父母。在巨大的经济压力下，获取工资等物质报酬成为他们最主要的工作动机。

　　可能对于大部分人而言，赚钱养家都是其最主要的工作动机之一，不过也有人工作并不是为了金钱，而是为了实现个人价值。世界各国都有许多致力于社会公共事业发展的非营利组织，有的专注于为弱势群体提供人权保护，有的专注于帮助贫困地区的孩子完成基础教育，有的专注于环境保护以实现可持续发展，它们的共同特点是不以营利为目的。这些组织成员的薪资主要来自社会募集与政府补贴，明显低于市场平均水平。即便如此，仍然有很多出身名校的毕业生选择到非营利组织就职，因为他们相信"能力越大，责任就越大"，他们看重的是个人通过工作为社会创造的价值。

　　在组织中，员工努力工作通常是因为受到了激励。为了尽可能地提高组织绩效以实现组织目标，每一位管理者都试图找寻到激励员工的最优方案。但在管理实践中我们常常发现，对某些人起作用的激励方式套用在其他人身上却收效甚微，究其根本在于未能成功调动员工的工作动机。那么，究竟什么是工作动机？工作动机如何测量？管理者如何才能调动员工的工作动机以实现激励呢？

5.1 点燃行动的火花：动机的基础知识

5.1.1 动机及其构成要素

在一家快速成长的科技公司中，一位年轻的项目经理面临着推动其团队完成开拓性项目的挑战。尽管团队成员都是各自领域的专家，拥有完成任务所需的知识和技能，但项目的进展却迟迟未达预期。项目经理逐渐意识到，问题不在于团队成员的能力，而在于他们动机的缺乏。团队成员对项目的重要性和对他们个人职业发展的意义认识不足，因此缺乏将项目推向成功的紧迫感。在工作场景中，管理者的职责和重要目标是提升员工的工作绩效，而工作绩效主要由两方面决定：一是员工的知识和技能；二是员工的工作动机。当一个人具有完成某项任务所需的知识和技能，如认知能力、身体素质及通过教育和工作积累的经验时，他就具备了在工作中有出色表现的基本条件。不过，如果这个人缺乏完成工作的意愿，那么单凭知识和技能无法取得良好的工作绩效。和能力一样，动机是个体顺利地完成工作不可或缺的条件。动机指的是个体行为的驱动力，由三个基本要素构成。

(1) 行为的方向。其取决于个体作出的选择。人们可以选择做出各种不同的行为，但在一个时间段内通常只能专注于一件事，因此人们最终采取的行动就反映了动机的方向。基于个体与环境的相互作用方式，动机可分为趋近动机和回避动机两类，反映了人类趋利避害以适应环境的本能。其中，趋近动机指的是我们受到正性刺激的吸引，而回避动机指的是我们对负性刺激的排斥。例如，在一个普通的休息日下午，你更愿意参加行业学习活动，这是趋近动机的体现；你想尽可能避免无意义的闲聊，则反映出回避动机。

(2) 行为的强度。例如，我们在体育运动方面所选择训练的强度反映了动机的强度。比如，忙碌了一天后，你可以选择跑步400米或者跑步5千米，后者的运动强度明显大于前者，其动机强度亦是如此，后者反映出个体想要通过跑步来锻炼身体的动机更强。

(3) 行为持续的时间。日常生活中，我们作出的行为选择一般不会受到他人胁迫。这种情况下，我们拥有充分的自由度和自主权。因此，愿意在某件事上坚持的时间也就反映了自身动机的强弱。例如，阅读打卡领取免费阅读天数的活动曾风靡微信，有的人可能坚持几天就会中途放弃，有的人则会坚持完整个活动周期，这种行为持续时间的不同反映了个体动机的强弱。

5.1.2 洞察他人的动机：动机的测量方法

管理者非常关心员工的工作动机水平，直接询问员工固然简单，但很难获得真实、客观的答案。那么，我们应该如何去测量动机呢？首先，请跳出工作场景，思考在更加普遍的场景下可以测量动机的方法。直接观察个体行为是测量动机水平最常用的方法。动机是内隐的，观察个体的行为有助于从侧面了解其动机强弱。我们既可以测量人们在一项任务上坚持了多长时间，也可以观察人们在面对困难时的选择是坚持还是放弃，还可以通过测量个体的反应时间来了解动机水平。测量反应时间的方法常常被应用在学术研究中，如在一项实验中，电脑屏幕会依次出现很多词语，被试需要在词语出现后尽可能快速地按下鼠标。研究发现，如果某个词语所描述的内容或领域恰好是被试感兴趣的，其反应的时间将缩短，按下鼠标的速度越快，反映出的被试动机水平也就越高。

此外，还可以通过非语言信号，如面部表情和身体姿势来衡量个体的动机水平。面部表情为我们传递了破解个体动机水平的密码，人们可以观察对方的神情是否投入以判断其动机的强弱。通常的规律是，个体表情显示为开心、专注时，表明目前具有较高的动机水平。身体姿势也向我们传递了用以判断个体动机水平的信息。与他人面对面交流时，可以从对方的身体语言来判断其对谈话的内容是否感兴趣。通常来说，交谈时双方身体距离越近，表明双方对谈话的投入程度越高。身体前倾，十指相扣，身体语言表现为专注与关心；身体后仰，摆出双臂和双腿交叉的封闭姿势，则呈现出明显的防御与戒备；身体侧身背对谈话者，且做出叉腰的动作，反映出对谈话的抗拒和心不在焉，也是动机较弱的表现。虽然上述提到的肢体动作都是比较微妙的细节，但通过观察这些动作，可以在很短的时间内大致推断出对方进行交流的动机与态度。

虽然通过观察的方式可以直接了解个体的动机水平，但始终具有很强的主观性，如果要在学术研究或者管理场景中应用，也存在较大的局限性。事实上，管理者想要去了解下属的工作动机水平，通常采用的还是简单、直接的调查问卷，如让员工回答"对这份工作的兴趣如何？""在这份工作当中有多投入？"等问题。这种方法虽然容易操作，但得到的结果与真实情况也会存在一定的偏差。问卷法最大的缺陷来自社会期许性（social desirability）的影响。社会期许性是一个社会心理学概念，指的是个体在回答调查问题或参与研究时，可能会出于想要给他人留下一个好印象的原因，倾向于给出符合社会期待或看起来更为"合适"的答案，而不是表露他们真实的想法或行为。这种倾向可能会导致研究结果的偏差，特别是在涉及敏感或具有争议性的主题时。例如，当被问及自己是否经常做慈善捐赠或者是否支持某一社会议题时，受访者可能会夸大自己的参与度或表达出更为正面的态度，因为这样看起来更为"合适"或者能得到他人的认同。因此，通过问卷自陈的方式测量到的动机水平通常并不准确，这也是在现实管理情境中了解员工工作动机时遇到的重要难题。

令人欣喜的是，以眼动技术为代表的客观指标正在被广泛应用到动机水平的测量中。这一技术不仅适用于学术研究，在市场营销中也发挥着重要作用。人类的瞳孔通常会呈现出扩大和缩小两种不同的状态，当瞳孔散大时，表明个体正处在注意力高度集中的状态，对事物具有较高的兴趣。因此，眼动技术可以帮助我们客观地了解个体的动机水平。当然，眼动技术的应用并不局限于此，我们还可以使用眼动仪捕捉人的视线轨迹，具体包括浏览内容的顺序、视线在每项内容上的停留时间等。基于这些信息，商家可以对线上购物的网页布局和内容安排进行精心设计，从而促使消费者作出商家期望的消费决策。

正如行为经济学家 Colin Camerer 所言，由于众多客观原因，个体动机水平的强弱往往难以被量化。但随着认知神经科学的不断发展，逐渐开始有学者尝试应用认知神经科学的技术手段来探究动机问题。认知神经科学技术能够帮助学者更好地了解人类判断与决策背后的认知加工过程，让实时且相对客观地测量个体的动机水平成为可能，这为学者打开了新的思路，提供了新的研究视角。

5.1.3 工作动机的影响因素

探讨完动机的测量，让我们聚焦工作动机并探讨其影响因素。在工作中，有哪些因素会影响员工的动机？

（1）个体的人格特质。在日常生活中我们不难发现，有的人是乐天派，每天都过得很开心；有的人则是悲观派，比较容易陷入低落的情绪中，郁郁寡欢。此外，有的人对各种各样的事物都充满了热情，能量满满，但也有人对于大多数活动都兴致寡淡，提不起精神。在工作中，天生积极乐观、充满活力的员工具有独到的优势，他们往往对工作任务表现出更强烈的兴趣，并展现出更高水平的动机，时刻都充满干劲。这就是人格这一个体差异因素对动机水平产生的影响。元分析还显示，高主动性、高外向性、高经验开放性以及高尽责性的员工在工作中会表现出更高的学习动机。

（2）外部的工作环境。这里涉及的因素非常多，我们集中讨论其中三个具有代表性的影响因素。

第一个因素是工作设计，指的是对工作任务、职责和流程的规划和组织，以确保工作与组织的目标和要求相一致。在工作设计的过程中，要考虑到员工的能力、需要和动机，其核心目的是创设一个能够提高员工满意度、动机和效率的工作环境。其实，任何一份工作，哪怕原本再枯燥无味，只要经过合理的设计，都可以获得一定改进，从而更好地满足人们的心理需要，在某种程度上起到激励员工的作用。但遗憾的是，大多数管理者并未意识到工作设计的重要性。这一点我们将在"工作设计"章节中详细探讨。

第二个因素是工作反馈,即个体在工作中收到的有关其工作表现的信息。现实中大部分工作内容的常态是稀松平常、机械重复的,往往难以让人真切地感受到自己所做的贡献、工作完成的质量及所发挥的价值。频繁地面对这样的工作,人们会逐渐产生麻木感,失去对工作原有的兴趣和激情。所以,能否给予员工及时的工作反馈显得尤为重要。在来源方面,反馈可以是上级或同事,也可以是任何在工作中打交道的人,如客户等,这些不同来源的反馈可以帮助员工从不同的角度去了解工作的完成情况和自身创造的价值。

具体来说,工作反馈与工作动机之间有着复杂而有趣的关系:①正面反馈会增强自我效能感。员工获得正面反馈后,可能会感觉自己有能力完成任务,从而增强自我效能感,这种信念可以激励他们在今后的工作中付出更多的努力。②负面反馈可能会降低动机。如果反馈过于消极,而且没有提供具体的建议,那么员工可能会感到沮丧,其工作动机可能会下降。不过,如果负面反馈的目的是指导和帮助员工改进,并且以建设性的方式提供,那么它仍然可以具有激励性。③明确的反馈会提供方向。具体和明确的反馈可以为员工提供明确的方向,让他们知道哪些方面做得好、哪些方面需要改进。有了明确的反馈,员工可以更有目的性地付出努力,从而提高工作动机。④员工有获得即时反馈的诉求。在任务完成后立即给予反馈可以满足员工的即时反馈诉求,帮助他们及时调整策略或确认自己的工作路径。⑤反馈可以满足归属需要。得到反馈和认可能够满足员工的社交和归属需要,使他们感到自己是团队的重要成员。⑥缺乏反馈可能会导致不确定性和焦虑。没有获得反馈或缺乏清晰的反馈可能使员工感到不确定和焦虑,从而降低他们的工作动机。总的来看,恰当和及时的工作反馈是促进员工工作动机的关键。为了最大化反馈的积极效果,管理者和同事应该提供明确、具体、正面且建设性的反馈。

第三个因素是领导风格。领导风格与工作动机之间也有着密切的关系。不同的领导风格可能会对下属的工作动机产生不同影响。变革型领导(transformational leadership)通常能够激发员工的热情、提供鼓励,并为员工提供有意义的目标和愿景。他们通常通过展现魅力、感召力、激发智力和提供个性化关怀来提高员工的动机。交易型领导(transactional leadership)重视明确的工作关系、奖励与惩罚。员工知道如果完成任务将会得到什么,如果未完成则会面临什么后果。这种领导风格可能对一些员工有效,但过度依赖奖励与惩罚可能会削弱员工的内在动机。指令型领导(directive leadership)为员工提供明确的指示和期望。对于需要清晰方向的工作或新手员工,这种领导风格可能是有效的。但如果过度使用或在不恰当的情境中使用,员工可能会感到受限制,其创新性和自主性被抑制,从而降低动机。放任型领导(laissez-faire leadership)往往放手让员工自行决策,提供很少的指导。

对于已经高度自律和具有高动机的员工,这种风格可能是有效的,但对于需要更多指导和支持的员工,放任型领导可能会使他们感到不确定和缺乏方向。参与型领导(participative leadership)鼓励团队参与决策过程,如让大家一起讨论工作项目如何开展、目标如何制订、内部如何分工等。他们不会采取"一言堂"的方式,而是鼓励每位员工充分发表意见、发挥聪明才智,确保每个人都能参与到工作中并作出相应的贡献。这可以增强员工的归属感及对决策的投入度。当员工感到他们的意见被重视时,其工作动机可能会增加。总的来说,领导风格对工作动机的影响因员工、文化、组织结构和工作内容的不同而异。理解员工的需要和期望,选择恰当的领导风格,有助于提高员工的工作动机和团队的整体效率。与领导力相关的内容我们将在第 7 讲进行详细探讨。

▶ 5.2 先定个小目标:目标设定理论

目标是个人、团队或组织希望达到的具体、明确的期望或结果,它是行动的导向和驱动力,为决策提供方向和参考。在现实生活中,只要是我们主动采取的行动,本质上都受到目标的驱动,区别在于有的目标会被明确设定,有的目标不会被公开表达,有的目标则存在于潜意识中。目标设定所指向的内容非常广泛,在睡觉前决定第二天吃一顿美味的早餐也是目标设定的过程。那么,为什么设定目标能够起到激励作用呢?目标设定理论(goal-setting theory)认为目标本身具有一定的工具性(instrumental),设定目标就如同在导航软件中设定目的地一样,能够帮助我们明确方向,从而沿着正确的道路去努力实现它。目标之所以具备工具性,是因为无论是在工作还是在生活中,人们需要处理的事务都纷繁复杂,如果没有一个明确的目标,很容易忽略重要信息。设定目标可以帮助我们厘清思路,有意识地去关注有助于目标实现的关键信息,获取这些信息后,就能明确下一步需要采取的具体行动。

目标设定理论在 20 世纪 60 年代初被提出,后来随着学术研究的进展,其理论边界不断被拓展,时至今日仍是动机领域最主流的理论之一,对行为有重要的预测作用。这一理论强调目标对于行为的导向作用及提高工作绩效的作用。在目标设定理论的框架下,目标的实现过程可以分为两个阶段:一是确定目标,二是执行目标。在第二个阶段中存在很多需要发挥主观能动性以作出选择的环节。例如,在前面的例子中,实现吃早餐的目标既可以食用自行冲泡的麦片,也可以点外卖送餐到家,这里的选择就涉及具体要如何去实现目标。

5.2.1 什么是好的目标：如何设定目标

在现实的工作场景中，很多管理者都意识到了设定目标对员工产生的激励作用。因此，在年初启动会上他们会宣讲年度目标，月末总结会上他们会敲定下月的月度目标，周会上他们会确定下周的工作目标。不过，并不是每一个设定的目标都可以顺利实现。除了取决于员工的执行是否到位，更关键的点在于设定的目标是否合理。在设定目标时，管理者必须深思熟虑，确保目标既具挑战性又切实可行。这意味着必须充分考虑团队的能力、资源的可用性及时间框架等因素。有效的做法包括与员工共同讨论和制订目标，确保目标与个人和组织的长期目标一致，以及设定清晰的里程碑和反馈机制，帮助员工看到进展并调整策略。做到这些，员工更有可能感到被赋权，从而产生实现这些目标的动力。具体地，管理者在制订目标时需要关注如下要点。

（1）尽可能设定具体、明确的目标。例如，你希望通过运动来进行身材管理。你有两种设置目标的方式：一种是"我今天要运动"，另一种是"我今天要跑步"。第二种方式中的"跑步"就比"运动"更加具体，但是它离真正具体的目标还有一步之遥，因为你还没有设定出一个具体、可测量的数值，用以评估"运动"这个目标的达成情况。相比之下，"我今天要跑步 3 公里"是一个更加具体的目标。我们设定的目标越具体，就越有动力去付出行动将目标化为现实。

（2）合理确定目标的实现难度。设定目标时通常会遵循两种思路：一是实事求是，根据当前水平设定一个较为可行的目标；二是立足高远，确定一个与当前水平差距较大的目标。在公司或国家的治理过程中，很多管理者都更倾向于制订宏大目标。不过，现实的目标和远大的目标，究竟哪一种目标更能起到激励效果呢？事实上，现实且合理的目标更能够催人奋进，如果目标设定得过于好高骛远，可能会给人带来难以实现之感。个体出于畏难情绪，根本就不愿付出努力采取行动，显然该目标也没有起到应有的激励作用。有的员工甚至还会迫于压力，为实现目标投机取巧、铤而走险，通过不当手段达成目标，这显然也背离了管理者的初衷。也就是说，如果目标设定得遥不可及，在管理中反倒会带来一系列的问题。因此，管理者应当学会制订科学、合理的目标。那么，究竟什么样的目标才是合理的呢？其实，合理的目标需要兼具可行性和挑战性，即目标是在个体能力范围内能够被实现的，且需要付出一定的努力才可以被实现。具体来说，我们需要考虑到员工现有的技能水平，设定的目标要刚刚超过其当前水平的基准线，这样的目标才能最大限度地发挥激励作用。

图 5.1 呈现了一个倒 U 形曲线，反映了动机水平与任务难度之间的关系，图中的横轴代表任务的难度，纵轴代表个体的动机水平（或在任务中的绩效表现情

况)。从图 5.1 中可以看出,当任务过于简单时,人们略感无趣;当任务过于困难时,人们会过早放弃。这两种情况下的动机水平很低,任务的完成情况也不及预期。只有在任务难度适中、具有一定挑战性但又可以实现的情况下,个体的动机才处于较高水平。这也给我们带来一个启示:由于能力通常会随着时间的推移逐渐提升,没有必要一开始就设立一个大而空的目标,这样的目标如果没有顺利实现,反而会打击信心。所谓的"五年目标"或"十年目标"虽然会起到一定的激励效果,但由于战线过长,多年后的状况难以预测,目标的设定大概率是失之偏颇的。相比之下,先设立一个短期目标,再根据实际的进展情况逐步提升要求、调整目标,也许在多年后,当年遥不可及的目标已经变为现实。

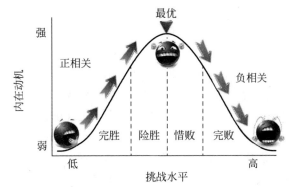

图 5.1 目标难度/挑战水平与个体动机水平之间的关系

(3)保证对目标的承诺。很多人都会陷入一个误区,即感觉自己设定了目标就等于完成了目标。一项学术研究发现,每到新的一周、新年、节假日等特殊的日期,关于节食等信息的搜索量都会出现不同程度的攀升。针对某大学附属健身中心的实地调研也显示,与原有的出勤率基线水平相比,在这些日子前往健身房运动打卡的人数也明显增多。但是随着时间的流逝,关注节食和去健身房运动的人数又会逐渐回落。对于很多人而言,口头上的承诺往往等同于已经付诸实际行动,设定目标后往往缺乏进一步的跟进。

在工作场合中,类似的情况也常常发生。那么,管理者究竟该采取什么办法才能督促员工全身心投入对目标的践行中呢?很多管理者在设定目标时,往往没有充分考虑员工的实际情况和个人意愿,因此,很多时候制订的目标并非完全合理。即便目标制订合理,但由于员工没有参与到目标的制订过程中,其在目标执行过程中的投入水平也十分有限。前文曾介绍过几种不同的领导风格。其中,参与式领导的优势在于会主动让员工参与到目标的制订过程中。这样一来,员工有了充分的参与感,会认为目标是自己设定的而并非领导强加的。因此,他们更有可能积极投入实现目标的过程中来,付出更多的努力。由此可见,管理者应该让下属尽可能多地参与到个人的目标设定过程中来。

组织行为工具箱：发源于英特尔公司的 OKR 工作法

OKR(objectives and key results)是一种目标管理框架，旨在帮助组织明确、追踪并达成目标。这种方法起源于20世纪70年代的英特尔公司。在过去的几十年中，它在许多全球性的科技公司，特别是谷歌(Google)，得到了广泛的应用。其核心理念是确保个人、团队和公司的目标与期望的结果一致。

OKR 的核心组成部分是"目标"和"关键结果"。首先，"目标"是一个人希望达到的宏大愿景，通常是鼓舞人心且富有挑战性的，为个人或团队提供了一个明确的方向。"关键结果"则是衡量目标进度的具体指标。每一个目标下通常会有 2~5 个关键结果。它们必须是可量化、具有明确时间节点的，并且在一段时间结束后，可以清晰地判断该目标是否已完成。

OKR 在实践中并不仅仅是一个自上而下的目标制订方法，它更鼓励自下而上的参与，让每个团队成员都能在目标制订的过程中发声。员工的参与感和责任感得以提升，目标制订和实施也更为有效。整个组织的 OKR 都是透明的。这意味着不仅团队和部门之间可以共享并查看对方的 OKR，并且高层管理人员的 OKR 也对所有员工开放。这种透明性确保所有员工都了解他们的工作与公司的总体目标之间如何对应，同时也了解其他团队的优先事项和目标。为确保 OKR 与实际工作同步，组织通常会进行每周或每月一次的检查和更新。这种常态化的机制允许团队根据实际情况调整其目标和策略。

尽管 OKR 可用作衡量进度和成果的工具，但要注意的是不要将其直接与绩效评估或薪酬挂钩。否则，可能会导致员工设定过于保守的 OKR，避免冒任何风险，从而降低工作的挑战性。总的来说，OKR 是一个以结果为导向的框架，帮助组织更加有焦点地工作，确保各级目标与策略一致，以适应不断变化的工作环境和市场需求。

(4) 给予及时、恰当的目标反馈。如果想要员工努力达成组织目标，那么在他们采取行动后有必要及时给予反馈，从而增强他们对目标的控制感，激励其更好地实现目标。虽然给予反馈至关重要，但对于管理者而言，给到员工恰当的反馈并没有想象中那么容易。我们将目光聚焦到下面两个场景。

组织行为工具箱：工作反馈情景模拟

情景 1：领导在店内巡场，发现一名员工对待顾客热情周到，对其颇为满意，决定鼓励一下这名员工。鼓励的话可以是"你做得很不错"或者"你和顾客沟通的方式很棒，让顾客感到很舒服，这可能也是你取得很好业绩的原因"。你会选择哪一种反馈方式呢？

情景 2：公司的一名员工进项目组以来一直勤勤恳恳，每天都加班到最晚，但业绩经常垫底。遗憾的是，无论如何努力，他的个人业绩始终毫无起色。作为管理者，要对这名态度认真但业绩不佳的下属给出负面反馈并不是一件容易的事，你会如何措辞？

面对情景 1，大多数管理者可能会采取第一种表达方式，即"你做得很不错"。他们知道要适当鼓励员工，但表达方式过于笼统，对于表扬员工的理由缺少详细的阐述，会让下属怀疑管理者只是在敷衍自己。第二种表达方式即"你和顾客沟通的方式很棒，让顾客感到很舒服，这可能也是你取得很好业绩的原因"则明显更加恰当，既表扬了下属，又明确地让下属知道自己做得好的地方在哪里，增加了反馈的真实性，也让员工知道如何再接再厉。因此，好的目标反馈应当包含一定的信息量，要清晰地指出对方的优点，这样才能起到理想的激励作用。不过，管理者给到员工的反馈并非必须是积极正面的，有时候也需要适当地鞭策员工。

在情景 2 中，与这类工作努力但绩效不佳员工的对话是很有必要的，只有帮助他们找到问题所在，才能改变其工作缺乏产出的现状。管理者首先要做到的是，关于目标反馈的沟通对事不对人，一切以实现共同的组织目标为前提，交流时要学会换位思考。其次，管理者应当以委婉的方式指出该员工的问题所在，过于严厉的话语可能会打击其信心；对其可取之处表示肯定是必要的步骤。最后，管理者在指出员工的问题后，要明确地提出改进建议，给予员工实质性的指导和帮助，改进方案越具体越好。遗憾的是，在现实的工作场景中，很多上司遇到问题就只会一味地批评和打压员工，导致员工逐渐丧失信心与斗志，表现得越发不尽如人意，从而陷入恶性循环，甚至最终无奈离职。所以，批评也是一门艺术，如何恰当地给出负面反馈也是管理者应该不断思考的议题。

5.2.2 设定目标的类型

目标导向理论（goal orientation theory）是关于个体在学习或完成任务时如何设定和追求目标的一种认知动机理论。这一理论主要探讨个体面对任务或挑战时的目标导向，并根据这些导向来预测他们的动机、行为和绩效。根据目标导向理论，个体在目标设定过程中可能会设置不同类型的目标。其中，设定掌握型目标（mastery goals）的个体主要关注学习新的知识或技能、对任务的深入理解以及自身能力的提升。这使得他们更有可能选择挑战性的任务，更持久地坚持完成任务，并在遇到困难时寻求策略性的解决方案。长远来看，这种导向与深度学习、更高的内在动机、更积极的情绪体验及更高的绩效间存在紧密联系。设定绩效型目标（performance goals）的目的是证明自己的能力并获得正面评价，或避免暴露自身不足并因此获得负面评价。这种目标导向更多地关注与他人的比较和在特定任务上的表现,与浮于表面的学习、低水平的内在动机、任务焦虑和较差的绩效之间存在关联。

掌握型目标和绩效型目标反映了设置目标时两种截然不同的导向。例如,在设定学习的目标时,设定掌握型目标的人更关注掌握知识本身,设定绩效型目标的人则更关注成绩单上的分数。那么,哪类目标会产生更加持久的激励作用呢?后文介绍动机的分类方式时,会将动机划分为内在动机和外在动机,上述两种设定目标的导向将分别与内在动机和外在动机联系在一起。掌握型目标对应内在动机,因为个体被任务本身所驱动,关注的是任务带来的收获;绩效型目标对应外在动机,因为个体是被他人的看法所驱动,并不是受到对任务本身兴趣的影响。研究表明,内在动机具有更加持久有效的激励作用,因此设定掌握型目标能促使人们更好地完成工作任务,绩效型目标带来的驱动力则缺乏稳定性。例如,一个人设定了绩效型目标,但由于表现不佳,别人的评价较为消极,因此产生了挫败感,丧失了继续实现目标的勇气,最终半途而废;设定掌握型目标的人即使表现不尽如人意,但是他们将关注重点放在自身成长上,眼光不再局限于结果好坏,只要能力有所提升,做这件事就有价值。因此,人们设定目标时也应尽可能地从活动或任务本身出发,考虑设定一个掌握型目标,这将有助于屏蔽无关因素的干扰,专注于实现目标本身,也会取得更大的收获。

个体的心智模式(mindset)也会对目标设置产生影响。根据动机的趋向性进行划分,有的员工属于趋近型(promotion-focused),有的员工属于回避型(prevention-focused)。相应地,绩效型目标可以进一步细分为绩效-趋近和绩效-回避两种。设定绩效-趋近目标的个体追求获得正面的评价,他们希望证明自己的能力并超越其他人。这意味着他们可能会在那些可以展现自身能力的任务上更加努力,并在绩效评估中寻求正面的反馈。持有绩效-回避目标的个体则努力避免被看作是无能的,他们害怕自己的表现会不如他人或者被视为失败者。因此,他们可能会避免困难的任务,更偏爱那些能够轻易完成的任务。

趋近型的个体关注的是要取得哪些结果,回避型的个体关注的则是要规避哪些可能的损失。具体来说,趋近型的个体积极乐观,愿意把握新机会进行尝试,擅长进行头脑风暴,一般根据最好的情况制订方案;他们特别需要获得正面的反馈,如果无法及时获得正面反馈,将构成打击,工作动机会迅速降低。回避型的个体悲观谨慎,追求准确和稳定性,喜欢按照自己的步调工作,一般根据最坏的情况制订方案,时间紧迫时会倍感压力。他们只按照过去成功的经验来行事,当工作没有按照自己的预期推进时,会感到焦虑。他们的优点是注重细节、追求完美,缺点是厌恶风险,这也就意味着可能难以在工作中取得突破性进展。

上述两种类型的员工并没有优劣之分,但如果是团队领导,在面对趋近型和回避型的员工时,应当注意采取不同的管理策略,对自己的话术进行调整,使之与员工的目标导向相匹配,这样才能实现最佳的激励效果。例如,在制订工作目标时,对趋近型员工应该说:"五位潜在的顾客中,你这次要争取至少促成三位达成交易",强调的是获得;而对回避型员工则应该说:"你这次的目标是五位潜在顾客中不能流失超过两位",强调的则是避免损失。这两句话的含义并无本质区别,但一项针对德国半职业足球联赛球员的研究表明,仅仅是教练在训练球员时选择更合适的话术,就足以让球员的成绩提高一大截。

由此可见,作为管理者,去主动了解员工主导的动机心智模式至关重要。后续与员工沟通时,选择与之匹配的风格就能实现理想的激励效果。管理者还可以根据员工的动机心智模式对员工的工作岗位进行再分配。例如,趋近型员工更适合去开拓新业务,因为他们不惧风险;回避型员工更适合负责细节性工作,因为他们恪守原则。此外,领导者还可以利用动机心智模式来选择适合自己风格的员工,研究表明,趋近型员工更愿意跟随具有个人魅力且行事高效的领导工作,回避型员工则更喜欢跟随依靠严谨认真取得成功的领导工作。

▶ 5.3 公正的框架:公平理论与组织公平模型

组织行为观影团:TED演讲"如何看待动物的道德行为"

"如何看待动物的道德行为"的演讲者是Frans de Waal,他是美国著名的生物学家和民族学家,擅长从动物行为的视角看待人类社会,著有《黑猩猩政治》等畅销书。追求公平是人们与生俱来的本能。设想一下,你在工作中兢兢业业,倾注了全部的时间和精力,是项目组里绩效最高的员工。可是在年末的人才盘点中,上司将部门唯一的晋升机会给到了平日在组里默默无闻、业绩平平的同事。此刻你肯定会觉得领导的决定失之偏颇,并不公平。接下来,你可能会丧失干劲,无法像以前那样全身心投入工作。

事实上,不仅人类讲究公平,其他生物对公平也有着强烈的追求。曾经有一个著名的动物实验,研究人员训练了两只卷尾猴,如果它们完成传递石头的规定动作,将得到黄瓜作为奖励。在一段时间后,实验人员改变了奖励策略,一只猴子奖励黄瓜,另一只猴子奖励葡萄。要知道,清淡无味的黄瓜对卷尾猴来说只能勉强算作开胃小菜,香甜可口的葡萄则是它们的最爱。完成相同的任务却获得不同价值的奖励,这对猴子们来说并不公平。研究者具体进行了这样的操纵:一只猴子按照指示传递石头后,奖励一片黄瓜。接着,另一只猴子也完成了同样的动作,却被奖励一颗葡萄,这一切都会被前一只猴子观察到。之后,前一只猴子继续完成向实验员传递石头的任务,这次它得到的奖励仍然是黄瓜。有意思的是,前一只猴子再次向实验员传递石头时,它首先在地上敲击了一下石头,来检验石头是否存在问题。当它发现石头并无异样,排除了这一原因后,它意识到自己的确遭到了不公平的对待,开始在墙上猛烈地敲击手中的石头,拒绝接受以黄瓜作为奖励,甚至摇晃或敲击笼子,以发泄自己的愤怒与不满,而不再愿意继续按照任务规定的方式将石头传递给实验员。这说明,对于公平的追求刻在了生物的基因中。

5.3.1 公平理论的基本观点

人们对于公平的追寻似乎早已刻进了DNA(脱氧核糖核酸),不难推测,个体对公平的感知也将对其动机水平产生全方位的影响。公平理论(equity theory)集中探讨个体如何通过比较自己的投入(如努力、技能等)和获得(如报酬、认可等)与他人的投入和获得来形成公平或不公平的知觉。请你想象一架天平,天平的两端放置着不同的筹码,一端代表投入(input),另一端代表获得(output),这就构成了公平理论的最核心要素。公平理论假设人是社会性的动物,时刻都在进行社会比较,会以身边人为参照对象比对自己和他人的投入/获得比是否相同。此外,人们还会和自己"竞赛",将自己的投入/获得比与历史数据进行对比。最终,比较的结果无外乎三种情况,投入/获得比大于、等于和小于参照对象。

接下来,我们将场景切换到组织中,人们在职场进行公平性比较时,天平两端的筹码分别代表什么呢?换言之,员工将哪些东西视为"投入"?又会将哪些东西视为"获得"呢?实际上,人们在工作中衡量自己的"投入"时,不仅会考虑付出的时间和努力,也会思考自己作为一名员工本身的价值,如学历、能力、工作经验等,这些有形或无形的付出和贡献都可以纳入"投入"筹码的范畴。那么,"获得"的筹码究竟包括哪些内容呢?我们可以简单列举一下:首先是薪酬;非物质性的福利,如医疗保险、节假日福利、轮休年假等也包括在内;工作地位、他人认可等心理上的感受也属于"获得"的范畴。

倘若天平发生倾斜,意味着出现了下列两种情况之一。

一是员工的投入/获得比大于同事,这意味着员工受到了不公正的对待,即付出了努力却没有得到应有的回报。如果遇到这种情况,员工会怎么做?综合来看,主要有两种方案:改变"获得"和改变"投入"。如果员工选择改变"获得",那么他们可能会试着邀请上司喝一杯咖啡,趁此机会打开心扉,道出心中的困惑,主动争取自己应得的回报。需要注意的是,如果敞开心扉的交流没有奏效,员工可能会采取过激的举动,如偷窃公司财物、诋毁团队同事、通过非法途径骗取奖金等。这些举措不仅会损害组织利益,还会妨碍组织目标的实现。由于公司的薪酬制度和奖励标准往往是既定的,上级也没有改变规则的权限,因此,有的员工还会选择改变"投入",削减自己在工作中付出的时间和精力。换言之,员工可能会选择消极怠工、敷衍度日。显然这种局面是管理者并不希望看到的。

二是员工的投入/获得比小于同事,这意味着天平朝自己倾斜,即没有付出相应努力却获得了超出预期的回报。如果遇到这种情况,他们会怎么做?倘若员工真的成为公司中不公正事件的受益方,他们可能会心存感激或感到不安。但即便如此,有研究发现,员工也不会选择主动为工作付出更多精力让天平回到平衡状态,而是会重新评估、在认知上夸大自己在工作中的投入。

5.3.2 组织公平模型

20世纪八九十年代,研究者开始关注除结果公平(outcome/distributive justice)之外其他类型的公平。其中最重要的进展是对程序公平(procedural justice)的探讨。同时,研究者也开始关注到互动过程中的公平性(interactional justice)。进入21世纪后,学者们开始尝试将这些分散的公平理论整合成一个更为系统的框架。这个框架包含分配公平、程序公平和互动公平三个维度,形成了现今获得广泛认可的组织公平模型。

组织公平模型是一种深入剖析员工在组织内公平性感知的框架,分配公平、程序公平、互动公平三个关键维度共同塑造了员工对其工作环境的公平感受。首先,分配公平关注的是资源和回报的分配是否公正。在这一维度中,员工会评估他们所获得的回报(如薪酬、晋升机会等)是否与其工作贡献成正比。例如,如果一个努力工作、业绩卓越的员工观察到自己获得的奖励与其他同事相比较少,那么他可能会感受到分配不公平。程序公平强调的是决策过程的公正性。员工不仅关注结果,还关注决策过程是否透明、一致和无偏见。在程序公平的环境中,所有决策相关的流程和标准都是明确的,每个人都有机会表达意见,决策过程公开、透明。最后,互动公平涉及员工与管理层的互动方式,包括尊重员工、诚信交流及对于员工的回应方式。比如,一名经理如何向员工解释决策过程,如何在面对问题时提供支持和反馈,这些都是互动公平的体现。综合这三个维度,组织公平模型提供了一个多角度、全面的视角,用于理解员工如何感知和评价他们在组织中的经历。公平感的提升有助于增强员工的工作满意度、忠诚度和生产力,而公平感的缺失可能导致员工士气低落、工作绩效下降甚至离职。因此,组织公平模型不仅是一个理论框架,它还为管理者提供了实践指导,帮助他们在组织管理中塑造更高效、公正、和谐的工作环境。

身临其境:耀眼的双子星

你是一家中等规模公司的资深客户经理,负责与客户谈判合同条款,领导了一个由6名成员组成的团队。你一直希望在本团队内设置一个负责挖掘、拓展新客户的岗位,该岗位未来可能会承担领导职责,也会提供更高的薪水、福利和更大的办公室。你在考虑提拔团队中的方岩或韩烨到这个新的岗位,这两人的资历相当且都渴望获得晋升,他们都是三年前从985高校硕士毕业后入职本公司的,两人成长迅速,已能独当一面,是你所在团队中耀眼的双子星。不过,两人的优势略有不同:韩烨的逻辑思维能力十分突出,方岩更擅长与人打交道。

在方岩和韩烨之间,你和韩烨的私交更好,情感上偏向韩烨。不过,HR(人力资源)经理给你呈现了过去一年的员工绩效和客户满意度调查数据,包含工作任期、技术专长、年度绩效排名和360度评估结果等,由于新设岗位需要与客户频繁互动,数据显示方岩是更适合该岗位的人选,因为擅长与他人打交道正是方岩的优势所在。

选择方岩:

经过在个人偏好和公平原则间的艰难抉择,你决定克服情感上对于韩烨的个人偏好,遵循公平原则向上级推荐方岩。作出这个决定之后,你打算公开、透明地将这一重要管理决策在第一时间告知相关员工。所以,今天你找来韩烨,如实告诉了他你的决定及依据。你告诉韩烨,他是公司的一名得力干将,在他和方岩之间作出选择是一个艰难的决定。他最擅长的是逻辑思维,这与他目前的工作岗位是契合的。新设置的岗位需要擅长并且喜欢与他人打交道的人,可能不在他的舒适区。你进一步向韩烨说明,如果他对这件事有想法,随时欢迎他来找你沟通。

选择韩烨:

经过在个人偏好和公平原则间的艰难抉择,你决定按照个人偏好向上级推荐韩烨,而不是遵循公平原则向上级推荐方岩。作出这个决定之后,你没有打算公开、透明地将这一重要管理决策在第一时间告知相关员工。你决定直接在下周的团队例会上向全体成员正式公布这一消息。尽管公司内部消息传得很快,方岩接下来很可能从别人口中听到这一消息,这对他来说并不体面。即便如此,你还是没打算提前和他沟通。你想到将来方岩有可能会来询问你作出决定的依据,但那都是以后的事情。即使他真的来找你,届时你也会找个说得过去的理由搪塞,毕竟你才是上司和决策者。

思考题:假设以上确定团队内部提拔人选的情形发生在你身上,即你经过艰难的抉择决定提拔方岩/韩烨,请试着描述你的心路历程和感受。

对于管理者而言,上述管理中的困境并不罕见,为了维持公平、公正的组织氛围,经常要面临艰难的抉择。管理者是组织中公平天秤的守护人,究竟怎么做才能维系好那杆秤呢?根据组织公平模型,组织公平主要取决于以下三点:一是分配公平,即个体对结果公平性的感知,比如,我得到了应有的加薪;二是程序公平,即个体对结果决定过程的公平性感知,比如,我参与了加薪的决策过程,并且了解我获得加薪的原因;三是互动公平,即个体对于尊严及尊敬的感知程度,比如主管告知我获得加薪时非常友善,并且夸奖了我。只有当分配公平、程序公平、互动公平都得以实现时,员工才会真切地感受到组织公平。

5.4 自我决定理论:工作中的自主、胜任与归属

5.4.1 内在动机与外在动机

自我决定理论(self-determination theory,SDT)主要关注个体行为的内在和外在驱动因素,强调自主性(autonomy)、胜任感(competence)和归属(relatedness)三个基本心理需要对于个体健康和福祉的重要性。自我决定理论认为,当这些基本心理需要得到满足时,个体会表现出更高的自主性动机,从而会更积极地参与活动。相反,当这些需要被忽视或受挫时,可能导致动机下降和负面情绪。

自我决定理论经过最近几十年的发展,已经逐步成为动机与激励领域最重要的理论,其最核心的贡献之一是将动机划分为内在动机和外在动机。内在动机是指自发性的、自我导向的动机,它不受任何外部因素的驱动,主要源于自身兴趣、快乐和成长的需要。自我决定理论认为兴趣是内在动机最重要的驱动力。例如,人们参与娱乐活动的原因往往只是因为活动本身很有趣,此时表现出的是一种纯粹的内在动机。与内在动机相对地,外在动机指的是受外部因素刺激所产生的动机,通常是为了获得奖励或规避惩罚。

人们在区分内在、外在动机时容易走入一个误区,那就是简单地将划分标准理解为动机的来源是否有形,因此容易将名声、地位、荣誉等无形的因素也纳入内在动机的范畴。这种认识并不正确。例如,一名小学生努力学习是为了获得老师的"小红花",其本质是为了获得他人认可,而不是对学习这件事本身有兴趣,那么这种动机并不属于内在动机。

总而言之,在自我决定理论的体系中,内在动机的定义是较为狭隘的,仅包含完全由兴趣驱动的行为动机。一旦涉及任何外在的影响因素,都应将其定义为外在动机。外在动机和内在动机所产生的驱动力的强度与持续性也有所不同。例如,在竞技体育中,运动员已经成为一种职业。正是因为运动员的高度职业化,很多时候会通过巨额的金钱奖励来激励运动员创造佳绩。对于一名优秀的运动员来说,外部奖励已经足矣,但是真正卓越的运动员需要对体育有着发自内心的热爱。只有这样,他们才愿意付出常人难以理解的时间和精力进行重复枯燥的训练,努力突破人类极限。

最常见的外在动机是通过获取金钱等物质奖励实现的,这也是提供外在动机最直接的方式。但有时候,过度的外部奖励可能会降低个体的整体动机水平。一则逸闻可以很好地解释这种现象。故事发生在美国一个祥和、宁静的小镇上,有一

对年迈的老夫妇就定居在这里。有一天,一对年轻的夫妻携儿子搬到了附近,成为他们的邻居,老夫妇平静的生活就此被打破。年轻夫妻的儿子是一名6岁的小男孩,正是调皮捣蛋的年纪,他每次路过老夫妇家,就忍不住踢倒门口的垃圾桶。后来,老夫妇不堪其扰,找到了男孩父母,年轻夫妻对孩子进行了批评教育。但好景不长,没过几天,小男孩又开始继续自己的捣蛋行径。为此,老夫妇想出了一个办法帮助小男孩彻底改掉了毛病,他们决定只要发现小男孩踢翻垃圾桶,就叫来他给一笔零花钱。第一天,他们给了男孩1美元;第二天,给了男孩0.9美元;第三天,0.8美元……最开始,男孩拿到零花钱很开心,每天都准时"报到",然后美滋滋地去找老人领钱。但随着时间的推移,他们给男孩的钱逐日递减,最后降为零。此时,小男孩的心态发生了变化,由于已经习惯了每天都会得到一笔零花钱,当得不到"奖励"时,自然就不愿意再刻意去门口踢翻垃圾桶了。这个办法尽管反直觉却异常奏效,是老夫妇通过奖励零花钱的办法将小男孩踢垃圾桶的动机由内在动机转化为外在动机。一旦奖励取消,外在动机也就自然消失,小男孩捣蛋的行为也就不会再出现了。

  这一现象在学术上也有一个非常形象的名称,叫作挤出效应(undermining effect),指人们仅出于兴趣参与某项活动时,给予额外的外部奖励可能会降低其积极性,甚至令其反感。了解这一现象后,你是否从中获得一些启示呢?在组织中,员工通常将分配给自己的任务视为分内之事,因工作完成得好而获得奖励则是天经地义的事情。但是像主动帮助陷入困境的同事之类的行为往往被视为分外之事,员工做出这样的行为可能是因为自己具有强烈的亲社会动机;换言之,主动帮助他人或向公司建言仅仅是因为想要为他人谋福祉。所以,针对员工做出的"分外之事"进行嘉奖,反而可能会弄巧成拙。员工甚至会认为自己受到了侮辱,原本单纯的亲社会动机被歪曲,做出此类行为的动机也会下降。

  个人在进行职业选择时,经常会陷入两难境地:究竟是否应该将自己的爱好转变成事业呢?将爱好作为事业去发展,也许会存在一定的弊端。比如,一个热衷于分享日常生活Vlog(视频日志)的素人,在收获一定数量的粉丝后,选择辞掉工作,成为全职博主。此后,他在创作过程中将不得不关注爆点、流量、转化率,长此以往将失去分享生活的初心,过分商业化的作品也失去了原有的感染力。所以,保持自身兴趣、坚守初心往往是一件很有必要的事。在全民造星的时代,很多人热衷于追星,为了"本命"偶像的事业,粉丝们纷纷加入后援会,投入大量的时间和精力帮助偶像在互联网上维持声量,他们称自己是"为爱发电",出于对明星由衷的喜欢而自愿从事无偿的管理工作。旁观者可能会认为粉丝后援会付出了这么多,甚至承担了很多属于经纪公司的职能,所属的经纪公司应该给予相应的报酬。但实际上,对于粉丝们而言,他们并不是很愿意拿这笔钱,因为获取报酬的行为会使自己对偶像的喜欢"变质变味"。因此,管理者希望通过外部奖励激励个体时要慎重决策,管理者不应轻易让员工的工作行为与外部的物质奖励直接挂钩,外部奖励的额度和频次都应该经过精心的考虑和设计。

思考题:桌上摆放着三个物件:蜡烛、火柴、图钉。其中,图钉放在图钉盒中。请思考如何将蜡烛固定在墙上,但又不能让蜡滴到桌子上。你会采取什么方法?

要解决这一难题,可以将图钉从图钉盒里倒出来,用图钉将图钉盒固定在墙上,然后将蜡烛摆放在图钉盒中。其实这是一项测试个体创造力的经典实验任务。在基于这项任务开展的一项实验研究中设置了两种不同的实验条件,第一种条件是被试的实验报酬固定,任务完成与否不会产生任何影响;第二种条件是被试除原有报酬外,会获得一笔额外的奖励,具体取决于任务用时,时间越短,奖励越多。在哪种条件下被试完成任务的速度更快呢?事实上,没有获得额外物质奖励的这组被试答题速度显著快于另一组。原因是设置物质奖励后,人们的认知灵活性降低,反而在需要创造力和发散性思维的任务上表现得不好。如果对实验任务进行简单的调整,在布置材料时将图钉事先倒在盒子外面呢?你认为实验结果会有所变化吗?如果将图钉盒腾空,被试很容易就想到可以用图钉来固定住盒子,相对来说,任务对创造力的要求大幅下降。有意思的事情发生了,在这种情况下获得额外奖励的实验组反而完成任务的速度更快。

综上所述,在不同的任务情境下,外部激励发挥的作用是不同的。在组织中也有类似现象。当管理者下达指令让员工完成一项工作任务时,如果关注的重点是完成任务的数量,采用物质奖励可以有效激励员工;但如果关注重点是任务完成的质量,反而应当在一些需要创造力的任务上减少对物质奖励的依赖。所以,管理者在设计激励方案时,首先要考虑任务类型和具体的工作情境。通过学习自我决定理论中有关内、外在动机的内容,我们可以获得以下三点启示。

一是慎重考虑是否要将个人兴趣转变为需要长期耕耘的事业。由于兴趣是内在动机的来源,当兴趣转变为事业后,将不可避免地掺杂金钱等外部因素,会使原有的行为动机不再纯粹,从而降低个体对于活动本身的兴趣。

二是公司给员工发放奖金是最常见的激励方法,但是管理者不能简单粗暴地认为可以通过物质奖励的方法有效地解决所有问题。员工的工作动机水平比较低可能与很多更深层的原因相关,正确的方法是对症下药,而不是通过"堆钱"的方式来解决问题,这种做法可能会埋下更多的隐患。

三是奖励的方式要有所考量。管理者在奖励员工时,可能有两种不同做法:①每当员工表现优异,就立刻给予奖励,这类做法看似反馈及时,但过于频繁的物质奖励可能会让员工丧失原有的内在动机,其认知被扭转为自己出色完成工作是为了获得奖励,一旦奖励中断,员工将失去动力;②针对优秀员工年底统一发放奖励,综合考量其年度工作表现、表彰其在工作中的主观能动性而非具体项目中的业绩表现,可能会是更好的做法。当然,如果员工表现不错,我们应当给予员工及时的正面反馈,但不是物质奖励,目的是让员工知道自己哪里做得好。除物质奖励外,管理者也可以给予员工更多的精神奖励,如尊重、认可和荣誉,将职业生涯发展的机会作为奖励的一种也是值得考虑的手段。

5.4.2 做有意义的事:外在自主性动机

自我决定理论的学者们开发了一个测量动机水平的量表,通过填写问卷,人们可以了解到自己是更多受到内在动机还是更多受到外在动机的驱动。在积累大量数据后,研究者发现内、外在动机的平均得分在国别间存在明显差异。例如,中国人的平均外在动机得分为4.32,内在动机为4.40,分数十分接近;荷兰人的平均外在动机得分为2.64,内在动机为5.12,分数相差较大。仔细浏览表5.1,我们可以发现表中还包含第三类动机——外在自主性动机(extrinsic autonomous motivation)。那么,究竟什么是外在自主性动机呢?

表 5.1 不同国家国民的内、外在动机水平对比

动机类型	法国人	荷兰人	德国人	挪威人	中国人
外在动机	3.22	2.64	3.73	3.31	4.32
外在自主性动机	4.76	5.54	5.83	5.19	5.10
内在动机	4.96	5.12	6.11	5.07	4.40

资料来源:Work Motivation Assessement developed by Sharon Parker.

有时路过市中心的繁华路段,我们会留意到路边的爱心小屋,门口有人自愿排队等待着无偿献血。不难想象通过献血来帮助他人对献血者来说是一件光荣而快乐的事,我们可以推测献血者做这件事具有较高的动机水平。那么,请大家思考:献血者献血究竟是受到内在动机的驱动还是受到外在动机的驱动呢?首先,由于献血是无偿的,我们可以确定献血者并非为了获得物质奖励。不过,根据自我决定理论,内在动机源自兴趣,而显然无偿献血并不是趣味性活动。实际上,献血者自愿献血的根本原因是其认为献血能够帮助他人,是有价值的活动,其对此感到认同,这样的动机属于外在自主性动机。严格来看,外在自主性动机也属于外在动机的范畴,因为个体显然不是受到兴趣驱动,但是由于这种行为是个体自我决定且主动作出的,也不能单纯等同于典型的外在动机。因此,该动机被命名为外在自主性动机,即当人们认为做某件事是有意义的或者很重要时,自主驱动从事某项活动的动机。

那么，外在自主性动机是否也具有好的激励效果呢？相比外在动机，内在动机可以产生更加强烈而持久的激励效果。虽然外在自主性动机严格意义上并不属于内在动机，但在激励效果上与内在动机相当。所以，管理者也应当去激发员工的外在自主性动机。在现实情境中，我们很难保证员工对每一项工作任务都有兴趣，然而我们可以努力确保员工所从事的大部分工作都是有价值、有意义的。管理者至少应当向员工传递这样的理念：即使每天从事着简单甚至重复的劳动，但这些努力的积累将会带来显著的成果，只要这些努力有助于个人成长或能为他人提供帮助，工作就是有意义的。管理者应当肩负起帮助员工探寻工作意义与价值的责任，促使人们更加努力、更有干劲地投入工作中。

5.4.3 基本心理需要

自我决定理论不仅关注动机的分类，还探讨了个体的基本心理需要。其基本观点是人类有三种基本心理需要，分别是自主（autonomy）、胜任（competence）、归属（relatedness），如果上述三种心理需要得以满足，人们的内在动机或自主性动机就会增强。

1. 自主需要

自主即自我决定感。当人们可以毫无压力地自由进行选择或者认为某项活动有意义时，都会体验到自主性。想要满足个体的自主性，通常会采取以下举措：一是尽可能多地提供选择，让人们有机会按照自己的意愿决策。二是营造一种充满参与感的环境，而不能施加太多的压力。如果人们感受到压力的存在，自我决定感将会被大幅削弱。三是让人们意识到活动的意义所在。作为管理者，在工作情境中应该怎么做呢？管理者可以让员工自由选择，即使没有其他的可行选项，也要去询问员工的感受，譬如"你觉得呢"；要创造机会让员工表达自己的观点，哪怕不能真正允许员工按照想法自由发挥，但是给员工表达观点的机会就足以满足其自我决定感。所以，前文中介绍的参与型领导，其让员工各抒己见的做法就可以起到很好的激励效果。

例如，一个社区零售数字化平台的主管每天都会给予客服人员较高的赔付额度权限，当客户进行常规投诉时，客服人员无须记录后逐级上报并请示，而是可以在自身权限范围内对客户进行及时赔偿。这样的做法不仅有助于提高客户满意度，客服人员本人也会觉得工作有一定的自主性，从而更有动力。另外，为了提升服务质量，公司通常会设置让客户评价客服人员服务的环节，但反其道而行之，我们也可以让客服人员给客户打分，让他们感觉自己也是有自主性的。虽然评分结果并不会产生任何实质性的影响，但是这样的过程会让员工有效地纾解自身的负面情绪。当遇到特别无理的客户时,客服人员能够通过给客户较低的评分化解负面情绪,从而更好地服务后面的客户。上述方法的本质都是通过给客服人员一定的自由度来满足其自我决定感。

2. 胜任需要

当人们认为自己有能力掌控环境时,就会体验到胜任感。胜任需要指的是个体对自己能力的信心和感觉,即感觉自己在某些领域或任务方面是有效能以及有能力的。胜任感的满足对个体的心理健康和动机有着重要影响。当人们感觉到自己在完成任务时是有能力的时候,他们更可能表现出高水平的内在动机,即出于对活动本身的兴趣和满足而参与活动,而不是因为外在的奖励或压力。学生如果在学习过程中感到胜任,会更加积极地参与学习,表现出更高程度的自我驱动、取得更好的学习成绩。

在工作场景中,胜任感源于员工对自己在完成工作任务和职责方面能力的信心,不仅深刻影响个人的工作投入和工作绩效,还关乎其心理健康和职业满意度。当员工感到自己能够有效应对工作中的挑战时,他们通常会展现出更高的工作效率和质量。这种自我效能感激发员工面对更具挑战性的任务时展现出坚韧不拔的态度,同时会增强他们的内在动机,即出于对工作本身的兴趣和满足感而投入工作。在团队合作的背景下,胜任感还涉及如何在团队成员间建立有效的沟通和协作。同一团队的成员如果能够相互支持并感受到个人在团队中的重要性,那么整个团队的胜任感也会相应增强。因此,在工作场景中,胜任感不仅是个体层面的需要,也是团队协作和组织成功的关键因素。

管理者在创设支持性的工作环境中起到关键作用。为员工提供必要的培训和工作资源,设置合理的工作目标,给予及时和建设性的反馈,以及认可员工的成就,都是提升员工胜任感的有效方法。值得注意的是,胜任感不仅取决于任务能否顺利完成,它更多关注的是个体技能与面对的挑战水平之间的匹配。在日常工作中,随着时间的推移,个体在当前领域内的技能水平都会随着经验的积累而不断提升。所以,优秀的管理者或许可以在工作中对工作任务的难度进行动态调整。相比一开始就布置过于高难度的任务,随着个人的经验增长逐步增加新的挑战,可以更有效地激发员工的内在动机并将其维持在较高的水平。

3. 归属需要

在工作中,归属需要扮演着重要角色。归属感是指个体在社会互动中感到被接纳、理解和关怀的心理状态。在职场中,这种感受通常源于与同事、上级和组织整体建立的积极联系。归属感的满足对员工的工作满意度、工作投入和忠诚度有着深远的影响。当员工感到自己是团队和组织的重要一员时,他们更可能展现出更高的工作动机和更好的绩效。这种感觉还有助于降低工作压力和提高工作幸福感,因为员工感到自己的努力和存在是被认可和有价值的。

管理者通过塑造开放和包容的组织文化,可以提升员工归属感。这包括鼓励团队合作、提供有效的沟通渠道及确保员工意见被听取和尊重。例如,定期的团队会议和适度的社交活动可以增强团队成员间的联系,透明的沟通和公平的决策过程则有助于员工感受到组织对其的尊重。此外,认识到并庆祝员工的个人成就和贡献也是培养归属感的重要方式。当员工的成果被认可,他们不仅会感到自己的工作有意义,而且感觉自己是团队和组织不可或缺的一部分。关于工作场景中归属感的满足,请大家思考以下三个问题。

问题一:从定义上看,在工作场景中什么样的关系能称为有意义的联结?

在工作中,人们每天都会接触不同的人,如会添加很多人的微信,这种社会互动本身就是一种建立联结的过程,但这种弱联结并不能很好地满足人们的归属感,因为这类联结并不是有意义的。只有双方进行深入交流,保持一定频率的联系或者就某个问题达成共识、产生共鸣时,个体才会感知到归属感。

问题二:团队招募了一批新成员,管理者应该如何帮助这些员工快速适应工作环境并获得归属感呢?

在工作场景中,将新入职的员工纳入一个项目组并与之并肩作战,能有效地培养类似于"战友情"的紧密联系,并让其获得归属感。当团队成员为了实现项目目标而共同努力时,共同的追求和目标感促进了彼此间的联系。在项目中取得的每个成功都不是孤军奋战的结果,而是团队成员相互支持的结晶。这种在工作中的相互依赖性不仅强化了信任和协作,而且在克服困难和庆祝成就时,共同的经历会增强他们的归属感和团队凝聚力。通过这样的工作经历,员工不仅合作完成了任务,而且在情感上建立了深厚的联结。

带教制或导师制也可以帮助新人更好地建立归属感。新人刚进入团队时,由于大家比较陌生,不太会有老员工愿意主动抽出时间帮助新人适应环境。通过建立带教制度,导师会履行其职责,花时间对新人进行全方位指导,此刻建立起的联结甚至会稳固地持续到多年以后。除此之外,举办团建活动也可以帮助新人迅速在团队"着陆"。有一个经典的团建素拓项目叫作"背摔",即从团队中选出一个人站在高台上,背对伙伴自由落体,这意味着必须把自己的人身安全完全托付给其他的同伴,这样的活动也有助于快速地建立信任联结。

问题三:获得归属感对于外向者和内向者都很重要,但部分内向的团队成员不一定乐于参加群体活动,管理者如何满足这类员工的归属需要?

带教制度能有效满足内向员工的归属需要。一对一的沟通为内向员工提供了舒适的交流环境。导师能够帮助其建立起一种信念：无论遇到任何困难或有任何诉求，总有人会支持我。由此，内向员工可以与导师建立起有意义的联结。

深入探讨自我决定理论在工作场景中的应用后，我们已充分认识到该理论在理解和提升工作动机方面的重要性。作为该理论的核心支柱，自主性、胜任感和归属感为我们提供了重要的分析框架，帮助我们理解如何在职场中通过满足这些基本心理需要来激励员工、提升工作效率和员工福祉。

▶ 5.5 工作意义感：意义追寻重塑工作体验

组织行为观影团：TED 演讲——是什么让我们对工作感到满意

What makes us feel good about our work？（出人意料的工作动机）的演讲者是丹·艾瑞里（Dan Ariely），他是一位著名的行为经济学家，著有《怪诞行为学》等多本畅销书。在这次 TED 演讲中，他向听众介绍了许多关于动机的引人入胜的故事。

首先，艾瑞里从西西弗斯的传说讲起。西西弗斯是希腊神话中的一个人物，因触怒了诸神，他受到了惩罚，众神要求他每天都把巨石推上山顶。但由于巨石是球形的且过于沉重，每次未到山顶就滚落下去，导致前功尽弃。而西西弗斯的工作就是重复这样的劳动，每天周而复始，他的生命也就在这样毫无意义的劳作中消耗殆尽。这样无聊、机械的工作能够最大限度地消磨人们的耐心，也被很多人用来折磨他人。狱警仿照这一模式对逃狱未遂的服刑者进行惩罚，让服刑者每天都去挖洞，但是一旦洞快要成形就让他们回填，之后再让他们接着挖。如此反反复复的劳作对于服刑者而言，也构成了一定程度的精神折磨。为什么这类没有意义的工作会让人们备受煎熬呢？其背后的原因是，很多时候我们在一件事上付出了时间和精力，本质还是希望能够有所收获或产生影响，这样才实现了生命的意义和价值。每个人都不希望反复做无用功，如果做一件事却看不到任何价值和意义，那么会在很大程度上导致人们的动机水平降低。

接下来，艾瑞里向听众介绍的现象是"宜家效应"，该效应解释了宜家品牌畅销全球的原因。其实，宜家的产品质量可能仅仅处于中等水平，并且宜家很多时候只出售半成品或零部件，人们需要回家自行组装家具。看似耗时又费力，但这恰恰就是宜家成功的秘诀所在。自己动手组装家具看似烦琐，实则大大提升了消费者的参与度，人们在这样的活动中付出了汗水与努力，家具在人们心中的附加价值变高了，人们自然也就对其更加珍视。许多研究也得到了类似的结论，即个体付出的努力越多，就越珍视取得的成果，相应的动机水平也会越高。一个类似的例子是，一家公司在美国市场上推出了一款蛋糕预拌粉，其操作简单，只需要兑水拌匀放进烤箱，不一会儿香喷喷的蛋糕就可以出炉了。如此方便的产品能够极大限度地减轻家庭主妇的负担，让她们腾出时间完成其他家务。但是令人惊讶的是，该产品的市场反响惨淡，销量出人意料的差。公司在进行市场调研后发现，家庭主妇不愿意使用蛋糕预拌粉的原因是使用预拌粉做出的蛋糕体现不了自己作为全职太太应有的价值。于是，公司"别出心裁"地对预拌粉的配方进行了调整，取消了鸡蛋和牛奶这两种原材料。也就是说，这款新的蛋糕预拌粉的使用步骤更复杂了：消费者除了要准备蛋糕粉，还要准备水，牛奶和鸡蛋也要自行添加，如此才能烤制出一枚完整的蛋糕。改良的蛋糕预拌粉再次进入市场，受到家庭主妇的广泛好评。由此可见，人们还是希望劳动成果能够体现出自己一定程度的付出和投入的。

艾瑞里在演讲的结尾提到了两位名人的观点：一位是"现代经济学之父"亚当·斯密，另一位是无产阶级的精神领袖卡尔·马克思，二位对于工作动机的理解及强调的内容是不同的。斯密强调效率，认为工作是为了获取劳动报酬，应该通过经济学的手段即物质奖励来提高人们的工作动机；马克思强调意义，认为工作是目的而不是手段，工作是为了更好地追寻人生的价值和意义。艾瑞里认为，前者在特定的历史阶段，如工业革命时期是有效的，但在人们生活的基本需求已经被普遍满足的当下，马克思的观点或许更加符合当代的实际情况，更能反映人们的追求。

每年都有许多机构开展员工的工作满意度调查。结果显示，大多数"打工人"并不认为自己的工作有价值，这也是他们无法由衷地热爱并全身心投入工作的原因所在。那么，什么是工作意义感？是什么赋予了一份工作价值和意义呢？工作意义感是指人们对自身工作价值的感知，即认为自己的工作职责很重要，对组织和社会而言也有着宏大的意义。由此可见，工作意义感的来源有三个：一是自我价值，比如，这份工作是否实现了员工自身的价值，"我"是否从中获得成就感，心理需要获得满足，有所成长和收获；二是组织价值，比如，"我"可以帮助组织实现愿景和目标，从而为整个组织的成功作出贡献；三是社会价值，比如，"我"所完成的工作是否给社会作出了贡献，让他人从中受益。研究表明，人们在找工作时，工作意义感是一个重要的考察指标，人们对它的重视程度甚至超过收入、工作稳定性、晋升、人际关系等。尽管在具体排序方面存在个体差异，但不可否认的是，大多数人都认为工作是否有意义对自己来说很重要。

事实上，再平凡的工作也有不平凡之处。面对一份平凡的工作，人们仍然有机会感知到较高的工作意义。相对而言，清洁工的工作是枯燥、乏味的体力劳动，工作强度高且工作环境一般。因此，很多人认为这份工作难登大雅之堂，但一位在美国国家航空和宇宙航行局（NASA）工作的清洁工显然不同意这一观点。20世纪60年代，时任美国总统肯尼迪对NASA提出了很高的要求——几年内要实现载人航空技术的巨大跨越并完成宇航员登月。那些年间，NASA的全体职员都为之而努力。有一天,肯尼迪亲自探访NASA基地,随机询问了一位清洁工,问题是:"你的日常工作是什么?"这位清洁工的回答却很出人意料。他答道:"我的工作是助力于载人航天事业。"他没有回答说是打扫卫生或清理垃圾,而是回答自己的工作是"助力于载人航天事业",认为自己也参与到了宇航员登月的计划中。由此可见,当员工感知到个人的工作与组织愿景间的联结后,员工不再认为其日常工作是日复一日的短期任务(比如打扫卫生),而是与组织长期目标一致的共同追求(比如我正在助力人类登月、推动科技进步),这种认知为工作赋予了全新的意义,可以有效提升员工的工作动机和工作效率。如今,电影放映结束后,大屏幕会滚动播放一长串工作人员的名单,甚至包括司机和厨师。虽然普通的电影观众对此并不关心,但是对于参与了电影制作的工作人员而言,自己的名字能出现在致谢名单中是一种极大的鼓舞与激励,会使其感觉到自己的工作是有价值的。制作致谢名单相比于制作电影本身的成本显得九牛一毛,但这个小小的举措对于电影业的普通从业者来说却很受用。

那么,请你进一步思考,究竟有什么方法可以帮助员工建立个人的工作与组织愿景之间的联结,从而感知到工作意义呢?近年来,工作项目变得越来越复杂、庞大。之前可能一个人全权负责一个项目,由于工作表现与工作产出明确挂钩,建立起自身工作与对组织的贡献间的联结很容易。如今,一个项目可能需要成千上万人共同完成。也就是说,越来越多的人成为公司中一颗小小的螺丝钉,个体存在与否对于项目的影响显得微不足道,个体在这种情况下会感到工作意义感的缺失。因此,在当今的组织中,管理者应当采取的举措是让员工清晰地意识到自己是至关重要的,对组织作出了独有的贡献。换言之,要帮助员工建立起个体贡献与团队甚至组织取得的成绩之间的联系。

帮助员工重寻工作意义是组织行为学研究者们一直致力于解决的难题,而提升员工对于自身工作的社会价值感知是一种有效的举措。设想一下,如果你是一名将工作仅视为维持生计手段的客服人员,在面对那些"难缠"的顾客时,你可能会认为他们只是给自己的工作制造麻烦。但是换位思考一下,其实这些顾客也非常需要获得客服帮助。虽然客服的工作忙碌、辛苦,但实际上也帮助到了数以万计的人,这份工作本质上是非常有意义的。因此,管理者要做的是帮助客服人员建立起新的认知,让他们意识到为他人提供服务的本质是在帮助他人。我们可以通过邀请客户分享的方式,让客服见证自己工作的影响力,并意识到自己工作的重要性。例如,寿险公司的售后客服通常应对的情况都是客户因遭遇意外需要理赔。这种情况下,来电者的心情糟糕,这种负面情绪也会传递给客服本人,导致他们压力骤升,长此以往甚至会产生心理问题。因此,这类客服非常需要通过工作意义感来维持较高的工作动机。为此,国外一家保险公司采取了这样的对策,它们每年都会邀请投保后成功获得理赔的客户来进行分享,组织分享会活动本身成本不高,但其产生了显著的效果。分享会为客服人员提供了直接面对客户的机会,倾听客户分享自己的故事以及由于投保而获益的经历(图 5.2)。这给员工带来一定的触动,使他们意识到自己的工作切实地帮助了一个个真实鲜活的家庭。宾夕法尼亚大学护理学院每年会邀请 10 位护士来分享自己的故事。护士的工作也类似于客服,高付出、低回报,但仍然有很多人坚守在一线岗位上,其中一个重要原因就是他们意识到了平凡工作背后的价值和意义。这种分享故事的方式有助于传递正能量,启发更多人去思考工作的价值,从而更好地满足自身的自我决定感,提升工作动机。

图 5.2　保险公司组织的理赔客户分享会

再举一个例子,相比临床医生,放射科医生每天直接接触患者的机会很少,大多时候都身处暗房对着仪器工作。虽然他们经手了一批又一批的 X 光影像,但当患者因及时救治获益时,却很少想起要感谢他们。这份工作虽然需要专业知识,但相对枯燥无味,更像是机械的重复劳动,随着时间的推移,有些人会感受不到工作的意义所在,表现出的工作动机水平较低。那么,能否从提升工作意义的角度出发,想出一种简单而有效的方法帮助提升他们的工作动机呢?研究者对放射科医生的工作进行了一种简单而有效的干预:除了常规的 X 光影像,医生们还会收到一张病人的照片,这让医生们意识到自己是在为病人解读 X 光影像,是在帮助一名名活生生的病人,而不是单纯地浏览一张张冰冷的 X 光片,这让他们从中感受到了医生这份工作救死扶伤的意义。干预结果显示,放射科医生收到病人的照片后,出具分析报告的长度增加了 29%,报告的准确性提升了 46%(图 5.3)。

医院的其他场景中也可以应用类似的工作意义干预。在医院中,保持无菌的工作环境至关重要,但医护工作者由于工作繁忙,难免会出现忘记洗手或清洗不充分的情况。那么,能否通过提升工作意义感的方式来解决类似的问题呢?有学者开展了一项田野实验,将"提醒洗手"的具体标识内容作为操纵的实验条件,医护工

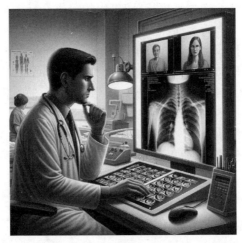

图 5.3　针对放射科医生的工作意义干预示意图

作者在不知情的情况下参与了实验。控制组采用的标识沿袭过去的传统,上面写着"勤洗手";实验组一的标识强调洗手这件事对医护工作者自身的重要性,上面写着"勤洗手可以预防你感染疾病";实验组二的标识则强调洗手这件事对病人的重要性,上面写着"勤洗手可预防患者感染疾病"。研究结论十分有趣,被分到控制组的被试洗手的概率在前后没有显著的变化;如果强调的是洗手对于医护人员个人的重要性,其洗手的概率甚至有所降低,尽管差异不显著;实验组二的被试洗手的概率显著提高。由此可见,如果标识强调的是洗手在保证患者健康方面的重要作用,医护人员会更加注意充分清洁双手。综上所述,虽然人们普遍认为自己工作是为了挣钱、是为了维持生计,并没有特别想要去追求工作的意义和价值,但是行为不会说谎。在大多数工作中,我们还是非常关注自己的工作是否对他人有所帮助、是否提升了社会层面的福祉。因此,管理者可以通过让员工认知到自身的工作对他人产生积极影响的方式,来帮助员工探寻工作意义,提升工作动机。接下来,请思考以下几个进阶问题。

问题 1:面对螺丝钉式的工作,如何让员工发现工作的意义?

请设想你是一名汽车生产线上的装配工,工作内容是按照指示把手头的零部件安装到传送带运输过来的汽车半成品上。这份工作不仅需要你忍受车间中的粉尘和噪声,并且枯燥无味。你要一整天都站在生产线旁待命,生产线一刻不停转,你就不能停下手中的工作,工作极其缺乏自主性。此外,由于这份工作属于体力劳动,技术门槛不高,提供的工资也不算高。可想而知,汽车装配工的工作满意度很低,离职率也居高不下。管理者可以通过哪些方法来帮助这些员工追寻工作的意义,从而提升其工作满意度、降低离职率呢?

一家汽车制造商最终采用的做法是改变生产线的布局,让处在生产线任何位置上工作的员工都能够看到一辆汽车装配完成的那一刻。虽然工人每天都在工作,但通常活动区域受限,对于整体的生产线也缺乏认知。每名员工能参与到的只是复杂的生产流程中的某道小工序,如果有机会了解完整的生产线,见证汽车从无到有的生产过程,会更充分地意识到自己的工作是汽车生产中不可或缺的一环,从而能更好地理解这份工作的价值所在,工作意义感会因而提升。此外,这家公司还采取了一个具有巧思的举措:在生产线旁设置了一个停止键,按下后整个车间的流水线都会暂停。也就是说,任何人在必要时都可以按下停止键。这一按键的设置让员工感受到自己对车间的生产和运作有了一定的掌控权,工作满足了一定的自主性。暂停流水线对于生产造成的影响其实非常大,通常情况下没有人会按下该键。但是有了这个装置之后,员工们普遍觉得自己有了自主选择的权利,产生了自我决定感和责任感,并带来了更高的意义感知。

问题2:如果员工在一份工作中具有较高的工作意义感,但由于种种原因这份工作因为被迫终止、失去了原本的意义,应如何让员工重新找回工作意义感?

想象一下这样的场景:在一家大型软件开发公司中,一个项目组花了整整一年的时间专注于开发一款软件。然而,由于市场形势的快速变化,该产品尚未发布就被公司战略部门认为不具市场价值,项目因此被取消,组员们的努力随之付诸东流。面对这样的情况,作为管理者应该如何向员工传达这个不幸的消息?首先,管理者需要体现出同理心,通过换位思考理解团队成员的感受;管理者应当表达自己充分看到了团队成员对公司作出的贡献,并保证他们的待遇不会因项目取消而受影响。其次,应向员工说明,项目失败并非因他们能力不足,而是外部环境所致,以免员工对自身能力产生怀疑。最后,要强调这次项目积累的经验在未来工作中仍将发挥重要作用,大家的努力并没有白费。

以上场景是发生在微软的真实案例。微软员工在一个项目上耗费了两年时间,项目被突然取消,管理层却仅通过邮件通知员工。这导致员工士气大挫,出现了摸鱼、旷工现象,许多员工选择离职。为避免类似情况的发生,微软咨询了组织行为学家。专家建议举办组织分享会等交流活动,邀请项目组员工与同事分享他们的项目经验。这让项目组员工站在了聚光灯下,让其他员工了解到他们对公司作出的重要贡献并从中学习宝贵经验。换言之,组织通过公开表彰员工的贡献,降低项目终止带来的负面影响,帮助员工重新找回工作意义感。

问题3:**工作意义很重要,那是否应当强调和拔高工作意义?**

事实上,工作意义也有黑暗面。工作意义的一个主要来源是社会价值的实现,即个体的工作对社会产生的积极影响。如果这方面所承载的意义过高,也会造成一些潜在的问题。

比如,学术研究显示,工作意义感给动物园的饲养员戴上了道德的枷锁。他们的工作环境恶劣,在各种恶劣天气下都必须坚持长时间的体力劳动,工资水平和付出更是不成正比。因此,在欧美国家愿意从事这份工作的通常都是喜欢小动物、愿意为此用爱发电的群体。他们出于对小动物的由衷喜爱与关心,愿意去忍受这份工作的不完美之处。他们也认为自己的工作是有社会价值的,在帮助小动物的同时,也是在保护整个地球,是为保护自然环境作出贡献。为什么工作意义感在这份工作中存在黑暗面呢?这是因为饲养员在受到工作意义感的感召而坚守岗位的同时作出了太多牺牲。比如,他们牺牲了私人时间,无法享受正常的假期;他们放弃了舒适的工作环境,需要露天作业;他们的工作过于辛苦,因此患上了一系列职业病。在这种情况下,工作意义感反而成为无形的道德枷锁。每当他们产生离职的念头,心里就会有一个声音响起,"你不是因为这份工作有意义才选择它的吗?你为什么要中途退出?你之前坚持的信念都是错的吗?"这样的道德枷锁给动物饲养员的日常工作造成了极大的心理负荷。长此以往,对其身体和心理健康产生了严重的负面影响。

作为管理者,我们应有所启发。管理者的确应当帮助员工去积极探寻工作的意义,特别是当员工因工作意义感的缺失而缺乏工作动机时。不过,管理者不能以此为手段去过度夸大一份工作的价值,对员工进行道德绑架。类似举措产生的效益并不长久,管理者更应关注员工的身心健康和基本心理需要的满足。

拓展阅读　追梦人还是螺丝钉?——意义追寻重塑工作体验

▶ 本章小结

(1) 动机指的是个体行为的驱动力。个体行为的方向、强度和持续时间构成了动机的基本要素。

(2) 目标设置理论认为,目标是个体想要达到的标准或目的。目标具有工具性,能够帮助人们将需要转化为动机,并沿着正确的方向努力,最终实现目标。在设置目标的过程中,需要注意以下三点:一是尽可能设定具体明确的目标;二是明确目标的难度与广度;三是保证对目标的承诺。

(3) 个体会设定不同类型的目标。一类是指向内在动机的掌握型目标,设置这类目标的个体是被任务本身所驱动,关注的是从事任务本身带来的收获。另一类是绩效型目标,即个体在特定活动或任务中追求展示高水平的能力或避免展示低水平能力的目标。这种目标的核心是对于自己的能力表现和他人评价的高度关注,而不是专注于学习和掌握新技能。

（4）公平理论认为,员工会将他们从工作中的获得与在工作中的投入进行计算,然后将自己的投入/获得比与选定的参照对象进行对比。如果人们认为自己的投入/获得比与参照对象一致,会认为自己所处的环境是公平的。

（5）组织公平是指个体对工作场所公平性的整体感知,其三个重要维度分别是分配公平、程序公平和互动公平。

（6）自我决定理论认为,如果个体从事一项活动的原因是活动本身具备特定的特征,则驱动力来源于内在动机；如果是为了获得奖赏或避免惩罚,则受外在动机驱动；外在自主性动机则源于活动有意义和价值。相比于单纯的外在动机,内在动机和外在自主性动机是更健康、持久的行为驱动力。

（7）自我决定理论认为人类存在具有普适性、与生俱来的自主、胜任、归属三种基本心理需要。三种心理需要得以满足,人们的内在动机或自主性动机就会增强。

（8）工作意义感指的是人们认为自己日常工作的职责很重要,有更宏大的目的。提升员工工作意义感的途径包括：让员工感知到成长和收获；建立起员工的个体贡献与团队甚至组织取得的成绩之间的联系；让员工认知到自身的工作对他人产生的积极影响。管理者应合理构建工作意义,但不应过分拔高意义,对员工形成道德绑架。

第6讲

群体与团队：合力创造奇迹

挑战者号航天飞机(Challenger)的发射日期定在1986年1月28日。27日晚上，由于预测到佛罗里达州肯尼迪航天中心次日早晨的气温异常低，美国国家航空和宇宙航行局(NASA)的官员与固体火箭助推器制造商Morton Thiokol的工作人员临时召开了电话会议，讨论是否应该推迟挑战者号的发射。这是一个艰难的决定，相关人员面临着极高的压力和决策风险，必须在极短的时间内作出决策。

在会议中，NASA官员强烈主张按原计划发射火箭，因为挑战者号的发射已经推迟过多次，而且公众关注度很高。相反，Morton Thiokol的工作人员建议推迟发射，因为他们担心低温下固体火箭助推器的O形环会失效。两种观点引发了严重冲突，增加了决策的难度。另一复杂因素是，支持O形环可能失效的数据并不完整。虽然气温将低于曾安全飞行的温度范围，但由于之前的成功纪录，一些NASA官员对在低温下发射仍然有一定信心。最终，团队在数据不完整和高公众关注度的情况下，决定在第二天早晨如期发射挑战者号。然而不幸的是，发射后不久，挑战者号发生了灾难性的事故，7名宇航员不幸遇难。

挑战者号的灾难涉及多个因素，包括决策者对团队成员知识的使用不当、决策中涉及过多人员，以及团队成员缺乏心理安全氛围来表达不同意见等。从这次事故中，我们可以总结得出许多重要的教训，包括如何有效利用团队成员的知识和技能，合理确定决策的参与者，营造有利于开放表达和沟通的团队氛围等。优化团队决策过程将有助于人们实现最优结果，并在面对重大挑战时作出明智的选择。

▶ 6.1 物以类聚，人以群分：群体的基础知识

在现代企业中，团队(team)被视为组织的重要基石。它们广泛分布于组织的各个领域，涵盖从研发到客户服务等多个职能部门，并且跨越从高级管理层到普通职员的不同层级。一些团队表现出色，取得了显著的成功；另一些团队则面临挑

战,未能取得预期的成果。因此,如何提高团队的运作效率,实现"1+1>2"的效果,成为组织需要深入思考和亟待解决的重要问题。我们首先将探讨群体(group)的基本概念,为更好地理解团队的概念和运作方式奠定坚实的基础。接下来,我们将详细介绍团队的概念并探讨影响团队绩效的关键因素。通过深入理解团队的本质和运作机制,我们将讨论如何更加高效地领导、管理和参与团队活动,为组织的成功贡献更大价值。

6.1.1 群体的定义与分类

群体是由为了实现特定目标而聚集在一起、形成互动和相互依赖关系的两个或更多个体组成的。个体可能因为职业、种族、性别、人格和其他特定类型的因素而形成群体。群体通常具有以下几个特征:①共同利益或目标。成员在加入某一群体时,往往受到某种共同因素的影响,因此,他们之间具有共同的利益或目标。②心理认知和行为的相互影响。群体的成员会相互作用和相互影响,这种影响在心理认知和行为方面都会体现出来。③共同的价值标准和行为规范。群体的成员会形成共同遵循的价值标准和行为规范,这使得每个成员的行为都能符合群体的要求。

在组织中,群体可以分为正式群体和非正式群体。正式群体是由组织结构所界定的,其成员根据工作岗位来确定工作任务。在正式群体中,个体成员的行为被组织的目标和任务所规定,并且他们的工作致力于实现组织的目标。例如,在推出新产品时,由产品研发人员、市场营销专员、销售人员和财务专家等不同岗位的成员组成的项目团队就是一个正式群体的例子。相反,非正式群体通常由人们在日常活动中自发形成,其成员可能因拥有相同的兴趣和爱好、共同或相似的利益、观点、社会背景、经历或者居住在相近地区而聚集在一起。这些非正式群体通常能够满足员工的社交需要。例如,在工作中,来自不同部门的员工定期共进午餐就是一个很好的非正式群体的例子。在摩托罗拉公司,一些员工自发组成了全面客户满意群体,他们在提升公司产品质量和提高客户满意度方面发挥着至关重要的作用。在非正式群体中,成员之间的互动虽然是非正式的,但它们能够显著地影响成员的行为和绩效。在某些情况下,非正式群体甚至比正式群体更具凝聚力。因此,作为管理者,应当重视非正式群体对于组织目标的影响。管理者应当积极地支持并鼓励非正式群体在缓解员工压力、提高员工士气等方面的作用,同时纠正和引导那些对组织不利的非正式群体,以确保它们对整个组织目标的实现和员工的利益产生积极的影响。

6.1.2 社会认同与社会分类

你是否曾经停下来思考过,你是如何形成自己的身份认同的?或者你是否曾经想知道,为什么你在某个群体中比在另一个群体中更强烈地感到归属感?下文中的组织行为工具箱可以快速检测你对某个群体的认同程度。社会认同理论(social identity theory)描述了个体如何通过将自己与某个社会群体联系在一起来建立自己的身份认同。个体通常会依据自己的特征和属性,如外貌与人格特质、文化与民族特征、兴趣爱好、职业与工作岗位以及经济地位等,将自己视为特定社会群体的一员,并且根据自己所属的群体,产生对该群体的积极评价,从而增强自己的自尊和自我价值感。换言之,社会认同理论强调个体在社会中是如何寻找身份认同,并将个人的自我价值与所属群体联系起来的。例如,在一个国际企业中,不同国家的员工可能会因为具有相同的文化背景而形成自己的社会群体,如法国员工会形成一个"法国群体",中国员工形成一个"中国群体"。这些群体代表了员工的社会认同,激发着他们对自己国家文化的认同感和自豪。再如,在一个负责新产品开发的正式群体或团队中,成员会认同所在团队为"创新团队",对团队的成果感到骄傲,并与其他竞争对手团队进行比较,以强化团队的凝聚力。

以上的例子说明,社会认同理论还涉及群体间的比较和竞争。个体往往倾向于将自己所属的内群体(in-group)与外部群体(out-group)进行比较,并在这种比较中寻找自我肯定。这就引出了与社会认同理论密切相关的社会分类理论(social categorization theory)。当个体将自己和他人划分为相同或不同的社会群体后,会根据这些群体的特征来形成对他人的认知和态度。通常情况下,个体对内群体成员持有更积极的认知和态度,对外部群体成员则持有更消极的认知和态度,甚至可能会出现歧视或不公平对待外部群体成员的情况。简单来说,我们可以把社会分类理论想象成一个大型的社交"标签"系统,帮助我们快速对周围的人进行分类。在企业中,很容易找到社会分类理论的应用。想象一家拥有不同生产线,比如汽车零部件生产线和电子产品生产线的制造公司。每个生产线的员工往往会因为有共同的职业特征和工作目标而形成自己的社会群体。然而,这种社会分类可能会产生对外部群体的偏见和误解,导致不同生产线之间的合作受阻,影响企业的整体发展。

组织行为工具箱:关于您所在的群体,您赞同以下说法吗

1. 当我谈论这个群体时,我通常会说"我们"而不是"他们";
2. 我为成为这个群体的一员感到骄傲;
3. 如果群体内的其他成员了解我,他们会尊重我的价值观;
4. 当有人批评这个群体时,我感觉就像是对我的个人侮辱;
5. 我对别人对这个群体的看法非常感兴趣;
6. 这个群体的成功就是我的成功;

7. 当有人赞扬这个群体时,我感觉就像是对我个人的称赞;
8. 如果媒体上有关于这个群体的负面报道,我会感到尴尬。

说明:非常同意计 7 分,同意计 6 分,有点同意计 5 分,中立计 4 分,有点不同意计 3 分,不同意计 2 分,非常不同意计 1 分。总分越高,表明你对这个群体的认同越高。

资料来源:MAEL F,ASHFORTH B E. Alumni and their alma mater:a partial test of the reformulated model of organizational identification[J]. Journal of organizational behavior,1992,13:103-123.

考虑到社会分类可能带来的负面影响,管理者要注意在增强员工认同感的同时避免产生不良的群体心态和排斥他人的行为。首先,为提升员工的组织认同感,管理者可以明确强调公司的核心价值观和文化,激发员工对公司的认同感。通过定期举办有意义的员工活动、培训和团建活动,让员工有机会认识彼此和深入交流,加强员工之间的联系,建立积极的人际关系,进而提高员工对组织的认同。其次,为避免产生不良的群体心态和对立的局面,管理者需要进行多元化管理,尊重和包容员工的多样性,避免歧视和偏见,创设一个包容性和公平的工作环境。此外,管理者应避免不同群体之间的分裂,以及形成过度竞争和对立的局面。

6.1.3 群体的属性

1. 成员角色

角色(role)是指人们在某个社会单元中占据特定位置时被期望表现出的一套行为模式。无论是在工作场所还是在生活中,我们都需要扮演多种不同的角色。就像演员会在不同的电影角色中展现出不同的一面,我们也在不同的社会角色中表现出不同的特质和行为。因此,要理解一个人的行为,就需要了解他所扮演的角色。让我们看一个例子(图 6.1):在工作中,一名员工可能同时扮演多种角色。他可能是一个项目组的领导者,负责带领团队达成目标;而在另一个团队中,他可能只是一名普通的组员,只需尽职尽责地完成被分配的任务。同时,在公司的社交活动中,他可能是一个友好的同事,与大家愉快交流;在家庭聚会中,他是一个负责的家人,尽心尽力地响应家人的诉求。这些不同的角色要求他展现出不同的特质和行为,以适应不同的社会场景。

社会期望(role expectation),即他人对于个体在某个情境中应当如何行事的期望,会在很大程度上影响个体的行为。当一个人扮演某个角色时,周围的人会根据该角色的常规行为来期待他的表现。继续前文的例子,当这名员工扮演团队领导者角色时,他会被期望为团队设定目标和方向,合理分配资源、安排工作任务,并且能够关注到团队成员的发展需求、帮助团队成员实现个人和职业目标。同时,因

图 6.1 个体在不同群体中扮演不同的成员角色

为他还在另一个团队中扮演普通组员的角色,他会被期望听从领导安排,按时完成任务,并与团队成员进行有效合作。在家庭中,他可能被期望扮演父亲的角色,提供爱与关怀,并为子女提供必要的支持和引导。这些社会期望可能对这名员工产生积极或消极的影响。一方面,这些社会期望可以促使他更加努力地工作,以符合他人的期待。另一方面,这些期望可能会使他感到压力倍增。小说《无声告白》中有一句经典的话,"我们终此一生,就是要摆脱他人的期待,找到真正的自己"。

当一个人扮演多个不同的社会角色时,可能会面临角色冲突(role conflict)。角色冲突是指在不同的社会角色中,个体所扮演的角色之间存在矛盾或不一致,导致个体感到困惑或无法同时满足不同角色的期望。我们仍然继续前文的例子,这名员工既是项目组的领导者,又是另一个团队的普通组员,这两个角色之间可能存在冲突。作为领导者,他需要作出决策、分配任务并督促团队成员完成工作;但作为普通组员,他需要服从他人的领导,按时完成被分配的任务。当项目组的任务紧急且需要他全身心投入时,他可能无法兼顾另一个团队的工作,从而引发角色冲突。此外,工作可能要求这名员工加班加点,但妻子可能需要他陪伴子女。在这种情况下,他会感到分身乏术,无法同时满足工作和家庭的期望,产生角色冲突。

角色冲突可能会给个体带来压力和焦虑,因为他们感到很难做到在不同角色中都表现得完美。解决角色冲突的关键是寻找平衡点,员工可能需要灵活地调整自己的行为和优先级,以适应不同角色的要求。在工作场所,员工可以与领导和团队成员沟通，寻求合理的工作安排和支持；在家庭中，员工可以与家人坦诚交流，共同寻找适合家庭生活的平衡点。通过积极的沟通和自我调整，个体可以更好地处理和应对角色冲突，保持心理健康以及工作、生活的平衡。

2. 规范

规范（norm）指的是关于行为的非正式规则，它们是对于在特定社会环境中何为恰当或不恰当的指导，也代表着个体对于什么是常见行为或大多数人所做行为的感知。简单来说，群体规范让成员知道自己在特定的情境下应该做什么、不应该做什么，是一种行为的引导标准。规范涵盖了群体行为的方方面面。

在组织中，最常见的规范之一是任务绩效规范。这个规范阐明了员工应该努力工作，并保质保量地完成公司与领导安排的工作任务。举个例子，公司的销售团队通常有一个规范，期望团队成员每个月完成一定数量的销售额。这一规范促使销售团队成员竭尽全力与客户沟通、推销产品，以达成销售目标。

另一个重要的规范是组织公民行为规范，它指导员工积极参与组织的活动，帮助组织中的其他成员，并为组织的利益着想。例如，在一个科研团队中，如果存在组织公民行为规范，团队成员之间会相互帮助，共享资源和信息，以推动研究项目的进展。这种组织公民行为规范有助于增进团队合作，共同实现项目的目标。然而，组织中也可能会存在职场偏差行为规范，即员工认为职场偏差行为是大多数成员都会从事的、不会受到惩罚甚至符合规范的行为。当员工感知到职场偏差行为规范时，他们也会从事一些不诚实或不负责任的行为，如盗窃公司财物、滥用公司资源、谎报工作时间等。

规范在很大程度上是通过对成员构成从众压力（conformity）而对其行为产生影响的。这种从众压力来源于个体天生的社会性本能，即渴望融入社会并得到认可。遵循规范可以增加个体在群体中的认同感和归属感，使其感觉自己是群体的一部分，会得到他人的认可和支持。同时，个体可能会害怕被孤立、批评或失去群体支持，因此选择从众，以避免不利的后果。此外，在面对不确定的情况或缺乏信息时，个体往往会倾向于观察他人的行为，并将其作为自己决策的依据。这意味着，从众行为可以降低决策的风险和不确定性。

一个经典的从众实验是20世纪50年代美国社会心理学家所罗门·阿什开展的"线段实验"（Asch conformity experiment）。在实验中，每名学生被试（以下简称"被试"）被安排和其他7名同伴一起参与一个"视觉实验"。但实际上，其他同伴都是研究人员雇来的演员。每名被试首先会看到一张带有一条线的卡片，接下来会看到一张带有三条比较线（标记为A、B和C）的卡片（图6.2），其中一条线与第一张卡片上的线长度相同，其他两条线则明显不同。然后，研究人员要求每名被试说出哪条线与第一张卡片上的线长度匹配。在实验之前,所有演员都接受了关于如何应对每一轮实验的详细指导。他们总是一致地回答其中一条比较线与标准线相匹配;在某些试次中,他们会给出正确的答案,在其他试次中则给出错误的答案。7名演员会坐在一起,以确保真正的参与者总是最后作答。被试共完成18轮实验。在前两轮实验中,被试和演员都给出了正确答案。但是从第三轮实验开始,演员会一致地给出相同的错误答案。这种错误回答在剩余的15轮实验中多次出现。研究关注在这12个"关键试次"(第3轮实验+演员都给出相同错误答案的11轮实验)中有多少被试会改变他们的答案,从而与其他7名演员保持一致,即使答案是错误的。阿什的实验还设置了另一种控制条件(即对照组),即让被试独自进行测试,房间里只有研究人员在场。总共有50名实验组被试和37名对照组被试参与了实验。结果显示,在对照组中,即在没有压力去迎合演员的情况下,被试的错误率不到1%。而在有演员施加压力的实验组中,大概75%的参与者在12个关键试次中至少给出了一个错误答案,而这些错误答案通常与7名演员的错误回答一致。阿什对研究结果的看法是:"那些聪明、善意的年轻人竟愿意把黑说成白,这是令人担忧的事。"

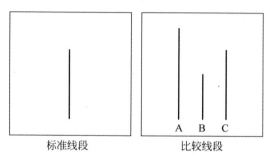

图 6.2 阿什实验中使用的卡片示例

学术前沿:成年人仍然无法抵抗:社交机器人能引发规范性从众

社交机器人被广泛用于我们生活和工作的各个领域。在一项以经典的线段实验为基础的研究中,作者发现社交机器人能够影响参与者的规范性从众行为。研究还探讨了将机器人定位为与大多数人持不同意见者是否能够减少参与者的从众行为。结果显示,当社交机器人与大多数人意见不同且答案正确时,机器人具有减少参与者从众行为和提高准确性的作用,效果与人类相媲美。然而,当社交机器人与多数人意见不同但答案错误时,虽然减少了参与者的从众行为,但并未提高其准确性。这些发现表明,社交机器人对规范性从众产生了显著影响,具有重要的理论和实际价值。

资料来源:QIN X, CHEN C, YAM K C, et al. Adults still can't resist: a social robot can induce normative conformity[J]. Computers in human behavior, 2022, 127: 107041.

文化松紧度(cultural tightness-looseness)是一个影响群体规范以及对个体行为产生影响的重要因素。它指的是社会规范在特定文化中的明确性和普遍性(多 vs 少)、情境中可容忍行为的范围(大 vs 小)以及对规范偏离的容忍程度(低 vs 高)。在紧密的文化系统中,社会规范通常明确而多样;在不同的社交场合中,个人的行为预期和可接受的行为范围较为有限,个体在作出行为决策时拥有较少的自主权。在这样的文化系统中,社会规范会被严格执行,对规范偏离的容忍程度较低。相比之下,宽松的文化系统通常有较少的社会规范,并且这些规范定义较为模糊。在不同的社交场合中,被视为可接受或可以容忍的行为范围更为广泛,个体在决定行为时拥有更多的自主权;规范没有严格的界定(遵从度较低),对规范偏离的容忍度较高。研究指出美国、澳大利亚和荷兰等国家在文化松紧度方面较为宽松。这意味着在这些国家,个体在各类场合中遵循的社会规范较为宽松,个人在决定自身行为时拥有更多自主权,而规范的偏离也不会受到严厉的惩罚。另外,新加坡、韩国、土耳其和中国等国家在文化松紧度方面较为紧密。这意味着在这些国家,社会规范较多,对个体行为有一定限制。对于组织和社会的管理者来说,了解文化松紧度的差异和影响,有助于更好地应对多样化的社会环境,促进组织的协调发展。

综上所述,规范对于组织的健康发展和规范成员行为至关重要。有明确、积极的规范能够促进团队的凝聚力和合作,增强成员之间的信任和互动,有利于实现组织共同的目标。存在不当或消极的规范则可能导致组织内部的分裂和冲突,负面影响工作氛围和员工的工作动机,甚至可能损害组织的声誉和业务发展。因此,组织管理者应当高度关注和引导群体中的规范,努力营造积极的组织文化,提升员工的工作绩效和满意度,从而实现组织的长期成功。

3. 地位

地位(status)即群体成员在群体和社会中所处的位置或层级。即使在最小的群体中,成员之间的地位差异也会随着时间的推移而显现出来。根据地位特征理论(status characteristic theory),地位来源主要可以归结为以下三个方面:权力。那些能够对群体结果产生影响的人通常具有较高的地位,因为他们更有可能掌控该群体的资源。贡献。那些(能够)对群体目标作出重要贡献的人通常会被赋予较高的地位。个人特征。那些拥有群体看重的个人特征,比如相貌出众、有智慧、个性友善的人,通常地位较高,而缺乏这些特征的人可能地位较低。

地位在群体中扮演着重要的角色,它对群体规范和从众压力产生有趣的影响。首先,地位较高的群体成员如果对其所在群体的认同度较低,更容易偏离群体规范。这可能是因为,对于某个群体的认同并不是他们生活中最重要的部分。他们可能有着更广泛或重要的社会认同和身份。其次,地位较高的成员通常更具有抵抗从众压力的能力。他们可能对外部评价和他人的看法不那么敏感，可以更自主地决定自己的行为，即使这些行为与群体规范不一致。这种自主性在某种程度上受到其他成员的尊重和认可，因为地位高的个体往往是群体的领导者或者拥有重要资源的决策者。我们经常可以从一些地位较高的明星、演员和学者身上看到类似现象：他们对束缚他们的规范不屑一顾。只要这些地位高的个体的行为不影响群体目标的达成，他们通常会获得更大的自主权。然而，地位差异也可能导致群体内部产生地位不平等的感知，从而影响群体的协作和绩效。具体地，地位不平等感知可能导致地位较低的员工在集体讨论中表现得较为消极或保持沉默，因为他们可能觉得自己的声音不被重视。这将妨碍知识共享和新观点的提出，导致群体错过一些创新机会。在这种情况下，群体的整体绩效可能会受到影响，因为一些潜在的优秀想法被压制或忽视了。

4. 规模

群体规模（size）是影响群体行为与绩效的重要因素之一。研究表明，小群体在完成任务时通常更加高效、快速，而大群体在解决复杂问题和需要调动多方面资源时更具优势。一般而言，7人左右的群体在采取行动时效率最高，因为这个规模的群体更具灵活性和高效性，成员之间的沟通更加直接、决策更迅速。相反，大群体能够汇聚更多的知识和技能，更全面地考虑问题。因此，在需要收集和发现信息时，规模较大的群体更有效；而在需要付诸实践并取得具体结果时，小群体更擅长调动各成员的投入度来实现目标。

群体规模不仅影响群体绩效，还会影响到个体的社会惰化现象（social loafing）。社会惰化指的是相比在单独工作时，个体在群体中工作时会表现出更低的工作努力和投入，从而导致群体整体产出不如各成员单独工作时的总和。在一项社会惰化效应的经典研究中，学者要求一组被试分别在单独一个人和处于群体中这两种情境下进行拔河，然后用特殊的仪器测量他们的拉力。当然，被试自己并不知道具体的测量结果。在实验中，随着群体人数的增加，每个人使出的力气却逐渐减少了。后续的研究复制了这一结果，并进一步证明是群体中的个体减少了努力，而非群体内协调不佳导致了这一结果。被重复验证的实验结果让人产生了疑问：为什么在群体中，每个人的努力似乎都少于在单独工作时投入的努力？

首先，随着群体规模的增加，人们可能感到自己的个体努力会被稀释，责任会分散到其他成员身上。这种感觉导致在合作环境中的个人责任感降低，从而降低了付出的努力。例如，在一个大型项目中，每个人都可能会觉得自己的贡献微不足道，而其他人的付出会弥补自己的不足。因此，他们可能会降低自己的努力，希望其他人来承担更多的责任。此外，个体会观察其他群体成员的努力水平，并倾向于将自己的努力与其他成员的努力相匹配。如果个体觉得其他人不够努力,他们也会减少自己的付出。例如,在一个项目中,如果个体觉得其他成员不够努力,他们可能会认为自己也没有必要全力以赴,从而导致整个团队的努力程度下降。

不同人在群体中表现出社会惰化的程度存在差异。研究发现,女性和来自东方文化的个体通常比其他人更少表现出社会惰化的倾向。这一现象可能与文化背景和性别角色的社会化有关。比如,东方文化更强调集体利益和团队合作,因此个体可能更加愿意为群体目标付出努力,而不太倾向于减少自己的付出。此外,当个体预期同事会表现出色时,他们更有可能表现出社会惰化。这可能是因为,个体认为在群体中他们的个人贡献相对较小,他们的努力可能会被稀释或被其他同事的表现所抵消,从而导致他们减少自己的付出。相反,当与熟人合作时,个体的社会惰化程度会减少。这可能是因为与熟人合作时,个体更有亲近感和信任感,他们更愿意为了彼此的利益和群体的成功而付出更多努力。值得注意的是,在个体高度重视的群体中工作时,个体几乎不会表现出社会惰化。这可能是因为个体对这个群体的成功和目标非常重视,他们对群体的认同感和归属感很强,因此不会轻易减少自己的付出。相反地,个体可能会更加积极主动地参与并作出贡献,以确保群体的成功。

5. 凝聚力

凝聚力(cohesiveness)即群体成员之间相互吸引并愿意留在群体中的程度。一个群体的凝聚力可以分为任务凝聚力和社交凝聚力两个方面。任务凝聚力指的是群体成员对共同的任务或目标的共同承诺和吸引力,以及协调群体成员努力以实现共同工作目标的动力。社交凝聚力则是指群体成员之间的友好亲近程度,包括情感纽带、友谊、关心和一起享受社交时光等。

凝聚力较强的群体通常会在面对困难和障碍时表现出坚持不懈,最终取得更好的绩效。然而,高凝聚力的群体也可能面临一些挑战。有时候,为了维持群体的一致性,群体成员可能会放弃其他可能的观点和方案,以免引发内部冲突。这种以维护群体凝聚力为代价的一致性动机,也被称为"群体思维"。在后文的群体决策部分中,我们将详细解释这一现象,并探讨如何在群体中平衡凝聚力和多样性,以实现更好的决策和绩效。下文中的组织行为工具箱,可以快速检测你所在群体的凝聚力。

组织行为工具箱:关于您所在的群体,您赞同以下说法吗

1. 如果有机会,我会选择离开这个群体加入另一个群体。
2. 群体成员相处得很好。

3. 群体成员互相支持,会毫不犹豫地为彼此辩护。
4. 我感觉自己真的是群体的一部分。
5. 我期待每天与群体成员在一起。
6. 我通常与其他群体成员相处得不好。
7. 我喜欢在这个团队中,因为我与很多成员是好朋友。
8. 群体成员之间很亲密。

说明:非常同意计7分,同意计6分,有点同意计5分,中立计4分,有点不同意计3分,不同意计2分,非常不同意计1分。请用8减去你在第6题的得分,之后将所有题目的得分相加。总分在48分或以上表明你所在的群体凝聚力很高,总分在48分以下则表明你的群体缺少凝聚力。

资料来源:DOBBINS G H, ZACARRO S J. The effects of group cohesion and leader behavior on subordinate satisfaction[J]. Groups & organization management,1986,11:203-219.

6. 多元化

多元化(diversity)即群体成员在个体属性上的差异。近年来,比较有影响力的分类是将群体多元化分为分离型多元化(diversity as separation)、多样型多元化(diversity as variety)和不平等型多元化(diversity as disparity)。让我们通过一些例子来进一步理解这些不同类型的多元化。

分离型多元化指的是群体成员在看法、价值观、信仰或观点上存在差异,强调群体成员之间的不同或意见分歧。例如,想象一支音乐团队,其中一些成员认为摇滚音乐是最好的,其他成员则喜欢流行音乐。这种分离型多元化可能会导致团队在选择演奏曲目时出现意见不统一。多样型多元化指的是群体成员在知识、教育或能力等方面存在差异,强调每个群体成员的独特性。就像在一支乐队中,其中一名成员是出色的吉他手,另一名成员是精湛的鼓手,还有一名成员是杰出的键盘手。多样型多元化可以使团队充分发挥每个成员的专长,从而在各个领域取得更好的成果。不平等型多元化指的是群体成员在有价值的社交或任务相关资源方面存在差异,如在地位、决策权等方面存在差异,表明这些资源不均等分布。例如,一个公司的研究团队中只有几名受到主管重视的员工拥有决策权,其他员工没有发言权。这种不平等型多元化可能导致员工之间的不满和不公平感知。

分离型多元化常常会引发社会认同和社会分类,可能给群体内的协作带来负面的影响。类似地,不平等型多元化可能会引发社会比较和不公平感知,从而负面地影响群体成员的情绪、知识共享以及群体的任务绩效和创新绩效。相反地,多样型多元化一般会给群体带来更多的社会资本,丰富群体的能力和知识,从而带来信息优势,提升群体的绩效。图6.3展示了不同类型的群体多元化及其多元化程度。

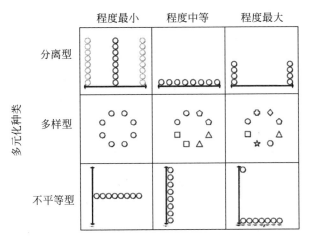

图 6.3 不同类型的群体多元化及其多元化程度

资料来源：HARRISON D A, KLEIN K J. What's the difference? Diversity constructs as separation, variety, or disparity in organizations[J]. Academy of management review, 2007, 32(4): 1199-1228.

▶ 6.2 三个臭皮匠胜过诸葛亮？群体决策的智慧与陷阱

自古以来，人类就意识到群体决策的力量。俗语常说，三个臭皮匠顶过诸葛亮，因为人越多，智慧通常也越丰富。成百上千的人一起做决策，往往能够取得更好的结果，这就是我们常说的"集思广益"和"众人拾柴火焰高"。亚里士多德就是群体智慧的支持者。他认为，许多人一起讨论问题时，每个人都能贡献出好的想法并作出道德方面的提醒。虽然观点不尽相同，但将所有人的观点汇聚在一起，就相当于群体拥有了所有优点。然而，我们也必须问自己：群体是否总能发挥出上述潜力？在决策中，群体是否会偏离正确的方向？下面，我们将一起来探讨群体决策的优缺点。

6.2.1 群体决策的优点与缺点

1. 群体决策的优点

首先，群体能够提供更全面、更完整的信息和知识。想象一下，如果一个人单独做决策，他只能依靠自己有限的经验和知识。但当一个群体的成员汇集在一起，每个成员都带来了自己独特的视角和专业知识，从而丰富了决策的信息来源。这使得群体更全面地评估问题，找到更有效的解决方案。其次，群体决策有可能提高观点的多样性。在群体中，成员间的意见可能各异，甚至存在分歧。然而，这样的多样性是有益的,因为它让考虑和讨论多种方法与方案成为可能。在群体讨论中,不同的观点被交流、碰撞,有助于激发新的想法和创新。这种融合不同观点的过程促进了群体智慧的形成。此外,群体决策还能提高决策的被接受程度。当群体成员参与到决策过程中,他们会感到自己被重视,自己的意见获得了关注。因此,他们更有可能支持该决策,并鼓励其他人也接受它。这种参与感和归属感会增强群体凝聚力,使得决策更容易被执行和实施。

2. 群体决策的缺点

群体决策的第一个缺点是效率较低。由于群体决策涉及成员之间的讨论和协商,需要花费大量的时间。相比之下,个体决策可能更加迅速,因为一个人可以在不受他人干扰的情况下作出决策。其次,群体决策可能面临从众压力。在群体中,成员往往渴望被认可和接受,这可能导致他们不去表达一些不同意见。有时候,个别成员可能害怕与主流观点不同,因为他们担心被孤立或排斥。这样一来,群体决策可能变得类似于精英决策,而没有充分地发挥群体智慧的潜力。另一个问题是责任不明。由于群体决策是由整个群体共同作出的,一旦出现问题,很难找到明确的负责人。这可能导致责任的模糊性,使解决问题变得更加困难。

6.2.2 那些消失的不同想法:走出群体思维

人类大脑似乎天生就具有趋同效应和模仿他人的本能,这使得在群体决策中出现了群体思维的现象。为了更好地理解群体思维,让我们一起了解一项关于音乐下载的实验研究。在这项研究中,研究者让被试试听一支新成立乐队发布的72支单曲,并选择他们喜欢的歌曲进行下载。实验组的被试能够看到之前其他人的下载情况,而对照组的被试对此不知情。结果显示,在实验组中,人们倾向于下载其他人下载过的热门单曲,对照组中的下载情况则没有呈现出这种趋势。研究者还发现,即使他们并未提供真实信息、欺骗被试哪些单曲下载数量最多,被试也会跟风下载这些"假热门单曲"。这项实验揭示了群体思维在群体决策中的存在。当成员看到其他人选择下载某些歌曲时,他们更可能跟随众人选择相同的热门单曲,而不是根据自己的喜好进行独立决策。这一实验的结果也表明群体决策中的趋同效应,即团队成员会倾向于采纳群体中最初出现的意见或选择。

群体思维最初由美国心理学家欧文·莱斯特·贾尼斯(Irving Lester Janis)提出。他通过实验发现,由于成员倾向于将自己的观点与群体保持一致,决策参与者不能进行客观分析,进而导致群体决策缺乏智慧。在第 4 讲中,我们介绍了许多常见的个体决策偏差,而很多偏差在群体中往往会被放大。以前文没有讨论过的规划谬误为例,它描述了人们在预测完成任务所需时间时常常表现出过乐观的倾向。人们制订计划时,往往会基于最佳情况进行时间估计,而忽视可能出现的问题和潜在的延误。这种偏差的一个关键特征是人们倾向于忽略他们过去在类似任务上的实际耗时,即使这些历史数据可以作为重要的参考。规划谬误在群体中更为明显,因为群体对所需时间和资源的估算会比个体更乐观。同时,群体在设想未来的目标时往往只会考虑比较简单的情况,而忽略可能出现的麻烦。此外,成员对群体越忠诚,群体越容易制订出注定失败的计划。这也解释了为什么很多时候公司明知某些工程或计划无望,也不会及时叫停。此外,相比个人,群体更容易依赖代表性启发式,更容易盲目自大,也更容易受到框架效应的影响。

群体思维很大程度上源于信息信号和名誉压力。信息信号指的是成员之间相互影响形成的信号,它能够引导团队的决策方向。当群体中的大多数成员都倾向于犯同一种错误时,其他成员也可能跟随其后,因为他们认为这样做是有据可依的。然而,这种盲目跟从可能导致错误决策的持续蔓延。名誉压力是指当团队中的大多数成员犯错时,其他成员可能出于避免与多数人持不同意见或显得愚蠢的担忧而选择从众。在这种情况下,个体可能会抑制自己的独立思考并迎合群体的观点或决策,即使这并不是最明智的选择。

为了降低群体思维的负面影响,我们可以采取一些举措来增强群体决策的智慧。首先,我们应当鼓励群体成员表达不同的意见和观点,打破信息壁垒,促进信息共享。其次,我们需要营造开放、包容的群体氛围,让成员感受到即使提出异议也不会受到批评或排斥。这样能够减轻名誉压力,让团队成员更自由地独立发表看法。另一个可行的举措是设立专门的质疑者(challenger)角色,专门负责挑战团队制定的决策,以确保重要决策都得到充分的审视和讨论。

6.2.3 群体决策技术

其他可以克服群体决策的潜在缺点以及降低群体思维影响的群体决策技术包括头脑风暴(brainstorming)、名义小组技术(nominal group technique)和德尔菲法(Delphi method)。

1. 头脑风暴

头脑风暴请群体成员齐聚一堂,畅所欲言地讨论问题,而且在这个过程中,不允许对他人的看法进行评论。这种"不允许评论"的规则能够有效克服群体决策中的从众心理。头脑风暴的实施流程是:6~12名成员环坐在一张桌子旁,由群体的领导者清晰地提出要解决的问题,确保每位成员都充分理解。接着,每位成员都可以在规定的时间内自由表达自己的看法,尽可能地提出问题的各种解决方案。在讨论过程中,无论观点多么独特或与众不同,任何成员都不得对其他成员的意见进行评论。所有提出的想法都会被记录下来,并集中在一起进行讨论和分析。头脑风暴的优势在于能够激发群体成员的创造性思维,使成员在短时间内产生大量创意。因此,在需要创新的时候,头脑风暴是一种值得尝试的决策方式。然而,头脑风暴有时也存在一些问题:它强调产生想法,而不是深入探讨每个想法的可行性和潜在问题。此外,个别成员可能会在头脑风暴中主导讨论,从而压制其他成员的意见。研究还发现,头脑风暴有时会导致生产性阻滞;也就是说,当群体中的某些成员正在思考时,若有多位成员同时在交流,则可能会干扰思考过程,进而影响创意的涌现及分享。

2. 名义小组技术

名义小组技术是另一种群体决策和创意产生的方法。与头脑风暴不同,名义小组技术更为注重每位成员的独立思考。其具体实施过程如下:首先,在群体开始讨论前,每位成员都独立思考,并写下自己对于特定问题的解决方案或意见。随后,每位成员都提交自己的想法。在所有成员的想法都被提交和记录之前,不进行任何形式的讨论。这样做有助于保持思考的独立性,从而避免从众效应对决策过程的干扰。接下来,群体逐一讨论每位成员提出的想法,着重强调想法的多样性和可行性。最终,通过每位成员的独立投票达成一致决策,其中投票排名最高的想法被确认为最终的决定。名义小组技术有助于制定更为深入和全面的决策,因此被认为比头脑风暴更为有效。然而,名义小组技术在实施过程中可能需要相对较长的时间,有时甚至需要专门的指导和训练,以确保其顺利进行。

3. 德尔菲法

德尔菲法是一种收集专家意见和判断的研究方法,通过多轮匿名调查和反馈来达成一致意见或共识。其步骤包括:将问题提交给一组专家,每名专家独立发表自己的意见;汇总意见形成统计数据或整合意见的报告,并进行匿名反馈;专家重新考虑和修正意见,再次提交;根据反馈继续多轮迭代,直到达成共识。通过这些措施,我们可以更好地应对群体决策中的挑战,减少信息信号和名誉压力对决策的负面影响,从而让群体决策发挥出集思广益、智慧决策的优势。

▶ 6.3 团队的概念与类型

6.3.1 团队的定义与特征

团队是指由具有不同背景、技能和知识的人组成,相互协作以实现特定的既定目标的一种特殊类型的群体。团队具有以下主要特征:①共同目标。团队的主要任务是共同完成既定的工作目标。这种共同目标赋予团队成员强烈的集体使命感，使成员为团队的绩效表现共同承担责任，从而取得卓越的集体成果。②相互依赖性。团队成员之间存在相互依赖性，他们需要协作以达成目标。③不同的贡献。由于成员在背景、经验、能力和资源等方面的差异，每个成员对团队的贡献度都有所不同。④共同承担责任。一方面，团队成员在日常工作中分担团队任务；另一方面，无论最终的结果如何，他们都共同分享成功和失败的责任。

团队和群体在很多方面都具有相似之处。首先，它们都对成员有一定的期望和要求。这包括遵守共同的道德准则、职业行为规范或团队规则。其次，它们都致力于实现集体标准化，希望成员具有相似的价值观和共同的目标。此外，它们共同努力营造积极的组织动力学，鼓励成员积极合作，以实现共同的目标。最后，它们的成员都在一定程度上享有决策权，需要通过成员的投票、达成共识或某种共同决策过程来制定决策。

然而，团队与群体之间也存在明显的区别。群体通常为了实现特定目标而将两个或多个个体组合在一起，并建立互动和相互依赖关系。在工作群体中，成员之间的互动主要是为了共享信息和制定决策，以支持各自的工作职责。然而，工作群体不一定需要成员完成要求其共同付出努力的集体任务，也不一定有机会这样做。因此，工作群体的绩效主要取决于每个成员的个人贡献之和。与此不同，工作团队通过成员的共同努力产生积极的协同作用，导致团队的绩效大于个体绩效之和。成员之间的互动赋予团队存在的意义，团队成员的努力有助于实现集体的目标。因此，我们可以将团队看作工作群体的一个特殊子集，团队具有明确的协作目标和积极的协同作用。尽管学者们有时会将工作群体和团队交替使用，但在不同的情境下，我们仍然需要注意它们之间的区别。

团队为组织带来了一种可能性：可以在不增加员工数量的前提下提升绩效。然而，这只是一种可能性。团队的形成不是魔法，不能保证一定会带来积极的协同效应。仅仅将工作群体的称谓更改为工作团队并不能自动提升组织的绩效水平。成功或高效的工作团队通常具有一系列共同特征，我们将在后续的内容中详细讨论它们。

6.3.2 团队的类型

团队可以根据其性质不同分成不同类型。这里，我们将团队分为五种主要类型：工作团队、管理团队、平行团队、项目团队和行动团队。这些团队在任务目标、持续时间和成员投入程度等方面各有差异。

1. **工作团队**

工作团队就像组织的常驻居民，旨在持久地生产商品或提供服务。举个例子，急诊室的医护人员组成了一个工作团队,他们全天候工作,协同处理患者的紧急情况,确保每位患者得到及时的救治和照顾。

2. 管理团队

管理团队与工作团队有一些相似之处,但在很多方面又有所不同。工作团队专注于核心的生产和服务任务,而管理团队参与组织管理的高层决策。管理团队负责协调组织的子部门或职能领域,以帮助实现长期目标。比如,管理团队成员开会讨论组织的战略方向,他们就像制作一场大戏的导演和编剧。继续以医疗团队为例,医院的高级管理人员组成医院的管理团队,他们致力于作出医院的长期战略和管理决策。

3. 平行团队

平行团队一般由不同工作岗位的成员组成,围绕与组织的生产流程"并行"运行的重要问题向管理者提出建议。平行团队的成员通常只兼职参与到这一团队。平行团队的存在可以是永久的,也可以是为解决特定问题而临时设立的。例如,质量改进团队通常由主要从事核心生产任务的人员组成,但他们会定期召开会议,共同研讨生产中的问题和改进机会。此外,有一些组织会临时成立一些委员会,它们作为暂时性的平行团队,处理特定问题或定期发生的事务,这些问题可能涉及工作程序的变更、新设备或服务的采购以及非常规招聘等。医院中的质量改进小组是平行团队的一个例子。来自不同科室的医生和护士会组成质量改进小组,他们会定期召开会议,讨论医院内的治疗流程和改进机会。

4. 项目团队

项目团队专门为了完成临时性任务而组建。这些任务通常具有高度的复杂性,要求团队成员拥有不同领域的训练和专业知识,并愿意投入大量时间和精力。尽管项目团队只在项目完成所需的时间范围内存在,但有些项目可能会非常庞大,需要数年才能完成。项目团队的成员中,有的需要全职工作,而有的则只需兼职参与。举例来说,一个医院的建设项目团队可能由工程师、建筑师、设计师和承包商组成,他们负责规划和建设医院的新楼宇。这个项目可能需要全职合作一年或更长时间。相反,医院内部医疗设备升级项目团队的成员可能只需要合作一个月,同时还可以为其他项目团队提供支持。

5. 行动团队

行动团队的任务通常受到时间限制,且在高度可见或高度挑战的环境中完成。

例如,篮球或足球等运动队需要在一个赛季中保持相对完整的团队建制,这是一个时间上的限制。与此不同,一些音乐团队,比如滚石乐队等,可能会在一起持续合作数十年,这是一种持久性的行动团队。还有一些行动团队则只在完成特定任务时才会组合在一起。例如,外科手术团队必须在短时间内高效协作完成手术;飞机机组人员作为一个行动团队一起工作,会执行一次几小时的飞行任务。

事实上,许多团队通常同时属于多个类别。以皮克斯动画工作室的团队为例,该公司制作了众多备受欢迎的动画电影,例如《玩具总动员》《飞屋环游记》《头脑特工队》等。一方面,皮克斯的主要成员在每部电影制作的过程中通常都是相同的,因此可以看作是一种工作团队。另一方面,每部电影的制作都可以被视为一个项目,因为它们具有独立的目标和时间限制,而团队成员可能会参与多个不同项目。因此,最恰当的说法也许是,皮克斯团队兼具工作团队和项目团队的特点。

▶ 6.4 高效团队的特征与构建

组织行为观影团:《复仇者联盟》与团队协作

影片《复仇者联盟》充分展示了高效团队的特征及重要性。在电影中,我们看到一群拥有各自超凡能力的个体——钢铁侠、美国队长、雷神、绿巨人和黑寡妇,被迫联合起来,以对抗来自洛基和外星人的威胁。这些英雄的个人力量无疑是强大的,但面对洛基等强大对手,单打独斗并不能取得胜利。

电影通过多种方式强调了团队中协同作用的重要性。首先,这些英雄必须克服彼此之间的矛盾和分歧,建立起互信与合作的关系。正如电影中所展示的,开始时,他们并不总是能够顺利达成合作,甚至发生了内部冲突。然而,随着事情的发展,他们逐渐认识到只有团结一致,才能发挥各自的能力,充分发挥团队的优势。其次,电影强调了团队协同作用的力量。复仇者联盟中的每个成员都有独特的技能和能力,而这些能力在面对不同的威胁时可以相互补充。例如,需要高科技解决方案时,他们依赖钢铁侠的天才工程师技能;需要超出常人的力量时,他们依赖绿巨人的巨大力量。这种互相补充的情况体现了团队中协同的力量,使他们能够应对各种挑战。

也许更重要的是,复仇者联盟的成员都有拯救地球的共同目标,这成为他们在团队中协同的驱动力,使他们能够克服障碍以及个人分歧,集中精力实现目标。电影通过展示他们的团结和决心,向观众传达了一个重要的信息:当团队中的个体为了共同的目标团结一致时,团队可以取得惊人的成就。《复仇者联盟》生动地展示了团队中协同作用的不可或缺性。它强调团队成员之间的信任、互补和共同目标的重要性,这些因素共同推动着复仇者联盟的成员克服一切困难,取得最终的胜利。

长期以来,研究人员致力于探究影响团队有效性的因素。最近的一些研究已经确定了相关特征,我们将其总结成一个整体性的模型。在了解这一模型之前,需要注意以下三个要点:首先,不同的团队在形式和结构上存在差异。尽管该模型试图概括各种各样的团队,但不应将其机械地应用于所有团队,而应将其视为一个指南。其次,该模型的前提假设是团队工作比个体工作更为可取。因此,如果个体能够完美地解决问题,那么费尽心思地去打造所谓的"有效"团队就毫无必要。最后,需要考虑在这个模型中团队有效性意味着什么。通常,这包括三个方面的内容:客观测量的团队生产率、管理者评估的团队绩效以及团队成员的整体满意度。

有效团队的关键特征可分为三类:第一类包括资源、领导、团队氛围等外部条件;第二类涉及团队的构成,包括团队成员的角色、多元化以及团队的规模;第三类则涵盖了团队的运作过程,包括团队目标、团队效能、凝聚力、成员的心智模型、情绪文化以及团队冲突等。外部条件和团队的构成可以通过影响团队的运作过程进而对团队绩效产生影响。接下来,我们将详细讨论这三类关键特征的具体内容。

6.4.1　外界条件

1. 充足的资源

团队是组织的重要组成部分,要保持正常运作,每个工作团队都需要来自组织的资源支持。资源的短缺会直接削弱团队达成目标和高效工作的能力。研究发现,影响团队绩效的一个关键因素是团队能否得到组织方面的充分支持。这种支持包括及时提供的信息、适当的设备、足够的人员配备、必要的激励以及行政层面的支援。

2. 领导者

领导在确定团队目标、分配任务、确保团队协作等方面发挥着至关重要的作用。领导者的人格、敬业度以及领导风格都直接影响着团队的效能。研究表明,变革型领导可以提高团队的产出效能,共享式领导则可以加强团队的组织和计划效能。此外,授权型领导以及谦虚的领导风格也会对团队的效能产生积极影响。

3. 团队氛围和规范

团队氛围有许多具体类型,如创新氛围、心理安全氛围、信任氛围和公平氛围等。最近的研究已经证实了这些不同类型的氛围与团队绩效之间的紧密联系。例如,创新氛围是激发团队创新绩效的关键因素之一。当团队成员感受到鼓励创新的氛围时,他们更有可能提出新点子,从而推动团队进步。信任氛围在促进团队协作和提高团队效能方面发挥着重要作用。当团队中存在相互信任的氛围时,成员更容易达成合作,从而增强了团队的整体效能。此外,团队的程序公平氛围和服务氛围也会对团队的组织公民行为产生影响。类似地,团队的合作规范和组织公民行为规范也可以积极地影响团队的绩效以及团队成员在组织中的行为。这些规范有助于打造积极的工作文化,激励成员为团队和组织的成功作出贡献。

4. 工作设计

高绩效的团队通常需要成员协同工作,共同分担责任来完成任务。在这一过程中,工作的设计起到关键作用,它包括以下几个方面:团队成员拥有自主性,有机会运用各种不同的技能(技能多样性),能够完成整体性的任务(任务完整性),并且完成该任务对于实现组织的整体目标有贡献(任务重要性)。实践证明,精心设计的工作不仅可以提高团队成员的激情和投入,还可以增强团队的绩效,因为这样的工作能够激发团队成员的责任感和主动性。此外,合理的工作设计也包括为团队成员提供明确的角色期望以及工作上的互相依赖性,因为这些因素对于团队的心理安全感至关重要。它们向团队传递了这样的信息:团队及其成员可以被信任去作出重要的决策,同时也明确了他们在团队中的角色期望。而随着工作互相依赖程度的增加,团队成员需要相互合作来完成任务,这也有助于增强心理安全感。

5. 绩效和薪酬体系

个体导向的绩效评估和奖励可能会与高绩效团队的协同发展产生冲突。因此,管理者需要超越传统的以员工个人为导向的评估和奖励方法,作出适当的调整以反映整个团队的绩效。这包括采用混合型的绩效评价体系,不仅要承认个别成员的卓越贡献,还要奖励整个团队的协同成就。此外,基于团队的绩效评估、共享利润、分享成果、小组奖励等体系化的调整都有助于增强团队的协作努力和团队成员的承诺。

6.4.2 团队构成

1. 成员的能力

成员的能力对于团队绩效至关重要。就像个人的能力可以极大地影响其表现一样,团队绩效也主要受到团队成员的知识、技能和能力的影响。完成不同类型的任务需要不同的能力。举例来说,对于需要体力劳动的团队,成员的体力和耐力可能是决定性因素;而对于研究型团队,认知能力,包括逻辑推理和语言理解能力,可能更为关键。通常情况下,认知能力较高的团队在团队协作方面的表现更出色,因为团队任务往往涉及复杂的问题解决和知识整合。团队成员不仅需要积极参与团队任务的各个方面,还需要学会如何有效地协同工作,以实现共同的团队目标。特别是在需要不断学习和适应以应对变化情况的任务中,认知能力显得尤为关键。研究还证实,当完成团队任务需要深入思考时(比如重新设计生产线等复杂问题),拥有高认知能力团队成员的团队通常表现更出色。

团队能力可以被界定为整个团队成员的综合能力。然而,对于不同类型的任务,我们需要采用不同的定义。以分离性任务为例,由于这些任务具有明确定义的最佳解决方案,团队的整体绩效主要受到核心成员,也就是那些拥有最高能力水平的成员的影响,因此,团队能力在这种情况下可以视为能力最强成员的能力。相反,连续性任务需要持续的协同工作,团队的绩效通常取决于最薄弱环节的能力;因此,团队能力在这种情况下可以视为能力最弱成员的能力。用一个例子来说明,如果一个团队正在进行一项研究,其中负责数据分析的成员的功底不够强,这可能会成为团队的瓶颈,影响整个团队的绩效。递增性任务的特点是每个成员的能力所产生的贡献会逐渐叠加,最终决定团队的整体绩效。在这种情况下,团队能力可以视为成员平均能力的反映。例如,如果一个销售团队的每位成员都能够提高自己的销售额,那么整个团队的销售业绩将因为每位成员的贡献而得到提升。此外,团队领导者的能力也很重要。研究表明,当不太聪明的团队成员在苦苦挣扎着完成任务时,聪明的团队领导可以为他们提供帮助;不太聪明的领导者则会降低高能力团队的绩效。

2. 成员的人格

我们在第 2 讲中指出,人格对员工的行为具有重要影响,这一结论也适用于团队。研究表明,团队成员的平均尽责性水平对于团队绩效至关重要,因为具备强烈责任感的成员通常会支持其他团队成员,并且能够更准确地判断何时需要提供帮助。此外,团队成员经验开放性水平的均值也对团队绩效有显著影响,这是因为思维开阔的成员通常更善于沟通,并且能够激发出更多的创意。成员的宜人性也在团队的效能方面发挥着重要作用。随和的成员往往更容易合作和建立信任,这有助于形成积极的团队氛围和良好的人际互动。然而,随和的成员可能不太愿意提出建设性的批评,因为他们通常避免冲突和竞争。需要特别注意的是,团队成员宜人性水平的最低值也很重要。如果有一名或多名成员的宜人性非常低,那么整个团队都可能受到负面影响。关于成员的外向性对团队绩效的影响,目前研究结论尚不明确。有研究表明,外向性较高的团队可能倾向于展现出更多的助人行为。

有趣的是,越来越多的证据表明,有些情况下团队成员人格特质的不一致性比平均水平更为关键。让我们想象一下这个情景：一个组织需要创建20支由4名成员组成的团队。其中，有40名高度负责任的成员以及40名责任感较低的成员。面对这个挑战，哪种方式更有利于提升组织的整体绩效？第一种方式是将40名高度负责任的成员分成10个团队，将40名责任感较低的成员分到另外10个团队。第二种方式则是每个团队都包括高度负责任的成员和责任感较低的成员。令人吃惊的是，研究表明第一种方式是最佳策略：如果组织创建了10支高度负责任的团队和10支责任感较低的团队，整个组织的绩效将会更高。这可能是因为在责任心水平不一致的团队中，高度负责任的成员难以贡献其最佳绩效。相反，群体内部追求一致性的倾向而产生的压力或其他成员的不满，会使成员之间的互动变得复杂，迫使高度负责任的成员降低自己的期望，进而降低整个团队的绩效。

3. 成员的多元化

在前文中，我们讨论了多元化的不同类型及其对群体的影响。那么，团队多元化又会如何影响团队绩效呢？鉴于分离型和不平等型多元化一般会对团队产生负面影响，我们这里主要关注多样性多元化。多样性多元化在大多数情况下被视为一种积极因素，因为它可以促使团队从不同的观点和视角中受益，从而提高团队的绩效。然而，实际情况并不总是那么简单。研究结果显示，种族和性别的多元化对团队绩效有负面影响，特别是在由白人或男性主导的职位上。然而，职能、受教育水平和专业知识的多元性与团队绩效呈正相关，尽管这种关系可能并不十分显著，并且会受到具体情境的影响。举例来说，一项涉及68支中国团队的研究发现，在知识、技能和问题解决方法上具有多元化的团队在创造力方面表现更出色；然而，这一正面影响的前提是团队的领导必须具备变革性领导的能力，能够激发团队成员的潜力。因此，团队多元化对绩效的影响并不是一成不变的，它取决于多种因素，包括多元化的类型以及团队的具体情境和领导方式。

4. 成员的角色分配

在挑选和配置团队成员时，确保所有必需的角色都得到分配至关重要。在一项以778支职业棒球队为样本的研究中，研究人员证实了正确分配成员角色的重要性。你或许认为，拥有丰富经验和高超技能的球员越多，球队的表现就会越好，但情况并非这么简单。研究结果显示，当核心角色（例如投手和捕手）相对于其他角色拥有更多经验和技能时，整个团队的表现更出色。此外，那些愿意在核心角色上投入更多财力的团队，通常能够取得更高的绩效水平。因此，最有能力、经验最丰富且最有责任心的员工应该扮演团队中最核心的角色。

团队成员在团队中可以扮演不同的角色，包括任务型角色和建设型角色。任务型角色直接参与任务的完成,包括确定团队方向的定向者(orienter)、提出建设性挑战的倡导者(devil's advocate)和协调团队成员活动的协调员(coordinator)。与此不同,建设型角色涉及影响团队社会氛围质量的行为,如赞扬其他团队成员贡献的鼓励者(encourager)、缓解小组成员冲突的妥协者(compromiser)和接受队友想法的追随者(follower)。成功的团队通常会充分利用成员的技能、特长和人格,使其扮演不同的角色。管理者应该了解每位成员的优势,并在分配工作任务时充分考虑这些因素,以确保每位成员都在最适合他们的岗位上工作。通过让团队成员的角色与其个人能力和人格相匹配,管理者可以提高团队整体协同工作的可能性。

5. 团队规模

团队规模是影响团队有效性的关键因素,但确定最佳的成员数量并非易事。研究表明,团队规模与创新正相关。此外,较大规模的军事行动团队的成员更有信心,这有助于提高这类团队的效能。然而,团队规模过大时会面临社会惰化的问题,成员可能逃避责任,还可能涉足职场不良行为,这会降低团队的凝聚力和有效性。亚马逊的首席执行官杰夫·贝佐斯曾提出"两个比萨饼"规则,他认为,如果为团队提供食物需要两个以上比萨饼,那么团队就太大了。同样,心理学家乔治·米勒提到了"神奇的数字是7,加上或减去2"。因此,通常认为最有效的团队应当有5～9名成员。这个范围确保了观点和技能的多样性,但避免了大规模团队可能带来的问题,如降低团队凝聚力、信任和沟通。如果工作单元太大,又需要采用团队方式完成工作,那么可以考虑将大团队分解成若干小团队来提高效率和协作。

6.4.3 团队过程

1. 团队目标

高效团队需要一个明确的共同目标,就像一根指南针,为他们指明前进的方向,激发团队成员的动力,确保每位成员都明晰自己的任务。研究表明,共同目标可以直接促进团队成员发现并运用分析策略,更有效地运用培训策略,提高制订计划的质量,促使策略发挥积极作用,甚至通过策略影响绩效。高绩效团队会花费时间共同构建这个目标,确保每名成员都了解方向。一旦整个团队都认同这个目标,它将成为每名成员的行动指南。当然,与个人目标一样,团队的目标也需要具有挑战性、能够被度量,且切实可行。

2. 团队效能

一个高效的团队通常对自己充满信心,坚信能够应对各种挑战,这种信心被称为团队效能(team efficacy)。过去的成功能够强化团队对未来成功的信念,从而激发团队成员有动力更加努力地工作。此外,团队成员的个人能力越强,通常团队的效能也就越高,因为更有能力的成员深信只要付出足够的努力,就能够取得成功。如果团队成员之间相互了解,并对对方的能力充满信心,团队的自我效能也会更强,因为这有助于成员更有效地相互交流并寻求建议。那么,管理层应该如何提升团队的效能呢?首先,他们可以协助团队取得一系列小的胜利,从而增强团队的信心,进而激发更大的成就。其次,通过培训和发展计划,可以提高团队成员的技术水平和人际技能,从而进一步巩固团队的自信心。通过这些措施,管理层能够有效地提高团队的效能,推动团队取得更大的成就。

3. 团队凝聚力

团队凝聚力是指团队成员在任务和情感上相互依赖,这种依赖促使他们更加紧密地联结在一起。与群体凝聚力相似,团队凝聚力通常能够激发团队成员的工作动机,增强他们对团队的忠诚度,因此,它通常有助于提高团队的绩效。值得注意的是,高效的团队也有可能进一步增强团队凝聚力,形成良性循环。研究表明,相互依赖和高质量的人际互动可以增强团队的凝聚力。此外,当团队成员的价值观相对一致(即价值观的多元化程度较低)时,团队的凝聚力往往更强。团队凝聚力还受到共享式领导和领导者公平行为的影响,这些因素可以进一步提高团队的凝聚力。对于较大规模、多元化程度较高的团队,拥有女性领导者通常表现出更高的凝聚力。然而,团队凝聚力也可能引发一些问题,比如群体思维以及团队成员对其他成员能力的过度自信,这些问题可能会带来不利影响。因此,如何在充分发挥团队凝聚力优势的同时,规避其缺点成为一个重要的议题。首先,管理者可以提醒团队成员群体思维的可能性以及潜在的风险。其次,管理者可以在团队中设置挑战者角色,这个角色的任务就是帮助团队避免陷入群体思维的陷阱。

4. 团队的共享心智模型

心智模型指的是一种用于引导个体描述、解释和预测周围世界事件的知识结构。在此基础上,共享心智模型(shared mental model)被定义为"团队成员共同具有的知识结构,使他们能够形成准确的任务解释和期望,进而协调他们的行动并根据任务需求以及其他团队成员的情况进行行为调整"。其中,最重要的共享心智模型通常包括任务焦点心智模型和团队焦点心智模型,受到学术界的广泛关注。具体而言,任务焦点心智模型涵盖了团队成员对任务的关键组成部分、程序、目标以及实现任务所需的可能策略和行动的知识;团队焦点心智模型则反映团队成员对彼此的了解,包括对队友的知识、技能和能力的认知。"共享"这个概念强调了团队成员具备的知识是相似、兼容甚至互补的,以便他们能够作出相似的推测和预测。值得注意的是,尽管团队成员可能基于各自的专业知识拥有不同的认知,但仍然有可能建立共享心智模型。例如,涉及不同专业知识和技能的医疗团队,如外科医生和护士,只要他们对团队成员和任务持有准确且相似的期望,就可以建立共享心智模型。

多年来,共享心智模型被认为有助于团队的协同工作,因为共享或高度相似的心智模型使团队成员能够以类似的方式解释信息、采取协同的行动,并共同构想未来。相反,心智模型存在较大差异的团队的成员可能更倾向于采取不同的工作方法、朝不同的目标努力,对未来也持不同的预期,因此在协同行动和有效团队合作方面可能会面临挑战。那么,如何促进共享心智模型的发展呢?首先,随着团队成员的团队经验增加,他们能够逐渐发展共享心智模型。研究还发现,当团队成员的认知能力和宜人性较高时,共享心智模型更容易形成。当然,领导者和组织也可以提供培训与其他学习机会,以促使团队成员之间相互学习,进而建立共享心智模型。

5. 团队的情感文化

情感文化是指员工在团队中表达或应该表达的特定类型情感的规范、价值观以及深层的基本假设。值得指出的是,现有研究往往忽略了情感文化这一重要方面。社会科学的基础研究和组织行为中的情感研究已经明确指出,情感与认知存在不同的传播和影响方式。这些差异表现在情感文化如何在团队中体现、员工如何体验和传播情感文化,以及它如何影响实际绩效上。类似于个体情感,情感文化也包括情感的效价(积极或消极)和强度(强或弱)。相关研究已经证明,一些积极的情感文化可以预测团队的绩效。举例来说,在一项以医疗保健团队为研究对象的研究中,学者发现同伴之爱(companionate love)的情感文化(其特征为员工表达情感、关心、同情和温柔)与团队的成功运作以及患者的治疗结果相关。后续研究还关注了消防队中同伴之爱和欢乐(joviality)的情感文化。研究发现,同伴之爱的情感文化可以预测工作之外的冒险行为,而以幽默和开玩笑为特征的欢乐的情感文化能预测消防队接到紧急呼叫后的响应速度。然而需要注意的是,欢乐文化程度高的团队也发生了更多事故和财产损失。此外,在一项针对军事坦克组的研究中,学者们发现喜悦和乐观(optimism)的情感文化预测了更好的团队表现,乐观的情感文化还可以预测团队面临挫折时的韧性表现,即在绩效不佳情况下的恢复能力。下面的学术前沿板块介绍了这项前沿研究的核心观点,供感兴趣的读者参考。

学术前沿：精准达标：情感文化对韧性绩效的影响

现有研究已经初步证实了一些积极的情感文化能够预测团队绩效。基于这些成果，这项研究探讨了同伴之爱、喜悦、乐观等积极情感文化，以及愤怒这种负面的情感文化对于团队韧性绩效的预测作用。这项研究以2017年冬季东欧的美国陆军坦克组为研究对象。这些坦克组在完成一个为期9个月的任务前需要完成一系列训练，在成功完成训练并获得资格后，他们才可以与其他国家的团队一起进行下一阶段的联合训练。作者通过观察和收集坦克组在两次射击任务中的表现来进行研究。结果显示，喜悦和乐观的情感文化可以预测团队绩效。然而，只有乐观的情感文化对于团队的韧性绩效具有显著的预测作用，能够帮助团队在第一次绩效不佳的情况下快速恢复。相比之下，伴侣之爱和愤怒的情感文化并没有明显的预测效果。这一研究强调了情感文化的多样性，并为组织在高压环境中培养更具韧性的团队提供了重要的洞见，对于军事和其他领域的团队建设都具有重要意义。

资料来源：ADLER A B, BLIESE P D, BARSADE S G, et al. Hitting the mark: the influence of emotional culture on resilient performance[J]. Journal of applied psychology, 2022, 107(2): 319-327.

6. 团队冲突

团队冲突即团队成员之间的分歧，是否会对团队绩效产生负面影响呢？实际上，团队冲突与团队绩效之间关系复杂，不能一概而论。团队冲突可以分为关系冲突和任务冲突两类。关系冲突通常源于人际关系的不和谐、紧张或敌对，往往对团队的有效运作产生不利影响，具有破坏性。任务冲突描述的是成员在任务的内容和结果方面存在不同看法，它有助于激发讨论、促进对问题和备选方案的批判性评估，减少群体思维，从而达成更好的团队决策。团队冲突对绩效的影响受到多种因素影响，包括成员的人格、任务的性质、工作环境和绩效评估方式等。例如，当团队成员具有高经验开放性和情绪稳定性时，任务冲突通常是有益的。此外，当一些团队成员感受到较高的任务冲突，而其他成员感受到较低的任务冲突时，任务冲突也可能会有益。一项研究发现，在完成创造性任务初期，适度的任务冲突可以提高团队的创造力，但过低和过高的任务冲突都可能对团队绩效产生负面影响。

那么，哪些团队更容易发生冲突呢？这个问题也没有简单的答案。尽管我们认为多元化团队可能更容易发生冲突，但事实情况要复杂得多。一项基于西班牙样本的研究发现，当团队成员对组织支持的看法存在较大差异时，任务冲突增加、沟通减少，最终导致团队绩效下降。另一项关于中国团队的研究发现，拥有高社会资本的团队会经历较高程度的任务冲突和较低程度的关系冲突,但这种情况只有在团队成立数年后才会显现。这一问题的答案,还有待组织行为学研究者的深入探究。高绩效团队的要素如图 6.4 所示。

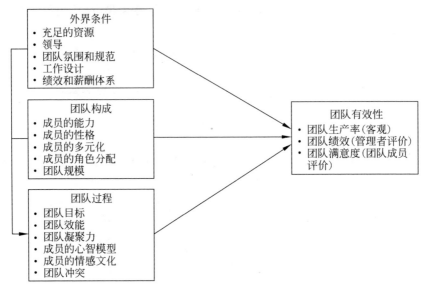

图 6.4　高绩效团队的要素

资料来源:罗宾斯,贾奇.组织行为学[M].孙健敏,朱曦济,李源,译.18 版.北京:中国人民大学出版社,2021.

▶ 本章小结

（1）群体和团队在商业、学术、医疗、政府以及非营利领域都发挥着关键作用,为协同工作提供了平台,有助于解决复杂问题、促进创新,并提高绩效和生产力。

（2）群体的多元化可以分为不同类型,包括分离型多元化、多样型多元化和不平等型多元化。这些不同类型的多元化会对团队产生不同的影响,因此在管理团队时需要慎重,以确保在为群体增加社会资本的同时,公平对待所有成员,避免歧视和偏见。

（3）群体决策具有多种优点,包括更全面的信息收集、更好的问题解决能力以及更高的决策质量。然而,它也可能导致决策过程变得冗长,有时还可能出现群体思维和决策滞后的情况。

（4）为了减少群体决策中的群体思维及其他问题,可以使用各种群体决策技术,如头脑风暴、名义小组技术以及德尔菲法等。

（5）要建立一个有效的团队,需要考虑外部条件,如充足的资源、合理的工作设计和绩效考核机制等,同时也需要精心构建团队成员的组合,包括选择合适的成员,确保他们具备必要的技能、经验和人格。

(6) 团队的心智模型和积极情感文化对于促进团队成员之间的有效合作至关重要。团队的领导者和成员应共同发展和维护共享的心智模型,同时积极塑造正性的情感文化,以创设支持性和积极的工作环境。

第7讲

领导力：塑造组织中的影响力

曙光科技是一家行业内的领军企业,专注于开发创新的软件和硬件产品。然而,最近公司面临一系列困境,包括竞争对手崛起、市场份额下降以及最新暴露出的内部管理问题等。公司对未来的发展方向犹豫不决,内部士气低迷。为了应对这些危机,走出当前的困境,股东们决定冒险一试——从公司内部选拔新的职业经理人,破而后立,以重塑战略方向和恢复业务。公司经过层层考核,最终遴选出几位有潜力的候选人,他们在自己的岗位上都是有着出色领导才能的优秀管理者,对公司未来的发展规划有不同观点,领导风格也各不相同。

第一位候选人是一位资深的技术专家,在公司担任高级研发职务多年,对于公司的核心技术研发非常熟悉,更是凭借过硬的专业能力,在员工中享有很高的威望。他强调技术创新对于公司发展的重要性,希望加大研发投入,推动新产品的开发和上市,以扩大市场份额。他相信通过技术创新,公司能够在激烈的市场竞争中占据领先地位。在管理风格方面,他对下属赏罚分明,与下属之间的交流主要停留在工作上的沟通,导致与下属的关系不够亲密。

第二位候选人是市场拓展的专家,她在过去几年里成功地带领公司的市场团队实现了快速增长。她有着非常敏锐的市场洞察力、果断的决策力和强大的行动力,能够高效地带领团队制订方案,并严格地把控每一个环节,以身作则,亲力亲为。在其下属看来,她是一名雷厉风行却又注重细节的管理者,非常有魅力。她的发展规划是通过拓展新客户群体来提高业绩,计划加强市场营销,加大市场推广力度,并与合作伙伴建立更紧密的关系,以增加销售额和利润。

第三位候选人是有丰富管理经验的高级经理,在过去几年成功领导了几个组织变革项目。他对组织内部的规划非常清晰,了解团队成员,在工作中懂得适当授权、积极支持下属,与下属关系良好,乐于接受下属的建议却也不失威望,能够把控决策的大方向。面对公司目前遇到的危机,他的发展规划是优化公司内部的组织架构和工作流程,提高工作效率和员工满意度。他认为应该注重团队建设、培训和发展,以塑造一个高效的组织文化,提升公司整体绩效。

困局之下,曙光科技需要一位能够全面应对危机的领导者。换言之,公司需要的是一名既能推动技术创新、又能扩大市场份额、还能够加强组织管理的领导者。三位候选人各有所长,行事风格各具特色,对公司未来的发展也有着自己的独到见解,并且都有丰富的领导经验,可以说都是公司优秀的人才。但当下决策的重点和关键在于,面对如此危机,谁能够临危不乱,更出色地发挥所长成为好的领导者?谁能够更高效地重整公司、带领公司突破困境?谁能够鼓舞人心、重振士气使员工团结一心、直面困难?这真的是个艰难的选择。

7.1 领导力及其来源

7.1.1 领导力的定义及其界定

我们在描述一位优秀的管理者时,常常会评价其拥有卓越的领导力(leadership),那么究竟什么是领导力呢?为了理解这一点,首先需要理解谁是领导者(leader)以及什么是领导。领导者通常是指在组织、团队或群体中扮演主导和指挥角色的个体,而领导是通过影响组织、团队或群体来实现特定目标的行为过程。领导力是一种能够引导、影响他人和团队的能力与品质。换句话说,如果一个人能够改变他人的想法或者行为,那么他可能就具备领导力。需要明确的是,领导力与管理者的身份或者岗位之间并不存在必然联系:一个人可能处于管理岗位,但如果他不能激励、说服或影响别人,那么他仍然不能被视为领导者。哈佛大学教授亚伯拉罕·扎莱兹尼克认为,管理者和领导者是完全不同的两类人:管理者一般循规蹈矩,按照企业的要求行事;但领导者常常主动寻求冒险。因此,管理者通常会根据自己在事件和决策过程中所扮演的角色与他人产生联系,而领导者则往往以直觉和移情的方式与他人产生联系。

在对领导力进行界定的过程中,有以下几点需要注意。

(1)领导力是发生在特定的对象之间的,即一定存在一个人扮演领导者,而一部分人扮演追随者。只有发生在领导者和追随者之间的影响力才被定义为领导力。平级或者同辈之间的影响力不属于领导力。当朋友询问一个人决策方面的意见时,这个人确实可以影响到他的朋友,但是他与朋友之间的角色和身份并非领导者与追随者。所以说只是产生了影响还不够,领导力还必须满足二者之间的身份关系。

(2)界定领导力时必须进行换位思考,不能仅仅从自身的角度去看领导力,还要从那些追随者的视角来看。如果存在至少一个追随者认同某个人的领导者身份,那这个人就是真正的领导者。即使某人具备了领导力所需的所有要素,如影响力显著,但如果他的下属或追随者不将其视为领导者、不认同其领导身份,那么这表明该个体尚未完全完成领导过程。领导力不仅在于个人影响力的展现,更重要的是得到团队的认同,领导身份的确认是领导力的关键环节。

(3) 领导力还取决于情境因素,这意味着在一些特定的情况下,领导力能够发挥较大的作用,但是在其他的情境下,这种作用可能是有限的。例如,当我们去回忆那些出色的领导者时,我们常常会发现这些领导者有一点共性——他们往往出现在一种需要变革的情境下,正所谓"时势造英雄"。在平稳发展的时期,即使人们具备充分的领导能力,可能也没有什么机会去施展本领,展现自身的领导力;相反,如果是在一个快速变革的时期,领导者就有了充分发挥的空间。因此,领导力通常会受到情境因素的影响。

(4) 领导风格并不是单一的,而是多种多样的。通常我们会认为领导者是站在台前的,但是也有一些领导者身居幕后、处于一种"隐身"的状态。很多知名企业的领导者为人们所熟知,我们可以在许多场合听到他们的言论,他们也成为企业的代言人;也有一些很知名的企业,我们在日常生活中经常会购买其产品,却不知道他们的领导者是谁,其实这也是两种不同领导风格的体现。

公众传统认知中的那种典型的领导风格属于魅力型领导或变革型领导。魅力型领导指的是那些光彩四射的领导者,他们出现在公众视野中,通过个人的魅力和行动影响他人,同时展现了所在企业的形象。董明珠就是一位魅力型领导者。同时她也是一位变革型领导,在她的带领下,格力经历了数次变革,成功渡过了诸多难关。另一种领导者则身居幕后,这种领导风格近年受到学界广泛关注,被称为服务型领导或公仆型领导。一方面,这种风格的领导者不会去抢占公司或者员工的风头;另一方面,他们在领导过程中的重点是服务他人,当下属遇到各种问题时,他们总是把下属的需要摆在最前面,他们在幕后就是为了去支持和培养下属。

魅力型领导通常处于最瞩目的位置侃侃而谈,鼓舞、激励下属追随他,朝着他希望的方向去努力。公仆型领导则常让我们无法一眼辨别出谁是领导者,但实际上,这样的领导者以身作则,时刻在培养下属,为下属提供各种形式的支持,并给予下属充分的授权,让其在工作中具有更大的主观能动性去发挥潜能、锻炼能力。

7.1.2　领导者权力的来源

前文中我们对领导力的概念进行了界定,实际上领导力最核心的要点就是"产生影响并成功地影响他人",所以领导者一定具备改变他人的能力,即拥有能够去改变他人的行为和态度的权力。那么,权力来源于哪里呢?事实上,领导者所具备的权力有些是由他的工作岗位所赋予的,还有另外一些权力源于领导者本人。心理学和管理学对于权力的影响因素研究得非常透彻,我们把这种对他人产生影响的权力的源泉分为六个不同的类别。

(1) 法定权力(legitimate power),即一种大家普遍接受、约定俗成的社会契约所赋予的力量。比如,我们去找医生问诊,医生让我们做什么,通常我们就会做什么,这显然不是因为他的人格魅力,而是他的职业所赋予的力量。再比如警察所拥有的法定权力(执法权)是由社会契约所赋予的。在组织中,管理层通常拥有法定权力,这种权力是由公司的组织架构和职位所决定的。例如,首席执行官(CEO)具有法定权力,因为他们在组织中担任最高职务,其职责和权威是由公司章程所确立的,员工通常会遵循 CEO 的指示。简单来说,这种力量的来源并非个体本身,而是其所处的位置。

(2) 奖赏权力(reward power),指的是通过奖赏影响他人的行为的权力。这里就会涉及一个概念——正向强化。正向强化指的是,如果希望别人做出特定的行为,那当别人表现出这种行为时,需要给予强化性的举措,如奖赏,这样一来,别人就更有可能在未来再次做出这种行为。奖赏权力的来源非常多,比如,如果我们去参与选举投票,那我们每个人手中都有一点奖赏权;又比如,一个选秀节目的评委也有这种奖赏权,可以给参赛选手投票。在工作中,奖赏可以是金钱方面的,包括工资和奖金,也可以是非金钱方面的,包括领导的认可、有意义的工作任务、舒适的工作环境等。

(3) 强制权力(coercive power),指的是通过威胁或施加惩罚的方式对其他人施加影响。举一个简单的例子,有的父母可能会在子女没有按照他们的要求行事时断掉生活费供给,这就是强制权力的体现。在组织中,强制权力的应用也比较多,比如很多领导者可能不太懂得如何恰当地管理下属,就会利用停职、降薪或降级等手段来威逼下属,这时用到的就是强制权力。值得注意的是,强制权力通常只在短期有效,因为这会激起下属的愤懑和不满。如果下属长期受到上司胁迫的话,可能会忍无可忍、愤然反抗,甚至可能会选择直接辞职以摆脱当下的局面。

(4) 信息权力(information power),顾名思义,指的是如果一个人掌握了别人所需要的信息,就有可能对别人产生影响。例如,很多人都想追寻时尚潮流,但是他们可能不了解最新的时尚趋势。时尚杂志的主编站在行业的风口浪尖上,把控着时尚的风向标,因此他们出版的杂志、在社交平台上发布的内容会提供人们所需的潮流信息,这些内容会获得人们的关注与追捧,进而对人们的审美产生深刻的影响,这就是信息权力。

(5) 专家权力(expert power)。当一个人在特定专业领域中具有一定的权威时,别人就会很信服他的一言一行,他就具有了专家权力。比如霍金在物理学领域就具备专家权力。在组织中,具有专家权力的个体可以帮助解决复杂问题、分享知识、指导和培训团队成员,因此可以对他人产生影响。

(6) 参照权力(referent power)。当一个人成为别人的榜样或参照对象时,就具有了参照权力。根据参照权力,如果一个人的身上具备一些你希望拥有的特质或资源,你可能会愿意模仿他的行为,使得他对你产生影响。比如一些明星有出众的外貌,或者具有较高的社会地位,这可能会让其他人产生羡慕或崇拜之情,因此人们愿意效仿明星的行为,这可以解释为什么很多品牌会聘用知名度和美誉度高的明星担任代言人。组织中那些具有良好形象、沟通能力强、个人魅力突出的人往往能够通过参照权力对团队产生积极影响。其他成员可能愿意追随他们,因为人们希望获得类似的成功或特质。

作为领导者,你可能很希望自己有能力去影响下属,为此你要想方设法去拥有和利用这些权力。假如你的下属在工作中的投入程度很低,你打算如何应对呢?我们可以从领导者权力的不同来源作为切入点进行分析。从专家权力的角度看,如果你具有很强的专业能力,当下属在工作过程中遇到问题时,你可以为他提供专业的建议,那么你在下属心目中的领导形象会更加权威和可靠,从而影响下属的工作意愿和工作投入。如果从参照权的角度来着手,提高自身的专业水平和工作投入,可以让员工以你为榜样,也可以对其产生积极影响。

一个值得思考的问题是,前文中介绍的六种权力来源,哪几种权力是组织赋予领导者的?又有哪些权力是一名领导者自身所具备的呢?事实上,组织赋予领导者的权力包括法定权力、奖赏权力和强制权力,专家权力和参照权力则来自领导者自己,而信息权力既可以来自组织,也可以来源于领导者个人。那么,哪一种权力会对下属的工作态度和行为产生最大程度的影响呢?研究表明,专家权力和参照权力可以积极影响员工的满意度、组织承诺和绩效,奖赏权力和法定权力没有什么影响,强制权力则可能负面影响员工的态度和行为。事实上,学者们认为在这六种权力中,参照权力是最重要的:如果一名领导者被下属视为榜样,且下属是真心实意地认可并尊重这名领导者,领导者所采取的举动对下属产生的影响将是巨大的,其行为模式到思维模式都有可能被重塑。

7.2 多种多样的领导风格:领导力相关理论

在领导力的相关研究中,领导力的来源、风格及其影响因素一直是热点。为了更深入地理解领导力,接下来我们讨论三大领导力理论:特质理论、行为理论和权变理论。特质理论探讨领导力是否源自个人与生俱来的特质;行为理论关注领导者的行为模式对团队的影响;权变理论则研究领导的效果如何受到特定情境的影响。这些理论为我们理解领导力的复杂性提供了丰富的视角。

7.2.1 领导力的特质理论

组织行为人物志：温斯顿·丘吉尔(1874—1965)

1940年至1945年、1951年至1955年，温斯顿·丘吉尔两度出任英国首相，被认为是20世纪最重要的政治领袖之一。丘吉尔的领导才能在这个时期表现得淋漓尽致，他领导英国人民赢得了第二次世界大战，成为"雅尔塔会议三巨头"之一，并在战后发表"铁幕演说"，正式揭开美苏冷战的序幕。

丘吉尔著有《第二次世界大战回忆录》16卷、《英语民族史》24卷，其著作《不需要的战争》在1953年获得诺贝尔文学奖。此外，丘吉尔也以出色的演讲才能而著称，他能有效地运用卓越的语言能力。在演讲中，丘吉尔以强有力的方式使用词汇和想象力，这些演讲极大地鼓舞了当时英国士兵以及民众的士气。丘吉尔被美国《人物》杂志列为近百年来世界最有说服力的演说家之一。2002年，BBC(英国广播公司)开展了名为"最伟大的100名英国人"的调查，丘吉尔成功入选有史以来最伟大的英国人。

丘吉尔的领导力非同寻常。然而，在很多方面他也是个普通人，他的个人生活曾面临诸多挑战。他是一个孤僻的人，朋友很少；他一生中遭受多发性抑郁症的折磨。尽管如此，丘吉尔仍然成长为一位伟大的领导者，因为他拥有其他独特的天赋，比如讲话直率、行事果断、注重细节。更重要的是，他知道如何善用这些天赋。

思考题：谈谈你对丘吉尔的认识，并分享你从丘吉尔身上看到的领导特质。

毫无疑问，材料中所介绍的丘吉尔首相是一位杰出的领导者，从对他的描述中我们不难看出他冷静、乐观且极具感染力。他能够最大限度地鼓舞人心，对他人产生重要影响。他所拥有的那些天赋、人格特质、才智和品德正是其巨大影响力的重要来源。让我们将视野拉回到我国古代，儒家认为君子应该"修身、齐家、治国、平天下"，具备"仁、义、礼、智、信"五种品德，这正是儒家对一名优秀领导者所应具备特质的归纳。如今，当我们提及优秀的领导者时也往往会想到一些共同特质，比如敏锐的洞察力、高度的责任心、充沛的精力，并且认为这些特质在他们成功的道路上发挥了巨大作用。由此可见，领导者的特质通常被人们认为是成功领导的关键要素。

领导力的特质理论(trait theories of leadership)描述了一个人需要具备哪些特质才能成为强有力的领导者。特质理论的基本假设是领导力是与生俱来的，不能通过后天的训练或者培养而获取。因此，该理论认为，成为领导者需要天生具备一定的特质，这些特质主要源于个体差异的两个重要方面，即认知能力和人格，我们在第2讲进行过详细探讨。特质理论认为认知智力和情绪智力(情商)是至关重要的。比如，高情商的领导者可以敏锐地察觉下属的诉求、听到弦外之音，并能够准确地解读下属的反应。除此之外，人格特质也很重要。很多学者围绕大五人格模型中的人格特质与领导力之间的关系进行了深入探究。

在一项研究中，学者关注了领导力相关的两个重要概念：领导力的涌现以及领导力的有效性。前者描述了一个人是否会成为领导者，即哪些人会被认为具有领导力、被视为领导者；后者描述的则是，如果一个人已经是领导者，他是否是一个合格、有效且成功的领导者。一个人表现出领导特质并且被其他人认为是领导者，并不意味着一定是有效的领导者。研究结果显示（表7.1），绝大多数人格特质对领导力相关的结果变量有预测作用，唯一没有预测性的是神经质——它既不能预测领导力的涌现，也不能预测领导力的有效性。此外，除神经质之外的其他特质都能够预测一个人是否会成为领导者，但宜人性和尽责性两个特质无法很好地预测领导力的有效性。这个结论初看会有一点反直觉。事实上，关于宜人性，现有的比较权威的研究结论是：作为团队成员，宜人性有利于团队协作和营造好的团队氛围。然而，作为领导者，宜人性可能会导致其失去某种权威，使得下属无法真正将其视为领导者，从而引发一些问题。这或许能够解释为什么宜人性不能很好地预测领导力的有效性，且负向预测领导力的涌现。尽责性无法有效地预测领导力的有效性的结论的确有些出乎意料。这可能是因为在领导的角色中，过度尽责可能会产生一些负面效应。比如尽责性强的领导者可能过于关注细节、聚焦事务性工作，导致在战略和创新方面表现不佳；他们可能过于注重规矩和程序，而忽视了灵活性和变通性，这在某些情境下可能不利于领导团队应对复杂的挑战。除了大五人格中的特质，认知能力、自我效能、抗压能力和自信心也被发现可以预测领导力的涌现和有效性。

表 7.1　人格特质等个体差异因素与领导力之间的关系

特征描述	与领导力的涌现有关？	与领导力的有效性有关？
高尽责性	是	否
低宜人性	是	否
低神经质	否	否
高经验开放性	是	是
高外向性	是	是
高认知能力	是	是
高自我效能	是	是
高抗压能力	是	是
高自信	是	是

基于这些研究，我们可以得出的结论是：个体特质确实能够预测领导力；相较于领导力的有效性，特质能够更准确地预测个体能否成为领导。也就是说，特质可以更好地预测个体领导力的涌现。这就是与领导力相关的第一个重要理论——特

质理论的主要观点。特质理论存在什么问题吗？后续研究发现，以上特质与领导力之间并不存在充分必要的关系。换言之，并非所有具备这些特质的人都能成为出色的领导，而一些杰出的领导却并不具备这些特质。因此，仅仅把特质看作领导力涌现和有效性的可靠预测因素可能过于片面，事实上二者还受到环境、情境以及团队成员互动等多种因素的影响。理解领导力的全貌需要从更广泛的视角进行考察，结合特质理论之外的其他理论以及实践经验。

7.2.2 领导力的行为理论

相较于领导者的特质，有部分学者更为关注领导者做了什么、怎么做，也就是领导者的行为，并试图理解这种行为与领导力之间的关系。随着领导力理论的进一步发展，学者提出了与领导力相关的第二个主流理论——领导力的行为理论（behavioral theories of leadership）。行为理论与特质理论最大的差别在于，特质理论认为领导力是天生的，行为理论则反驳了这个观点，认为领导力更多是通过后天培养的。根据行为理论的核心观点，只要表现出特定的行为，我们都有可能成为一个有效的领导者。在管理实践中，领导行为理论更具吸引力，因为它拓展了企业培养人才的思路，也为员工提供了积极奋进的动力。

谈到行为理论时，学者们把领导者应采取的行为分为两个关键类别：第一类是以人为导向的行为，关注如何有效地管理团队成员；第二类是以任务为导向的行为，即思考如何规划工作和设定明确目标，以确保团队的工作任务能够顺利完成。基于此，行为理论强调一名领导者应该在两个方面都发挥重要作用，一方面是关注人际关系和团队成员的福祉；另一方面是以任务为导向，关注任务的完成。聚焦领导行为的各类研究产生了以下三种最具代表性的理论。

(1) 俄亥俄州立大学的研究。这项研究确定了领导行为的两个重要维度——结构任务维度和关怀维度。结构任务维度指的是领导者对下属角色界定的程度，高结构任务维度的领导者会明确下属的工作目标、任务和方式。关怀维度反映了领导者对下属的信任和关系建立的程度，高关怀维度的领导者会关心下属的工作和生活，积极给予支持，并关注员工的满意度和幸福感。这两个维度形成了四种可能的领导行为组合，其中高-高型领导模式被后续的研究认为是最理想的领导方式，但它并不一定是最有效的。

(2) 密歇根大学的研究。这项研究也为领导行为设定了两个维度——生产导向和员工导向。生产导向的领导者关注任务，力求高产出和高效工作；员工导向的领导者则更关注员工的福祉，强调建立积极的人际关系。研究者认为，员工导向的领导更有助于取得高效率和高员工满意度。

(3) 爱荷华大学的研究。这项研究提出了三种领导风格——独裁型、民主型和放任型。独裁型领导认为领导者拥有来自其职位的权力,且员工是懒散的、不会主动作为的,因此需要进行集权管理;民主型领导则认为领导者即使拥有职权,但其最大的力量来源是团队,并相信员工受到激励后是可以自我领导的,因此领导者应该向员工授权、给予其参与决策的机会;放任型领导认为领导者能够完全信任他的下属,放权让团队成员自己做决策。研究者认为民主型领导风格的效果最佳,但这个结论在后续的研究中出现了不一致的情况。

领导行为理论的重要贡献是引出了我们即将探讨的领导权变理论。这是因为学者们在不同的文化背景和国家中对领导行为理论进行了广泛的研究,发现了显著差异。比如,一项涉及 62 个国家、825 个组织的 18 000 名领导者的研究发现,文化价值观对领导的有效性判断有着深远影响。在不喜欢单方面做决策的国家,比如巴西,人们会认为一名好的领导者应当更多以人为导向。相反,在更官僚的国家,比如法国,员工可能更看重领导者对工作任务的重视和投入。由于我国注重礼仪与关怀的同时也强调绩效,所以对于中国的管理者而言,以人为导向和以任务为导向可能同等重要。我们由此得出的一个结论是:要成为真正合格的领导者,必须考虑情境因素。也就是说,我们需要理解整个社会对于领导者的期望,只有满足社会的期望,做出相应的领导行为,才能真正成为一名优秀的领导者。因此,情境在领导者理论中是一个极为关键的因素。

7.2.3 领导力的权变理论

承接上文对于情境因素重要性的讨论,自行为理论发现情境这一关键因素之后,学者们也开始聚焦情境与领导力之间的关系,并提出了领导力的权变理论(contingency theory)或情境理论(situational theory)。首先,我们要理解的是,权变是指事情可能存在各种各样不同的走向,情境会不停地发生变化,而作为领导者,领导方式可能也需要在不同的情境中作出相应的调整。相对有影响力的领导权变理论包括费德勒模型(Fiedler contingency model)、赫塞-布兰查德的情境理论(Situational leadership theory)和豪斯的路径-目标理论(path-goal theory)。

费德勒模型认为,有效的领导取决于领导风格与组织所处环境之间的匹配程度。费德勒指出,领导方式可以被大致划分为任务导向和关系导向两类。他设计了最不受欢迎同事调查问卷来确定一名领导者是任务导向还是关系导向的。这一问卷要求人们描述最不喜欢与之共事的同事。如果我们以相对正面的词汇来描述这位同事,那么我们就是关系导向型的;如果我们对这个同事看法比较消极,那么我们属于任务导向型。费德勒认为,人们的领导风格是相对固定的。

接下来,费德勒认为可以从以下三个方面考量当前面对的管理情境:第一个方面,即领导与成员的关系,指的是下属对领导的信任、爱戴和尊重程度,以及领导对下属的信任、爱护和关心程度。如果领导者是被下属充分信赖的,那么就有机会给下属施加更大的影响力。因此,领导者与团队成员的关系越好,对于领导者而言就是越有利的领导情境。第二个方面,即任务结构,指的是目前团队要完成的任务的结构化、程序化程度。这里存在两种不同类型的任务:一种是类似流水线的非常结构化的任务,有着明确的工作流程,每名员工只需各司其职就可以完成。一般情况下,这种非常标准化的任务在执行过程中不会出任何差错。另一种是不太明确的非结构化的任务,如开发一款新的应用。虽然在开发应用之初也会对用户的需求进行分析并搭建大的框架,但是应用开发的过程是要不断进行迭代的,一定会不断地有新问题出现,同时也会有新的用户需求出现。非结构化的任务不是按照一个标准的方式来向前推进,而是需要执行者不断地去解决在工作推进过程中遇到的新问题。第三个方面,即职位权力,指的是领导者所在职位所拥有的权力和影响力。一名正式的领导者在组织中具有一个明确的工作岗位,而这一岗位赋予领导者的就是职位权力,如领导者可以决定用谁、给哪些下属发放奖励以激励其做得更好,也可以在下属出现工作失误时给他一些惩罚。因此,分别从领导与成员的关系、任务的结构以及岗位的职权这三个维度进行分析后,我们就可以把一名领导者所面对的领导情境分为八种不同的类别。

  一般来说,当领导者与团队成员关系好,任务结构高度标准化、没有任何模糊之处,且工作岗位赋予其很大权力时,领导者拥有更强的控制力和影响力,处在更有利的工作情境。那么在这种情况下,领导者应该采用任务导向还是关系导向呢?研究结论是,在这种对领导者最有利的情境下,应该采用任务导向。简单来说,如果你是某个团队的领导者,团队当下的任务结构非常清晰,岗位赋予了你很大的权力使得下属必须听从你,同时你与成员的关系又很好,他们愿意服从你的指示,那么在这种情况下,你只需要简明扼要地下达一个明确的指示即可。在最不利的情况下,也就是你与下属的关系不好、任务很模糊、工作岗位也没有赋予你相应的权力时,任务导向可能也是最适合的领导风格。这该怎么理解呢?为什么在对你最不利的领导情境下,也要通过下指令的方式来领导他人呢?这是因为在这种情境中存在着较大的不确定性和隔阂,而任务导向的领导风格能够提供明确的指示以及决策,从而规避了沟通障碍和潜在的冲突。因此,在极端的情况下,也就是无论对领导者最有利还是最不利的情境,最有效的领导风格都是任务导向。然而,在处于中间水平(中等有利程度)的情况下,相对而言关系导向的领导风格能够取得更理想的领导效果。

  费德勒权变模型是最早的综合性领导权变模型,该理论证明了情境要素与高效领导风格之间的密切关系,但也存在一些不足,如情境变量在现实工作场景中非常难以评估。此外,费德勒认为领导者的风格是固定不变的,不会随着情境而发生变化,这种认识也不准确。实际上,针对领导力与权变之间关系的研究十分丰富,其他学者也提出了极具建设性的观点与模型,改进了前人理论的不足。比如,赫赛-布兰查德的情境领导理论聚焦下属的成熟度,即员工完成任务的能力以及意愿程度。他们认为团队的效率取决于下属的行为,而领导者可以通过领导风格弥补下属能力和积极性上的不足。他们将下属的成熟度划分为四种类型,分别是无能力-无意愿、有能力-无意愿、无能力-有意愿以及有能力-有意愿。然后,通过关系导向和任务导向程度的高低组合为四种领导风格,包括推销型(高任务导向—高关系导向)、参与型(低任务导向—高关系导向)、指示型(高任务导向—低关系导向)和授权型(低任务导向—低关系导向),并提出针对不同成熟度水平的员工应采取相应的、可以弥补其不足的领导风格。比如,当下属既无能力又无意愿时,推销型领导可以在教他们完成任务的同时关怀、激励他们努力去做;当下属既胜任又有热情时,领导可以放心地授权更多权力。

豪斯与费德勒的不同在于,他认为领导者的领导风格是可以改变的。目标—路径理论提出,领导者的任务在于协助下属完成目标并提供其所需要的支持和指导,从而使他们的目标与团队保持一致,也就是说领导者可以改变自身的领导风格,选择能弥补员工或环境不足的风格来正向地影响员工的工作,以实现组织目标。总而言之,权变理论带给我们的最重要的思考和启示是:作为未来的领导者,我们一定要考虑具体的情境,时刻保持这种权变的意识。

▶ 7.3 领导力的当代理论进展

7.3.1 领导-成员交换理论

你观察和比较过自己和同事与领导之间关系的亲近程度吗?你是否曾注意到自己的领导特别青睐某几位下属,并且与他们形成了一个紧密的小圈子呢?你是否发现身边有这样几位同事,他们与领导的沟通较少,获得的领导支持也比较少呢?仔细回想,似乎每一位领导者身边都普遍存在这两类员工,包括你自己也可以被划分到其中的一类。这种普遍的现象就可以用领导-成员交换理论(leader-member exchange theory)进行解释。

领导-成员交换理论主要探讨了领导者与团队成员之间的相互作用,以及如何形成领导者与成员之间的交换关系。这一理论认为,领导者与团队成员之间的关系不能一概而论,是基于个体之间的交互作用构建起来的。具体地,由于领导者的时间和资源有限,他们会将下属划分为圈内人与圈外人,这种关系的判定过程往往可以分为两个阶段,分别是入组阶段和嵌入阶段。

(1) 在入组阶段,领导者和团队成员之间的交互主要是基于正式规范,比如工作要求、任务分配等。领导者和团队成员之间的交流较少,关系相对疏远。在这个阶段,领导者通常会对每名成员进行初步评估,然后基于评估结果将他们划分至内部圈子和外部圈子。需要指出的是,事实上,我们并不清楚领导者具体是如何划分圈内与圈外的,评估的维度可能不仅仅有工作相关的因素,还会存在社会因素,比如下属的人口统计学特征、人格特质等。但是可以明晰的是,领导者会作出选择,而下属的工作和非工作特征会影响领导者的选择。

(2) 在嵌入阶段,领导者会与"内部圈子"的成员建立更密切的合作关系。他们之间的交流更为频繁和亲密,领导者会给予这些成员更多的支持、资源和机会,相应地这些成员也会回馈给领导者高度的忠诚和超凡的努力,进而形成互利的双向关系。这种圈内人与领导者的关系被称为"高质量交换",其特点是互信、互惠和共享。被认为是"外部圈子"的成员则与领导者之间的交流较少,获得的支持和资源相对有限,他们的组织承诺与满意度也相应地较低。这种圈外人与领导者的关系被称为"低质量交换",其特点是相对冷漠、正式和低信任。

领导-成员交换理论强调,高质量的交换关系对于个体和组织的发展都很重要。在高质量交换中,领导者与圈内成员更容易共享信息、解决问题、提供支持;圈内成员也更有可能获得更好的绩效考核结果,以及晋升和职业发展的机会,因此他们的工作满意度更高、离职倾向更低、组织公民行为更频繁。

例如,假设一个团队由 10 名成员和 1 位领导者组成。在入组阶段,领导者会通过初步观察和评估来判断每个成员的人格、能力和可靠性。然后,领导者可能将其中的 4 名成员视为内部圈子成员,与他们建立更密切的合作关系。在嵌入阶段,领导者会与这 4 名圈子成员频繁交流,并给予他们更多的支持和资源。这些成员也会表现出更高的工作动机和承诺,积极参与团队的决策和创新活动。同时,领导者也会倾向于将重要的任务委派给内部圈子的成员,并提供晋升和职业发展的机会。相比之下,剩下 6 名被划分为外部圈子的成员与领导者之间的交流较少,获得的支持和资源也较为有限。这些成员可能感受到排斥和不公平待遇,从而对工作产生不满并失去动力。一项涉及 23 个国家、近 7 万名员工的元分析显示,在个体主义文化的国家(如西方国家)中,领导与成员间的交换关系对员工的组织公民行为、公平感知、工作满意度、离职意向和领导信任等方面的影响更为显著,而在集体主义文化的国家中影响较弱。另外,国家文化并不会改变领导与成员之间的关系对员工任务绩效和组织承诺的影响。

领导-成员交换理论强调领导者与团队成员之间关系的重要性,以及不同的交换质量对个体和组织的影响。高质量交换关系能够促进团队的发展和成员的职业成长。需要注意的是,这一理论并不是鼓励领导者差异化对待员工。领导者的差异化对待对于整个团队来说有很多危害,比如会降低团队的公平感知、团队效能、团队合作,并增加团队冲突,进而负面影响整个团队的绩效。

7.3.2 魅力型领导

开篇我们谈论领导风格多元性时曾提及一种领导风格——魅力型领导(charismatic leader)。这种领导风格如今获得学者更为广泛的关注,学者们试图探究魅力型领导者具备的人格特质,并证明其与出色的绩效之间的关系。魅力型领导是指那些以其个人魅力和吸引力来影响与激励团队成员的领导者。他们通过展示自信、决心和魅力来赢得团队成员的信任与支持。这一领导风格通常具有以下特征:①魅力和说服力,魅力型领导者有能力吸引和影响他人,使其对共同目标和愿景产生兴趣和承诺;②激励和激发动力,他们能够激励团队成员追求更高的绩效水平,并激发他们的热情和动力;③自信和决心,魅力型领导者表现出自信和坚定的态度,从而给予团队成员信心和安全感。

魅力型领导风格的领导者往往有愿景且能够清晰描述愿景,他们愿意为实现愿景而承担风险,行为打破常规,并且通常极具人格魅力以及卓越的行动力。最重要的一点是他们能通过言行举止来影响他人,能够获得下属的信任与追随,有效地鼓舞士气、激励人心。那么魅力型领导是先天的还是后天的?我们可以通过学习成为魅力型领导吗?首先,研究发现,包括情绪稳定性和外向性在内的一些人格特质与魅力型领导密切相关。也就是说,有些人天生就具备成为魅力型领导的禀赋。此外,研究还表明,管理者可以通过参加如何在与员工的交流中更鼓舞人心的培训,如通过眼神交流、生动的面部表情和姿态等强化信息来增加其魅力。但需要注意的是,魅力型领导并不是获得出色绩效的必要条件。有时候,当魅力型领导过于关注自我时,可能会将自己的个人目标凌驾于组织目标之上,从而给组织带来严重的后果。

7.3.3 全范围领导理论

除魅力型领导外,还有一种更为基础和普遍的领导风格——交易型领导(transactional leader)。很多早期的领导理论都将领导者视为交易型领导,这是一种基于交换和奖励机制的领导风格,它侧重于明确的目标设定、任务分配以及与团队成员之间的交易。交易型领导者强调完成任务和实现特定目标,通过给出明确的期望和设定指标来激励团队成员。他们还擅长利用正面(比如奖励和赞扬)和负面(如惩罚和纪律)的激励举措来提升员工的绩效与工作表现。例如,较为典型的交易型领导者是亚马逊的创始人杰夫·贝佐斯。他通过设定明确的目标和激励机制来督促员工有高水平的工作表现。亚马逊的员工常常会受到明确的目标和激励机制的驱动,提供卓越的客户服务和持续创新。

在交易型领导的基础上，又发展出了一种以激励和变革为核心的领导风格——变革型领导（transformational leader），这是一种激发团队成员的潜力和积极影响他们的价值观、信念和行为的领导风格。这种领导风格强调领导者与团队成员之间的互动，旨在推动积极的变革与发展。变革型领导者能够传达激励人心的愿景，鼓励团队成员超越个人利益，为共同目标努力奋斗。他们通过激发团队成员的热情、动力和责任感，推动组织的发展和创新。同时，变革型领导者关注团队成员的个人成长和发展，鼓励他们不断提升能力和拓展技能。他们表现出对团队成员的关心和支持，建立起积极、互信的工作关系。变革型领导在组织中发挥着至关重要的作用，他们能够通过自身的领导力营造积极的工作氛围，增强团队合作和创造力，有助于组织实现可持续的成功。

全范围领导模型（full range of leadership model）是一个综合性的当代领导力模型，将交易型领导与变革型领导体现在同一模型中。一位领导者采取的举措是积极主动的，还是消极被动的？这种举措是否有效？全范围领导模型根据这两个维度对领导风格进行了区分（图7.1）。

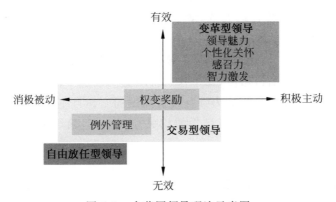

图 7.1 全范围领导理论示意图

第一种领导风格，即图7.1中左下角的一类，是领导者无为而治、放任自由的一种领导风格。它是一种被动的、通常被认为效果最差的领导风格。第二种领导风格，即交易型领导，比较中庸，例外管理和权变奖励都属于交易型领导的行为。例外管理指的是领导者在员工表现低于或超过预期时才会进行干预，更为被动；权变奖励指的是会对员工的各种正面或负面的工作表现给予预先设定的奖励或惩罚，更为主动。正如我们之前介绍的，交易型领导是目前最为广泛且相对主流的领导风格。可以说，目前所有的组织中，领导者采用的领导风格都是以交易型领导为基础的。交易型领导考虑的是：人为什么要工作？一方面人们会考虑工作对自身的意义，想要通过工作对社会作出贡献；另一方面，人们工作的最主要的驱动力还是金钱，工作的重要目的仍然是赚钱。因此，交易型领导采用"胡萝卜加大棒"的方式:想要让下属做出什么样的行为,领导者就要给予相应的奖励,而如果下属在工作中表现不好,就要给予一定惩罚,以减少未来这种行为发生的可能性。这就是交易型领导,大多数的公司都是这么做的。

在此基础上更进一步,如果我们希望切实有效地激励员工,不能只考虑简单粗暴的物质奖励。此外,如果领导者不能恰当使用物质奖励的话,甚至会削弱下属的工作动机,让他们觉得工作不再是自己想要的。要有效激励员工,除了采用物质奖励,全范围领导理论中的变革型领导提供了另一条路径。这种领导着力于激发员工的内在动机,通过建立愿景、鼓励创新和个人发展,提升工作效率和满意度,从而实现组织目标。变革型领导力通过深化员工对工作的理解和投入,促使他们内心认同组织的价值和目标,激发他们追求卓越的热情。

以上几种领导风格都可以从我们熟知的商业领袖身上找到影子。史蒂夫·乔布斯是一个极具创新精神的领导者,他站在聚光灯下并成为大家都愿意效仿的榜样,员工在他的引领下大胆创新。此外,他常常告诉员工,苹果公司的产品不满足于提供功能属性,更是推动整个社会的变革。这种影响超越技术本身,触及人们的生活方式、工作方式以及沟通方式,成为推动现代社会向前发展的关键力量。因此,他符合变革型领导的风格。比尔·盖茨的领导风格更为常规,他是一名交易型领导,通过社会交换领导员工。巴菲特则展现出放任型领导的风格。根据下属的描述,他给予下属很大的自由度,几乎什么都不过问,但不可否认的是,公司的业绩很好,这大概是因为他的下属能力强且具备高度的工作自主性。因此,尽管通常变革性领导与工作场所中各种积极行为的相关性更高,但领导风格的有效性可能会在不同情境中有所变化。

▶ 7.4 领导力的涌现与有效性

介绍领导特质理论时我们提到了两个概念——领导力的涌现与有效性。这两个概念用更直白的话来说,就是成为一名领导者和进行有效的领导以成为好的领导者。它们之间存在递进关系,而这也是培养一名优秀领导者必须经历的过程,因为一个人能否成为领导者是基本前提。本节将系统探讨领导力的涌现与有效性,分析如何成为一名领导者以及进一步成为一名好的领导者。

7.4.1 领导力的涌现

首先,我们来探讨一名员工会不会成为一位领导者,即领导力的涌现。要成为一名真正的领导者,首先你必须相信自己能够成为领导者。这是因为一个人有了这种信念之后才会做出相应的举动,比如去积累经验、培养领导者必备的技能。但是只做到这点还不够,了解"下属是如何看待我的"也很重要。有潜在的追随者,你才能成为一名真正的领导者。因此,成为领导者需要具备两方面的前提条件:第一个前提条件是,我们要对自己进行判断。比如,我认为自己是一个内向的人,那么我是否能成为领导者取决于我是否相信内向的人可以成为领导者。换言之,如果你是内向者,但你认为内向的人不能成为领导者,那么你从一开始就剥夺了自己成为领导者的可能性。因此,你对自己的评价以及你心目中对一个好的领导者所需具备特质的理解需要保持一致。然而,仅满足自己的评价还不够,第二个前提条件是我们还需要了解其他人的想法。潜在的追随者也会思考他们心中一个好的领导者应当具备哪些特质。只有当他们心中的标准与你的特质高度匹配时,你才有可能成为一个真正的领导者。

那么,影响领导力涌现的因素有哪些?结合前文对领导力相关理论的介绍,我们可以从四个方面来解释领导力的涌现:①特质视角。领导者可能具有特定的个人特质和品质,比如自信、决心、自我认知、创新能力等,这些特质让他们更有可能在团队中被认可和接受为领导者。②动态情境。领导力的涌现也受到动态情境的影响。在特定情境中,比如紧急情况、团队合作和决策制定等,个人能够展现自己的领导潜质并得到他人的认同,那么他就可能具备影响他人的力量,成为潜在的领导者,进而有机会成为正式的领导者。③任务需求。当团队面临挑战或问题时,个体可能展现出领导能力来引导团队、解决问题并推动任务的完成。任务需求会促使一个人领导力的涌现,帮助其发掘自身的领导能力,激发潜力,从而成为领导者。④社会互动。领导力的涌现还与个体在团队和社交环境中的互动有关。通过积极参与、主动帮助、倾听和建立良好的人际关系,个体能够获得他人的信任和支持,从而涌现为领导者的角色。

需要强调的是,领导力的涌现并不限于特定的个人或团队。任何人都有潜力成为领导者,并且领导力可以通过学习和实践来培养与发展。领导力是一种社会建构的现象,它在日常生活和各种组织中不断涌现与发展。从某种程度上看,成为领导者也是我们肩上的责任。成为领导者不仅可以让我们变成更好的自己,而且由于领导力是关于影响他人的力量,如果我们成为一个出色的领导者,那我们就有机会让他人也成为更好的自己。这种影响是持久的,即使你已不再是别人的领导者。我们每个人都可以,也应该努力成为一个优秀的领导者。

7.4.2 领导力的有效性

怎样成为一个有效的领导者?这个问题没有标准答案。前文介绍过的理论都在帮助我们去理解和判断什么是好的领导者。因此,根据不同的理论,对于不同的个体来说,好的领导的定义本就是不同的,会受到各种因素的影响。就像权变理论所说的,在不同的情境中都要找出最适合的领导方式。

组织行为学认为,领导力的有效性指的是一个领导者能够有效地达成团队或组织的目标,并且能够激励和激发团队成员的积极性与创造力。领导力的有效性有如下体现:①愿景和目标。领导者应当具有明确的愿景和目标,并能够将这些愿景和目标传达给团队成员。同时,领导者应该通过激励来有效提升团队成员的参与度和创造力,使团队朝着共同的目标努力。②沟通与倾听。领导者应当具备良好的沟通能力,能够与团队成员建立有效的沟通渠道,以确保信息的流通和理解。同时,领导者应该倾听团队成员的观点和反馈,鼓励他们参与决策和问题解决,提高团队的创造力和效率。③激发团队成员的潜力。有效的领导者能够识别和发展团队成员的才能和潜力。他们能够提供适当的培训和发展机会,让团队成员最大限度地发挥能力,并激励他们为团队的成功作出贡献。④团队合作和建立信任。领导者应该鼓励和促进团队内的合作与协作。他们应该创设支持性和信任的工作环境,使团队成员相互合作、智慧共享,并且展示出积极的情感和态度。⑤解决问题和冲突管理。有效的领导者应该具有解决问题和管理冲突的能力。他们能够识别并解决团队中的问题和冲突,通过合适的解决方案来促进团队的和谐与效率。⑥执行和结果导向。领导者应该有效地执行计划和决策,并追求卓越的结果。他们能够带领团队克服困难和挑战,并在团队取得成功时给予恰当的认可和回报。

总而言之,领导力的有效性取决于领导者的能力和行为,以及他们与团队成员之间的互动关系。通过充分发挥自己的领导潜质,投入适当的努力和学习,领导者就可以提高自身领导力的有效性,为团队和组织的成功作出贡献。在这里,我们诉诸全范围的领导力模型,进一步阐释领导力的有效性。通过前面的介绍我们得知,这种领导力模型提到了两种核心的领导风格,分别是交易型领导和变革型领导。

交易型领导风格指的是领导者与下属之间的关系基于利益交换,它是所有领导风格的基础。所有组织的领导都会采用交易型领导风格作为基础以方便管理,比如领导者会通过发放基本工资和奖金等报酬来履行领导者的基本职责。这种领导风格在某些情境下非常适用,比如当领导者能够给到自己的下属非常明确的指令时,下属就不会感觉到困惑;领导者需要具备完成这项工作所需的各种各样的工作资源;另外,领导者应当实时监控下属的工作绩效,在他们表现好的时候进行奖励,在他们表现不佳的时候及时纠偏甚至进行惩罚。在同时具备这三种条件的情境下,交易型领导风格可以最大化地发挥它的作用。但是,这种领导风格并非在所有情境下都适用。在现实中,很多工作任务并没有非常明确的指示,甚至随着时间的推移,我们会遇到各种新的问题,需要不断去迭代我们的工作方法。此外,领导者很多时候并不具备员工所需的所有工作资源,而是需要员工自己去积极开拓。最后,领导者很难实时监控下属的工作绩效。如果这些条件没有同时具备,单纯依靠交易型领导风格可能不是最有效的。在这种情况下,就需要考虑其他领导风格,比如在给大家"胡萝卜加大棒"的基础上,提供更大、更深远的激励,即采用变革型领导的风格。

要实现变革型的领导,需要关注以下四个方面:①个性化的关怀。要充分关注到每个追随者,理解他们的诉求,了解他们的优势和劣势,并把他们视为独特的个体,而不是同质化的整体。进一步地,要有意识地去关心每一位下属、培养每位下属所需掌握的独特技能。②智力的激发。它的基本要点是,我们要给下属或者追随者适度的挑战,通过布置相对复杂的任务,促使他们付出努力完成任务,从而激发他们的创造力。③激励性的愿景。作为领导者,我们要比下属看得更长远或者更深远。虽然很多公司都制定了宏大的愿景,但员工普遍会认为这与他们的日常工作没有很大关系,因此并没有获得有效的激励。领导者需要将宏大的愿景与员工的日常工作和具体任务联系起来。只有这样,宏大的愿景才能激发员工的积极性。除此之外,作为领导者还必须足够乐观、有热情。一个乐观、热情的领导者可以通过热情感染其他员工。领导者必须自己相信公司的愿景,并对之表现出充分的热情,员工才有可能真的去相信。④人格魅力。领导者不能总是隐藏在员工中扮演幕后角色。必要时领导者需要站在前台,传递自己的价值观和信念。如果领导者自身具备人格魅力,那么在输出时就更有可能对下属产生积极的影响。

总体来看,想要成为一个有效的领导者需要做到两点:第一,善于管理人。在管理员工的过程中可以应用到交易型领导,对员工赏罚分明。不过要真正成为有效的领导者,只做到能管理人是不够的,还必须做到第二点——能够激励人。如果想激励、鼓舞员工,就必须具备变革型领导的那些特质,也就是做到刚才分别介绍的四个方面——充分考虑每个员工的诉求并给予个性化的关怀;给员工设置有挑战性的任务去充分激发他们的潜能;设置一个愿景并以身作则,充满激情地投入到这个愿景中;发挥人格魅力,站在前台去传递自己的价值观和理念,影响更多的人。总而言之,我们既要做一个交易型领导,又要做变革型领导,才能够真正成为一个有效的领导者。

▶ 本章小结

(1)领导力是一种能够影响他人和团队的影响力。在对领导力进行界定的过程中,需要注意:领导力是发生在特定的对象之间的,必须进行换位思考、重视情境因素,并意识到领导风格不是单一的。

(2)根据领导者权力的来源不同,权力可以分为法定权力、奖赏权力、强制权力、信息权力、专家权力、参照权力六个不同的类别。其中,法定权力、奖赏权力和强制权力是组织赋予的,专家权力和参照权力则来自领导者自己,而信息权力既可以来自组织,也可以来源于个人。

(3) 领导力特质理论的基本假设是领导力是天生的、与生俱来的,并不能通过后天的训练或培养而习得,因此它认为人要具备一定的特质,才能够成为领导者。领导者的特质可以很好地预测领导力的涌现。

(4) 领导力行为理论的核心观点是领导力是由后天培养的,只要能表现出特定的行为都有可能成为一个领导者。行为理论把领导者行为分为两个维度:以人为导向,以任务为导向。

(5) 领导力的权变理论认为不存在一个适用于所有情境的管理风格,领导者究竟应采用哪一种风格需要考虑具体的管理情境。权变理论将领导方式大致划分为任务导向和关系导向两类,并认为可以从领导者与成员之间的关系、任务结构、职位权力三个方面来考量当前面临的管理情境。

(6) 领导-成员交换理论主要探讨了领导者与团队成员之间的相互作用,以及如何形成领导者与成员间的交换关系。领导者会将下属划分为圈内人与圈外人,这种关系的判定过程可以分为入组和嵌入两个阶段。

(7) 全范围领导理论根据领导者的举措是否积极主动以及是否有效,可以划分出三种不同的领导风格:放任自由型领导、交易型领导、变革型领导。其中,交易型领导是一种基于交换和奖励机制的领导风格,它侧重于明确的目标设定、任务分配和与团队成员之间的交易。变革型领导是一种激发团队成员的潜力和积极影响他们的价值观、信念和行为的领导风格,强调领导者与团队成员之间的互动,旨在积极引导变革和发展。

(8) 领导力涌现的前提条件是对自己的判断以及对他人想法的了解,影响因素包括特质、情境、任务需求、社会互动。每个人都可以、也应该成为一个好的领导者。

(9) 领导力的有效性指的是一个领导者能够有效地达成团队或组织的目标,并且能够激发团队成员的积极性和创造力。它取决于领导者的能力和行为,以及他们与团队成员间的互动关系。有效的领导者既要做交易型领导,又要做变革型领导。

重新设计工作：让工作成为源动力

纵横科技是一家快速发展的金融科技公司，它使用机器学习和深度学习等先进的人工智能技术来改进它的金融产品与服务。然而，随着人工智能技术的广泛应用，该公司面临一系列新的工作设计挑战。公司成立早期，员工的工作主要围绕编程、数据分析和金融建模等知识密集型任务进行。然而，随着公司采用先进的AI技术，部分传统的知识型工作开始被智能系统取代。这不仅让员工对未来的职业发展感到不安，而且对他们的胜任感和归属感也产生了负面影响。

为了解决这个问题，纵横科技开始重新设计员工的工作。公司把重点转向那些AI暂时无法取代的人力工作，如创新思考、复杂的决策制定及人际交往和沟通等。这样一来，把员工从一些重复性高、缺乏创新性的工作中解放出来，让他们有更多的时间去思考、创新和与客户互动。同时，为了让员工更好地适应这种变化，纵横科技也投入大量资源进行员工培训，指导员工如何更好地与AI系统协同工作，提升他们在新的工作场景中的胜任感。公司还创建了一个跨职能的工作团队，让员工有机会从多个角度理解公司的业务，增强他们的归属感。

然而，这个过程并非一帆风顺。一些员工对新的工作设计感到不安和困惑，他们开始怀疑自己的价值，甚至有的人考虑离职。纵横科技的管理层开始反思：对工作进行的重新设计是否起到了预期的效果？如何平衡员工的基本心理需要和公司的业务需求？在人工智能时代，如何保证员工的工作满意度和工作效率？

▶ 8.1 探索工作设计：定义与制胜策略

当今时代强调设计思维（design thinking），它是一种创新地解决问题的方法论，强调对用户诉求的深入理解、快速的原型制作和测试的重要性。设计思维已经在产品设计、服务创新、业务流程改进和解决社会问题等领域获得广泛应用。我们不禁要问：设计思维是否可以应用在组织场景中？我们能否对工作进行再设计？

事实上，作为一项人力资源管理实践，工作设计具有悠久历史，并不是新的概念。工作设计是对员工的工作内容、在工作中要完成哪些活动、要承担什么职责的设计的总和。在工作设计过程中，要考虑工作的内容和活动以及员工的工作职责是如何有机地组织在一起的。此外，工作设计是研究管理激励问题的一个独特视角。管理者在考虑如何激励员工时，通常会选择更为直接的方式，如制订具有吸引力的薪酬方案或股权分配方案。然而，他们常常忽略了工作设计的重要性：面对一份存在设计缺陷的工作，外部激励手段很有可能会失效。很多工作可能存在设计上的严重缺陷，但由于管理者缺乏工作设计思维，这些问题长期未被解决；即使认识到了一份工作在设计之初就存在问题，人们也往往没有真正思考过如何对这份工作进行重新设计和改进。因此，拥有工作设计的思维是至关重要的。

请你思考一个问题：律师和家政服务人员，哪份工作的满意度更高？通常，我们会认为律师的工作满意度更高，因为他们的收入和社会地位都更高。然而，调查数据却显示，在欧美国家，家政服务人员的工作满意度超过了律师，这个发现可能与我们的直觉判断不符。虽然家政服务人员的薪资水平不高，但他们却很享受自己的工作。这是因为，他们有较大的自由度，可以选择接单的时间，并为自己喜欢的家庭服务；他们还能够从工作中获得成就感，因为他们认为自己的工作能够帮助雇主节省时间和精力，从而更好地平衡工作和生活。因此，无论是从个人的自我实现还是从工作的社会价值角度看，他们都认为自己的工作是有意义的。

相比之下，尽管律师的收入在社会中处于金字塔的顶端，但他们的工作满意度并不高。一个重要的原因是，他们的工作性质决定了他们经常需要按分钟计费。基于自我决定理论的大量实证证据显示，在特定情况下物质奖励可能会挤出个体的内在动机，这意味着如果我们对收入计算到极致，可能会导致工作的吸引力降低。此外，当每一通电话都需要计费时，律师的私人生活可能会受到严重影响，他们可能感觉自己没有真正的朋友，因为有时候难以确定对方是在咨询法律问题还是仅仅在聊天。这种情况可能导致他们的归属需要无法获得满足。

在欧美国家，律师需要尽全力为他们的客户辩护，无论他们是否赞同客户的行为或立场。这是因为律师职业的核心价值之一就是法律代理权，即每个人都应当在法律程序中获得代理和被公平对待的权利。这种职业要求可能会对律师的自我决定感产生影响，尤其是当他们必须为道德上可能并不认同的事情辩护时。此外，即使他们付出了最大限度的努力，案件的结果也可能会受到许多因素的影响，包括证据的质量、法官和陪审团的看法，以及法律本身的解释。在失败的案件中，律师可能会产生自我质疑和挫败感，尤其是当他们全力以赴却仍然未赢下案件时。

通过对两份常见职业进行详细剖析，我们不难发现工作设计会对工作满意度等结果变量产生深远影响。接下来，我们将按以下顺序深入学习工作设计：首先，我们会了解工作设计的定义,形成对工作设计的正确认识。其次,我们会探讨为什么需要研究工作设计,这是因为尽管我们了解工作设计的重要性,但往往会低估它的作用。接下来,我们会简要回顾工作设计理念的发展历史;这一理念起源于第一次工业革命,已经有超过100年的历史。再次,我们会介绍一些现实工作场景中可以借鉴的工作设计方法。最后,我们将探讨如何在工作设计中实施对工作的再设计。我们会讨论如何克服在工作再设计的实施过程中遇到的困难。

8.1.1 工作设计思维:开启创新之门

在现实工作场景中,很多人并没有意识到不良的工作设计才是症结所在,而工作设计是解决棘手问题的突破口;尽管有些人已经意识到工作应当经过科学的设计,但往往对于正确的工作设计策略缺乏认知。下面的工作设计情景模拟可以帮助我们洞察自身的工作设计倾向及在工作设计中采取的具体策略的恰当性。

组织行为工具箱:工作设计情景模拟

情景1:小王在一家电商平台的仓库上班,其工作是完成网上订单的货物分拣。上班后,小王会登录自己的手持设备,设备会告知他要从仓库取出哪件货物,以及需要在多长时间内取出这件货物。之所以规定任务的完成时间,是为了量化考核指标,避免员工偷懒。看到取件信息后,小王会迅速行动,有时还会跑着去取货,然后交给货物分派人员。每完成一件货物的分拣,小王就会收到是否在规定时间内完成了任务的反馈。小王每天要重复这个过程上百次。大约一半情况下,小王都不能在规定时间内完成任务。

思考题:作为小王的顶头上司,你会采取以下哪些策略?
- 观察小王的工作行为,找出可改进之处
- 要求小王加强锻炼、提高身体素质
- 安排小王去参加工作培训项目
- 告知小王如果不加快速度就会被扣工资
- 询问小王为什么不能在规定时间内完成任务
- 设计更具激励性的工作任务,无须通过计时来避免员工偷懒
- 重新设计工作,让小王以及同部门同事的工作更有意义

情景2:为了满足客户的诉求,一个由5名咨询顾问(三男两女)组成的团队一起工作。这个团队非常忙碌,经常工作到很晚,并且一直要盯着手机上的消息。超长的工作时间给他们的家庭生活带来了严重问题,特别是那些有年幼子女的咨询顾问。即使公司允许弹性工作(例如,自主选择工作时间、兼职、分担工作),但是团队中没有人实际尝试过这些可能性。团队张经理负责监管团队的工作,并决定每

周由谁来负责哪些工作。

思考题：作为张经理的上司，你会采取以下哪些策略？
- 让张经理给团队中的女性分配更少任务
- 鼓励压力大的顾问由全职工作转为兼职工作
- 送团队成员去参加提升工作效率的培训
- 经过张经理批准后，团队成员可以在家工作
- 帮助团队重新思考，如何既高效又不影响家庭地完成工作
- 只要工作有效完成，允许团队以喜欢的任何方式开展工作
- 鼓励团队尝试新的、更好的合作的方式

资料来源：PARKER S K, ANDREI D M, VAN D B A. Poor work design begets poor work design: capacity and willingness antecedents of individual work design behavior[J]. Journal of applied psychology, 2019, 104(7): 907-928.

面对材料中描述的两个管理情景，人们可能会采用三种截然不同的策略，分别是指责员工策略、中性策略和工作设计策略。指责员工策略认为工作中出现问题的原因在于员工本身；中性策略不指责员工个人，但也未试图改变工作设计；工作设计策略则把对工作本身的再设计视为问题的解决方案。值得注意的是，遇到问题时指责员工，认为员工出于种种原因未能完成好工作是管理者的天然倾向，这是之前章节中介绍过的基本归因偏差导致的结果。不过，在材料中描述的几个管理情景中，员工并不是问题的责任方，因此这种策略并不能真正解决问题。

在情景1中，员工小王的工作是在仓库完成货物分拣。这一情景由发生在美国亚马逊公司一个仓储中心的真实案例改编。尽管现在亚马逊越来越多地使用机器人完成工作，但是由人工完成分拣的情况仍然非常普遍。情景中小王被设定了每次完成工作的时间，一旦超时，就要受罚；不过，时间被设置得很短，在一半的情况下，小王都无法在规定时间内完成工作。小王的顶头上司面临的选项可分为三类：第一类选项反映出管理者认为是员工自身存在问题。这类选项包括：观察小王的工作行为；让小王增强体能；把小王送去参加培训；告诉小王如果仍然不能提升其工作效率，就会降低他的工资。可能很多人会选择把小王送去参加培训，表面上看这一举措似乎没有任何问题，甚至带有对员工关怀的意味；但本质上看，这一举措的背后是把低工作绩效归结为员工未具备工作所需的技能。那么，什么才是更加合理的工作设计策略呢？如果你选择了下面几个选项，那么意味着你选择了工作设计策略来解决问题：第一个选项是，重新设计工作，让工作更具激励作用。事实上管理者应当反思：为什么要对小王的工作进行限时？这是因为这项工作简单重复、无聊无趣，很多员工的工作动机很低、会"磨洋工"。因此，限时本身并不是目的所在。意识到这一点之后，我们可以对工作进行再设计，让员工觉得工作

比原来更有意思，工作动机更强，或许就不会"磨洋工"，目前的问题也就迎刃而解了。另一种工作设计策略是重新设计工作，让员工觉得这份工作更有价值，这就和工作意义节段的内容联系在一起了。人们在货物分拣工作中是一颗螺丝钉，看不到自身工作的价值所在。因此，解决方案是通过赋予员工自主性，或者让他们切实地看到自身工作的成效能够帮助或者造福其他人，从而让员工觉得工作更有意义。选择中性策略时，管理者没有直接批评员工，而是去询问员工为什么没能在规定时间内完成工作，这相比直接批评员工要好些，但对问题的解决帮助不大，因为此时管理者还没有意识到可能是工作本身出了问题。

情景2描述的是一个咨询团队，他们的工作非常繁忙，为此很多人需要手机24小时处于开机状态。这带来了很多问题，比如员工无法很好地平衡家庭生活与工作，特别是有一些咨询顾问的孩子年龄非常小，他们要拿出时间来照顾家庭。所在公司制定了一系列开明的工作制度，如弹性工作制，员工可以根据个人的需要自由安排工作时间，只需确保一天的工作时间达到8小时；此外，也可以与他人分担工作任务，比如各自承担一半工作，以兼职形式完成工作。然而，令人困惑的是，团队中没有一位成员真正考虑过采用这些灵活的工作方案。通常团队管理者不仅要监督团队的工作进展，还会决定每周的工作分配，一项常被采用的策略是为团队中的女性员工分配较少的工作量。尽管这一策略的初衷可能是照顾到女性员工有照顾家庭和孩子的需要，但这可能会涉及性别歧视，意味着管理者认为女性要承担的家庭责任使她们难以有效完成工作。第二个策略是鼓励那些压力过大的员工选择兼职工作，这个策略表面上似乎合理且富有人文关怀。然而，这实际上暗示了管理者认为员工的心理承受能力不足，无法应对高压工作。第三个策略是让咨询师们参加培训以提升工作效率，这种做法常被很多管理者采用。尽管这三个策略看似无可指摘，但如果我们深入探究，就会发现它们都是将工作效率低下归咎于员工或下属，而不是尝试去优化工作环境或改进工作流程。

那么，如果管理者希望采用工作设计策略，应该怎么做呢？一是支持团队成员重新思考他们可以怎样更好地完成自己的工作，从而平衡工作和家庭责任。相比管理者，一线员工作为繁忙工作的亲历者可能会更清楚问题所在，从而形成更好的工作设计。二是告知员工，自己只关注最终工作结果，只要工作可以保质保量地完成，他们可以根据个人的实际情况在团队内部重新分工。比如部分团队成员本周工作时间比较紧张，可以经过友好协商让同事多承担一点。这样一来，管理者不再像监工一样时刻关注工作进度，员工获得更大的工作自主性，满足了其基本心理需要，也会觉得工作更有价值。三是让团队成员在不断试错的过程中探索出新的、更好的团队协作的工作方式。以上都是从工作本身出发，对工作进行再设计。中性的策略包括允许员工在管理者的批准下回家工作，这一策略没有从本质上解决问题,因为回家工作后员工需要面临很多新的挑战,尽管有更多时间可以照顾家人,但是在工作完成方面可能会出现一些问题。

思考题:回顾自己在工作设计情景模拟中的答案,你在多大程度上选择工作设计作为问题的解决方案?如果没有选择工作设计策略,为什么你没有这么做?在现实的工作场景中,大多数管理者并没有采用工作设计作为解决方案,你觉得是什么原因导致了这样的结果?既然大多数管理者并没有意识到工作设计这种解决方案的重要性,如何帮助他们去意识到这一点?

很多时候,面对管理困境时管理者没有采用工作设计策略的一个重要原因是他们没有意识到工作设计是一种可行的解决方案,原因包括:①保留原有的糟糕的工作设计符合人们降低不确定性和风险的天然倾向;②很多拥有工作设计专业知识的人并没有决策权;③人们在设计工作时会受到思维定式的影响;④缺乏换位思考,在为下属设计工作时没有设身处地地思考过自己是否愿意去从事这份工作。前文的"组织行为工具箱"板块中提供的工作设计情景模拟由澳大利亚著名学者、工作设计领域的学术泰斗莎朗·帕克团队研发,她为在管理实践中推广工作设计理念做了大量工作,目前有超过10万人完成了这一情景模拟,包括本科生、具有工业/组织心理学博士学位的人以及企业高管。测试结果显示,不同的人群在工作设计思维方面存在差异。具有工业/组织心理学博士学位的人接受过组织行为学的训练,初步具备了工作设计思维,意识到工作设计是最好的解决方案。相比之下,由于本科生以及企业高管没有接受过相应的学术训练,他们并不具备工作设计思维。那么,如何帮助他们形成工作设计的思维呢?

这也是很多研究工作设计的学者正在积极做的事,他们会到企业中做讲座和培训。企业员工特别是管理者的工作通常非常繁忙,工作设计工作坊的时间通常只有半天。短短半天的培训却产生了深远影响。跟踪数据显示,培训结束半年和一年后,员工普遍觉得自身工作的设计更加合理了,工作满意度等各方面都显著提升了。而工作再设计这种举措,相比提高员工工资或其他一些方式,对公司而言也是成本更低的。事实上,工作再设计并不意味着要作出大的变革。管理者具备工作设计思维后对现有的工作进行微小的调整,很可能就可以起到好的改进效果。

8.1.2 工作设计的具体策略

假如现在从零开始,让你设计护士的工作,你会怎么设计这份工作呢?首先,我们要了解护士的日常工作应该包括哪些职能和工作活动。护士的主要工作可以分为三类,第一类是技能型的,如注射药物以及帮助住院病人翻身;第二类是行政事务工作,如记录病情和整理病人的预约记录;第三类是情感性的工作,如安抚患者家属。在进行工作设计时,我们需要确定一名护士的工作时间应该在不同的工作内容之间进行怎样的分配,如应该花多少时间照顾病人、花多少时间撰写文书。此外,我们还要考虑这些工作在不同岗位的分配问题,如是否有一些任务更适合由医生来完成。我们还应当考虑护士在这份工作中能够有多大程度的自主权,以及他们是独立工作,还是以团队的形式合作;如果是以团队的形式工作,团队的构成应当是怎样的。通过这样的思考我们可以发现,即便是看似简单的工作,对其进行科学的设计也是一个相当复杂的过程。

工作设计有三种常见策略:第一种是工作简单化(job simplification),它的基本思路是让每位员工去完成尽可能简单的工作,如将一份工作设计成机械化的简单重复劳动。这样做的好处是每份工作都不需要很复杂的工作技能,也不需要进行很多的培训,员工可以迅速上手。以流水线工作为例,对员工工作技能的要求就很低,只要在装配线运转到自己面前时拧一个螺丝,工作就完成了。第二种是工作扩大化(job enlargement),其思路与第一种策略截然相反,是让一份工作尽可能多地调用员工的不同技能,而且尽可能让一名员工完成一份完整的工作,而不仅仅是其中很小的细枝末节。第三种是在工作扩大化的基础上更进一步,叫作工作丰富化(job enrichment)。与工作扩大化的一个最大区别是,工作丰富化赋予员工更多的自主权、挑战性和工作职责。学习过自我决定理论后,相信我们能够充分理解在工作中满足员工自主需要的重要性。给员工适度的工作挑战也有好处,因为能够满足他们的胜任感。不过,增加员工的工作职责意味着他们要在工作中承担更多责任,为什么员工也乐于这么做呢?一方面是因为履行这些工作职责带来的成就感;另一方面履行职责可能也会对其他人产生积极的影响,会让员工感受到自己的工作是有价值的。

在对比工作简单化、工作扩大化和工作丰富化三种策略后,很多人会意识到工作丰富化是最好的策略。然而,在现实的工作场景中,很多管理者都会先入为主地选择工作简单化的策略。请思考这样的情景:一名文员即将入职一个法庭,他目前的工作是打印、复印文档以及归档文件,工作量不饱和。如果让你为他分配更多的工作任务,你会怎么做呢?如果你继续为他安排打印、复印以及归档的工作,那背后的思维就是工作简单化,这样的工作是简单重复劳动,不太会出错,也不需要掌握很多技能。相反,更科学的做法则是让他针对卷宗材料归档系统的改进提建议、接待并引导法院访客、协助法官安排会议等。这样一来,这名文员在工作中调用了更多不同的技能,达到了工作扩大化甚至工作丰富化。

在刚才的情景中,我们站在管理者的角度为一名新入职的下属设计工作。如果转换一下,这是我们自己要做的工作,允许我们自己对它进行设计,你的决策会有所不同吗？本书的作者团队曾在课堂上进行过一项实验,在不知情的情况下,一半同学收到的任务是为他人设计工作,其他同学的任务是为自己设计工作,结果有很大的差异。尽管同学们已经在课堂中学习了与工作设计相关的知识和理论,在给自己设计工作时整体的趋势是设计更为丰富多样的工作,然而一旦他们转换到管理者的视角,为他人设计的工作则更偏向简单重复劳动。这意味着,管理者在为下属进行工作设计之前应当进行换位思考,如多去想一想,"如果这份工作由我来做,我会不会喜欢呢？"有了这样的换位思考,我们就会站在员工的立场去思考问题,会更多地为他们设计一份丰富化的、需要调动不同技能的工作。

▶ 8.2　时间旅行：工作设计的发展历程

组织行为观影团：经典默片《摩登时代》与工作设计

　　查理·卓别林在《摩登时代》中的角色,以其讽刺的笔触直指工业革命时期流水线生产的无情和机械化。在这部影片中,卓别林扮演的角色是一名小流浪汉,他在一个机械化的大工厂里工作,任务只是在流水线上不停地紧固螺丝。这种枯燥、重复的工作任务,恰恰是泰勒的科学管理理论中工作设计的一个典型示例。然而,这种无尽的重复和机械性的工作导致了小流浪汉的精神崩溃,暴露出这种工作设计的严重弊端。

　　影片还通过讽刺的方式展现了当时的管理者如何试图通过工作设计改进生产效率。例如,影片中出现了"食人机器"的场景,工厂管理者试图通过这种机器,让员工在吃饭的同时继续工作,以减少休息时间、提高生产效率。然而,这种缺乏人性化的工作设计不仅没有提高效率,反而因为忽视员工的基本需要和工作满意度,使得生产出现混乱,进一步暴露了过度机械化和非人性化的工作设计的缺陷。

　　影片的这些细节描绘了工业革命时期的工作设计状况,揭示了泰勒主义工作设计理念的弊端,并促使我们深入思考如何更好地进行工作设计。从对《摩登时代》的反思中,我们意识到理解员工的心理需要、尊重员工个性和提升员工满意度的必要性,这也为后来学者提出的工作特征模型等工作设计理论提供了重要的基础。《摩登时代》的影响深远,引发了关于人性化工作设计的讨论和研究,这也标志着工作设计思想的进一步发展。

　　工作设计这个领域,像一颗种子般在18世纪的第一次工业革命期间悄然萌芽。那是一个标志性的时代,工业革命以其旋风般的力量,一时间改变了人类生活的方方面面,包括但不仅限于人们的职业选择。那时,人们主要从事的职业由农业转向工业。大批原本在农田中劳作的人涌入城市,寻找新的就业机会。这一时期,城市与工厂承载了大量的劳动力和生产力,随之而来的是管理上的严峻挑战。要更好地理解这个问题,让我们想象一下这一场景:大量农民涌入城市,进入工厂,他们在田地里劳作的经验并不能帮助他们在工厂里找到自己的位置。作为管理者,如何在短时间内通过培训让他们掌握工作所需的技能,如何有效地管理他们?这就是工业革命给人们带来的挑战,而它也催生了工作设计的理念。

当时,管理学家弗雷德里克·泰勒提出了一种解决方案。他建议将复杂的工作进行拆解,把一份需要一个人掌握许多技能的工作拆分为若干个小任务,每个人只完成其中的一部分。这样一来,员工需要掌握的工作技能就变得很简单。泰勒的这个构想在当时产生了深远影响,甚至影响至今。这种理念后来被以泰勒的名字命名为"泰勒主义",同时它也有另一个名字——"科学管理"。科学管理的理念可以这样理解:首先,将一项任务拆分为尽可能小的组件。然后,管理者提前研究每一项小的工作任务,将工作流程最优化,以提高效率。比如,一项任务可能只涉及将圆珠笔的笔帽盖上,尽管这是一个小的任务,但作为管理者,我们需要去研究如何最优化,如何以最有效率的方式完成这项工作。在分工方面,科学管理的理念是,让工人专注于手头的工作,而管理者负责思考和做决策。这种分工方式在最初的实施阶段取得了巨大成功。具备较少工作技能的人得以获得工作机会,而且从管理者的角度来看,用工成本大幅降低,培训周期大幅缩短。

福特汽车的创始人亨利·福特进一步推动了科学管理理念的应用和发展。他首创了流水线的生产模式,实现了汽车的大规模、批量化生产。流水线模式使得员工不再需要在工作中走动,反而是产品的各个组件会按照顺序传递到每一个工人面前。每个工人完成自己的工作任务后,产品就会运至下一个工人,由他完成下一步骤。这一模式意味着工作变得高度重复,每个工人需要掌握的技能大幅减少,在工作中更是没有任何自主权。亨利·福特的创新对社会产生了深远影响。然而,随着时间的推移,人们开始对单调乏味的工作产生不满,哪怕他们能获得很高的报酬。有些人开始罢工,有些人减慢工作速度,甚至有人开始故意破坏零件。这意味着,再高的物质奖励也无法弥补反人性的工作设计对人们造成的伤害。

现在回过头来看,会发现科学管理这种方式其实会带来一系列负面的影响。但遗憾的是,时至今日,很多管理者仍然倾向于设计一些简单的、不需要太多复杂技能的工作,这似乎是我们的一种根深蒂固的思想,很难去改变。

2018年,美国亚马逊公司在库房中推行了智能手环,配备无线传输设备和震动模块,能够向员工提供实时反馈,指导他们完成分拣和存储等任务。这种设计的初衷是帮助员工更快地找到货物的确切位置,避免在庞大的仓库中迷失方向,从而提高效率。然而,这种做法在社会层面引发了巨大争议,员工表示他们在工作中不能自由休息,因为手环会不断地给他们发出工作指令,高强度的工作状态让他们感到身心疲惫;此外,他们感觉自己就像机器人,完全失去了自主决策的权利。

类似地，奢侈品牌爱马仕也在其物流配送系统中采用了这种做法。该公司开发了一个名为"路线推荐系统"的程序，该程序通过分析交通情况、配送地址等信息，为配送员提供最优的配送路线。配送员如果严格按照系统的推荐路线进行配送，就会得到更有利的酬劳和福利。这种做法在一定程度上提高了配送效率，但也引发了一些争议。有些配送员表示，他们觉得自己的专业技能和经验被忽视了，因为他们不能根据自己的经验和判断选择配送路线。此外，他们也担心一旦自己选择的配送路线与系统的推荐路线有所出入，就可能面临惩罚。

2020年，《人物》期刊发表的《外卖骑手，困在系统中》文章刷爆全网，引发了公众的广泛热议。在当前算法驱动的管理系统下，外卖骑手的工作环境和条件恶劣，这暴露了平台对骑手的安全和健康的严重忽视。这些算法提升了配送效率和速度，却以牺牲骑手的安全为代价，迫使他们在繁忙的城市交通中冒险驾驶，频繁违反交通规则，以避免因迟到而受到惩罚。此外，这种工作设计还导致了收入的不稳定，因为骑手的收入高度依赖于他们完成任务的速度和数量。这种对效率的极端追求，忽略了骑手的基本权利和福祉，加剧了他们的工作压力，影响了他们的身心健康，凸显了工作条件的亟须改善和保障骑手权益的重要性。

以上几个例子表明，虽然科学管理方法在提高效率方面有显著成效，但如果忽视员工的感受和诉求，过度强调效率和规则，可能会引发员工的不满和抵制。这会对员工的工作效率、身心健康和幸福感产生负面影响。因此，对于当代企业来说，如何在提高效率和关怀员工之间找到平衡，是一个需要深入研究的重要议题。希望通过工作设计相关内容的学习，能够在一定程度上改变管理者根深蒂固的错误理念，正确地应用工作设计思维。

▶ 8.3 主流理论解读：工作设计的学术之旅

8.3.1 工作特征模型：什么样的工作更吸引人

了解工作设计的起源和发展后，我们将系统学习工作设计的几项主流理论，我们的讨论从工作特征模型开始。在介绍工作特征模型之前，有必要简单介绍和复盘几种正确的工作设计策略，这些策略都可以在工作特征模型中找到理论基础。首先，通过工作轮换策略（job rotation），即轮岗，员工从一个岗位换到另一个岗位，以便学习和体验不同的工作任务。比如，我们可以想象餐厅的工作情境：起初，我们可能负责接待客人，引导他们落座，然后我们的岗位发生转变，开始帮客人点餐，接着又轮换到传菜的岗位。这种工作轮换在当今工作场所中已经非常普遍。以企业的管理培训生项目为例，员工可能需要在公司的不同部门之间轮换工作，以便在一两年内全面了解和掌握公司的各项业务流程。这种策略使员工有机会接触到不

第8讲 重新设计工作：让工作成为源动力

同的工作岗位，从而学习和掌握不同的工作技能，也使工作更具趣味性。

此外，工作扩大化策略意味着将原本由一项或少数几项小任务构成的工作，扩展为包含多种任务的工作，这需要员工掌握更多的技能。举例来说，基于之前的工作转换策略，你可能在餐厅中最初负责接待顾客，然后转为点餐员，再成为上菜员。但在工作扩大化的策略下，工作的边界被重新设定：在餐厅中，每名员工将全程负责为一桌或几桌顾客服务，从接待落座到用餐完毕后结账。相比工作轮换，工作扩大化带来的额外好处在于增加了工作任务的完整性。作为服务员，如果我们能全程服务客人，并看到他们满意地用餐后离开，那么获得的成就感会更强，因为我们完成了一项完整任务，而不只是某个环节，并且看到了这份工作的成效。

最后，我们来探讨工作丰富化策略。如果将工作扩大化看作横向拓展工作范围，那么工作丰富化可以被看作对工作的纵向延伸，它给予员工更大的自由度，但相应地也要求员工承担更多的责任。这里的责任是双刃剑，一些人可能会先入为主地认为员工不愿承担更多责任，然而研究发现，只要赋予员工的自由度和决策权与要承担的责任相匹配，人们是乐于去承担责任的。例如，在海底捞，服务员可以根据顾客诉求提供一些额外的服务，即使这会增加成本；员工在工作中获得了决策权，甚至在极端情况下，他们有权决定免单。但他们也清楚自己的职责——优质地服务每一桌客人，而不是简单地通过打折或赠品取悦顾客。

为了更深入地理解工作丰富化，让我们回溯到20世纪90年代。当时，美国人去银行办理业务并非易事，原因在于当时银行雇员的工作存在高度分工。比如，一位员工专门负责存款，另一位员工只负责取款，如果你需要将取出的款项存入另一账户，就得在两个柜台分别办理业务。员工所需的技能相当有限，而且几乎没有自主权。让我们再设想一个情景：一名储户的账户里有钱，他希望取出部分款项。但你作为银行员工，不能直接为他完成此项操作。你必须在得到客户的请求后先向你的主管请示。待主管签字确认后，你才能去进行取款操作。这样的规定过于严苛，且极大程度上剥夺了员工的决策权。因此，银行业进行了一项微小的改革，只要操作符合规定，且储户有足够余额在账户中，员工就可以直接进行取款操作，无须去请示上司。基于十年的数据分析结果显示，虽然这个改变看似不大，但却显著提升了银行员工的工作满意度和工作表现。

分析这些策略后我们可以看出，无论是工作简单化、工作扩大化还是工作丰富化，目的都是增强员工的工作满意度和工作投入，并提升员工的工作效率。这是通过让员工更深入地参与工作、接受更大的挑战，让他们有机会提升自己的能力及完成更有意义的工作任务实现的。在设计工作流程和任务时，我们需要尽可能地给予员工自主权，让他们有决策权，从而提高他们对工作的热爱和投入。这种工作设计的理念对于当代企业的人力资源管理具有重要的实践指导价值。

此外，另一种被广泛采用但在我国尚未普及的工作设计方法是自我管理团队或自主性的工作团队。管理者通常需要为每一位员工指定具体的工作内容和方法。但在自我管理团队中，情况就不同了。比如一个五人规模的自我管理团队，团队成员需要自己商量并决定各自的工作内容。假设有一天，一名团队成员家中有事情需要处理，他只需与其他团队成员协商，而无须向管理者请假。在这种形式的团队中，员工享有的自主权非常高。其他的工作设计方法还包括弹性工作制，近年在管理实践中非常流行，其核心理念是：管理者会给予员工最大的自由度，只关注结果，不规定员工如何完成工作。员工可以自行决定工作地点、工作时间，每天工作几小时，何时开始，何时结束。实施弹性工作制之后的结果显示，许多员工的睡眠质量提高了，生病的情况减少了，几乎所有员工的生产力都有显著提升。

以上是一些在管理实践中常被采用的工作设计策略。接下来，我们将为它们提供理论依据，通过理论来学习如何进行科学的工作设计。工作特征模型认为应当关注工作的特征，因为这些特征可以极大地影响人们的健康、幸福感及工作表现。该模型指出，一份合理设计的工作应当具备五个特征，从而引导员工进入三个关键的心理状态，进而带来一系列积极的结果（图8.1）。一份工作应当具备的核心特征有哪些？一是技能多样性（skill variety），即员工完成一份工作所需技能的多样性，这一点已经在前文中进行过深入探讨。二是工作的完整性（task identity），员工在完整地完成一项任务后，能够更好地感受到工作的价值和意义。三是工作的重要性（task significance），管理者应当让员工感受到他们正在做的工作非常重要，而不仅仅是些琐碎的细节。四是工作的自主性（autonomy），即在工作计划和执行过程中赋予员工一定的自由度。五是工作中的反馈（feedback），如果完成工作本身可以带来直接反馈，让员工能够直接从他们的工作中看到成效，员工就可以更好地理解自己的贡献对组织或客户产生的实际影响。

图 8.1 工作特征模型示意图

如果一份工作具备以上五个特征，员工就会进入三个关键的心理状态，分别是工作意义感、工作责任感和对工作成果的了解。首先，技能多样性、工作的完整性以及工作的重要性会让员工感受到工作的意义；其次，工作的自主性会让他们感到自己对工作的成效负责，不再只是机械地完成任务；最后，反馈可以让他们及时获取工作结果,了解自己的工作表现。达到这三个关键的心理状态后,就会产生一系列积极的结果。例如,员工在工作中的内在动机会增强,工作满意度会提升,进而会提升工作绩效。

尽管工作特征模型初看很常规,但如果对该模型进行深入的思考,然后灵活运用,它能帮助我们解决很多在管理实践中遇到的问题。比如,它可以解释为什么一份工作相对无趣并且提供的薪资也不高,但还是有一些人愿意去从事它。这很可能是因为这份工作是重要的,员工感知到的工作意义感很强。海滩救生员可能在一年中有300多天无须下海救援,但从事这份工作的人感受到的工作意义感很强,因为他们的工作是在危急时刻挽救人的生命。类似地,在人寿保险公司负责售后理赔的客服的工作很枯燥无味,而且对情绪资源的消耗很大,但如果让他们有机会和自己的客户面对面交流,或者仅仅是在客户分享会上远远地听客户的分享,都可以帮助他们意识到自己工作的意义所在,从而进一步提高他们的工作投入。

思考题:为避免客户投诉,很多公司的话务员在与客户通话的过程中都必须严格遵循公司的话术手册。如何通过增加工作自主性增强其内在动机?

以上问题的解决思路可参考某汽车制造商采取的举措。在第5讲中我们提到过,这家公司将装配线从线性排列改为环形排列,并且引入大量的岗位轮换。环形装配线使得员工可以看到最终的成品,有利于增强工作意义感知;通过岗位轮换,员工可以提升其技能多样性,并了解到公司整体的运作流程。特别是在提升员工的自主权方面,这家公司推出了"停止"按钮,任何员工都可以按下这个按钮来暂停流水线。暂停流水线是一个代价极高的操作,事实上很少有员工会按下按钮,但这在心理层面上给予了他们在工作中更大的控制感和自主权,并带来了更高的意义感知。对于话务员的工作岗位,是否也可以增加类似的"停止"按钮呢?

任何理论都不可避免地具有一定的局限性,也因此都是在不断演进的,工作特征模型也不例外。该模型受到的一项主要批评是未能充分考虑到员工的个体差异和需求:并不是每个人都希望获得同样的工作设计、都渴望工作丰富化。比如该模型认为一份合理设计的工作应当调用更多的技能、给员工更大的自由度,遗憾的是并不是每一位员工都这么想。有的人可能只想从事一份简单的工作,把生活的重心放在兴趣爱好等其他方面;还有些人可能要较多地承担家庭责任,比如需要照顾康复过程中的家人,那么他们想要的可能只是一份能够养家糊口的工作,并不希望在工作中迎接过高程度的挑战,或者掌握不同的工作技能。因此,没有充分考虑员工个人的诉求与个体差异因素,是工作特征模型的一项不足。

此外,有学者认为工作特征模型未能包含所有重要的工作特征(事实上任何模型都做不到这一点)。让我们思考这样的场景:在一家汽车 4S 店中工作的员工遇到了一位愤怒的顾客,这位顾客之前在这里买过车,然而在驾驶过程中发现了汽车的若干问题,于是生气地找销售代表理论。这提醒我们,很多工作需要调用大量情绪资源。因此,有学者提议,情绪相关的工作特征也应包含在模型中。

拓展阅读　游戏化设计玩转工作新体验

8.3.2　工作要求-资源模型:平衡的科学与艺术

工作要求-控制模型(job demand-control model)是工作特征模型之外的另一项经典理论。它认为任何工作环境都可以通过两个维度的组合来表征:工作要求和员工满足这些要求的"控制"。工作要求包括时间压力、任务难度及需要投入的努力等;控制指的则是员工对于自身职责以及希望如何执行这些任务的控制权和自主权。

具体来说,工作要求-控制模型中的"工作控制"指的并不是管理者对员工的约束,而是员工对自身工作的主导权。这一理论尝试解释的是,面对一份可能有很高工作要求的工作时,如何帮助员工应对高工作要求带来的负面影响。图 8.2 的横轴代表的是工作的心理要求,即我们对工作要求的心理反应。例如,在一个岗位上我们可能要扮演多个角色,每个角色都附带了相应的责任和要求,这通常意味着工作对我们的期望较高。如果忽略工作控制这一因素,仅关注工作要求,通常作出的推断是,工作要求越高,员工感受到的压力也就越大。

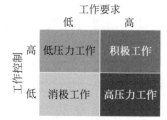

图 8.2　工作要求-控制模型

工作要求-控制模型主张,面临高工作要求时,可以通过赋予员工更多工作控制权来有效抵御工作要求带来的负面影响,也就是让员工在完成任务时有更大的决定权、控制感和自主性。如图 8.2 所示,如果工作要求高,而员工没有足够的自主权,很容易陷入高压的状态,而在高压下,员工难以出色地完成工作。但是,在同等压力的情况下,假如能给予员工一定的自主权,让他们在工作中有更多的决策权,他们的工作状态就可能从高压变为积极应对,这种"积极"的工作是有挑战性的,员工能够发挥主观能动性应对。这与我们日常的经验相符,面对高工作要求,如果我们有足够的自主权和选择权,就更有可能积极应对这些要求。

在工作要求-控制模型的基础上,学者们开发了工作要求-资源模型(job demands-resources model,JD-R),现已成为工作设计领域最主流的理论之一。根据 JD-R 模型,任何工作的特征都可以被划分为工作要求与工作资源两类(图 8.3)。学者们将工作要求定义为"工作对个体的生理、心理、社交能力等方面的要求",即需要个体付出相应的努力或成本才能完成工作的因素。简单来说,工作要求是工作中消耗个体精力的"负向因素",包括工作过载、角色冲突、时间压力、工作不安全感等。工作资源是工作中的"正向因素",被定义为工作中与生理、心理、社会或组织等方面相关且具有以下某项或多项功能的因素:①促进工作目标的实现;②减少工作要求及与之相关的心理、生理成本;③促进个人的成长、学习与发展。工作资源的例子包括来自同事的支持(可能帮助实现工作目标)、工作自主性(可能会降低工作要求)、绩效反馈(可能促进学习)。

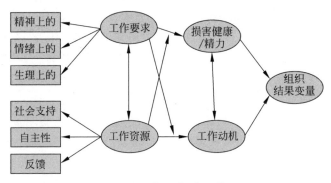

图 8.3　工作要求-资源模型

JD-R 模型主张工作资源能够有效地缓冲工作要求带来的负面影响。该模型强调,当员工获得足够多的工作资源时,即使面临较高的工作要求,也可以保持良好的工作状态。该模型具有全面、综合的特点,涵盖了积极的动机过程和消极的压力过程。在积极的动机过程中,工作资源是催化剂,能够激发员工的工作积极性,推动其全情投入工作。这些资源也能帮助员工应对工作要求带来的压力。

JD-R 模型不仅从健康的角度进行整合,致力于减轻工作压力和职业倦怠,也融入了人力资源的视角,旨在提高员工的工作动机和投入度。它囊括了大部分的工作和个人特征变量,如工作环境、个人能力、员工关系、员工满意度等因素,使其成为一个多角度、全方位的工作设计理论模型。因为 JD-R 模型具有全面性和灵活性,它在不同类型的组织中都能够发挥作用。无论是在制造业、教育、医疗、IT 还是服务业,都可以应用 JD-R 模型来优化工作环境,提升员工的工作效率和满意度。此外,该模型对于理解和预防员工与工作相关的心理健康问题,比如工作压力、职业倦怠和职业满意度等,也具有重要的实践指导价值。

8.4　工作再设计的管理实践

在此前的章节中,我们已经全面探讨了工作设计的起源、发展历程以及工作特征模型等工作设计的主流理论,接下来,我们将理论与实践联系起来。在实际的工作设计过程中,我们常常会面临很多的挑战和阻碍。举例来说,对因病休假的员工返岗后的工作岗位进行微调或许简单可行。然而,对整个公司的工作模式进行大幅度变动则需要付出极大的努力。尤其是在对一个成熟公司进行工作再设计时,要克服的困难就更加明显。正如俗话所说,"说起来容易,做起来难"。

欧美国家中有一种普遍采用的工作设计——自我管理团队。这种团队不再需要一位传统意义上的管理者,而是由团队成员自行协商,决定如何分配任务以及进行协作,从而将任务高效地完成。然而,要在一个组织中实施这样的工作模式,需要出台一系列配套措施。首先,招聘环节要进行适应性的调整。当工作由团队而非个体完成时,需要找寻愿意且擅长在团队中协作的人才。其次,有针对性的培训变得至关重要,员工要明确了解新的工作模式及其相关的权责。同时,公司的奖惩制度,如薪酬方案,也需要作出相应调整,避免社会惰化现象的出现,这需要以团队为单位进行绩效考评,并且考虑每个人在团队中的具体贡献。此外,管理者的角色也要发生重大变化。在自我管理团队的模式下,管理者的主要职责将转变为为员工提供尽可能多的支持,帮助团队解决在工作过程中遇到的问题。管理者在这一模式下需要更快地响应员工遇到的问题,并给予必要的援助。

然而,最大的挑战可能在于得到员工的理解和支持。工作再设计的过程中必须吸纳员工意见,让他们参与其中,因为他们是一线的工作执行者,他们的观察和洞见会帮助管理者更好地理解工作中的实际问题。让员工参与到工作设计的过程中,不仅能增加他们的认同感和参与感,还能激发他们的工作热情。事实上,一线员工的洞见不可替代。此前管理咨询行业的发展风起云涌,但现在企业越来越不愿意投入大量资金聘请外部咨询师提供咨询服务。虽然咨询师会进行深入调研并与员工进行沟通,但他们的观察和理解仍然无法替代一线员工的切身体验和洞见。

总体来看,在组织决定改变其工作设计的同时,必须重新梳理和调整相应的支持性系统。这一系统可能涵盖诸多方面,包括但不限于人员配置、技能培训、组织流程、奖惩机制等。没有这些配套性的调整,单纯地改变工作设计往往无法产生预期的效果,甚至可能导致工作中的混乱局面和效率的降低。因此,管理者在工作设计的实施过程中,一方面要充分预见和应对各种可能出现的问题;另一方面也要通过创新和改进,逐步推动支持性系统的升级和变革。

8.5 我的工作我做主:工作重塑的全景图谱

8.5.1 工作重塑的缘起

李敏就职于国内一家领先的智慧零售公司,作为人力资源管理中心的一名经理,她需要统筹各个业务部门的人力资源管理工作。在同事看来,已经在公司效力接近十年的她,是一名不折不扣的"人力资源专家",未来发展潜力无限。不过,李敏的内心却备受煎熬。由于公司正处于高速发展期,各个事业部都急需吸纳人才,而现有的人才招聘系统并不能满足公司对于人才的巨大需求。李敏迫切地想要提升招聘的效率,但改造招聘系统是一项前所未有的大工程,会耗费大量的时间与精力。她的日常工作已经非常烦琐,人力资源的六大板块都需要她统筹协调。她感到自己很无力,这项工作要如何开展?还有多余的时间和精力让她去协调吗?李敏感觉自己已经看到了工作中那个想进入的中心区域,但自己正裹挟于事务的旋涡当中无法脱身,这种状态让她难以全神贯注地投入到工作中,以往完成工作带给她的满足感与成就感也大幅下降。面对这样的情景,她该怎么办?这个案例凸显了工作重塑的必要性和重要性。那么,工作重塑究竟是什么呢?

耶鲁大学心理学家艾米·沃兹涅夫斯基和密歇根大学组织行为学教授简·达顿在2001年发表的一篇论文中,首次提出工作重塑的概念。在这项研究中,他们对一所医院的清洁工进行了访谈。尽管从事相同的工作,这些清洁工中有人非常喜欢自己的工作,另一些人则不喜欢。不喜欢自己工作的清洁工在描述他们的工作时,就像是机器在读一份工作说明那样,只介绍了自己被要求完成的任务,比如擦拭地板、打扫灰尘、拖地之类。他们认为自己从事的工作要求的技能很低,人们也不会注意到他们。喜欢自身工作的清洁工在描述其工作时,介绍了很多与病人及来访者互动的细节,并且认为自己的工作很有价值。这些清洁工称自己为"治疗师",并且会主动寻找任务来支持自己的头衔——比如花更多的时间陪伴孤独的病人,或者定期更换病房墙上的照片,让病人感觉更舒适。在很多情况下,他们还会把病人或家属想象成自己的亲人,从而考虑如何更好地关心照顾他们。所有人都明白,这些额外承担的工作并不是他们的工作职责所在,但当被问到为什么要这样做时,他们谈到了自己心中的一种期许:即使患者不一定会意识到他们所处的环境有何不同,但也许治疗环境发生的一些细微变化可以在无形中加快他们的康复进程。为了在平凡工作中找到更多的意义,这些在医院工作的清洁工重新界定了自己的工作边界和内容。他们的所作所为,被学者们定义为工作重塑。

总的来说,工作重塑指的是员工主动开展的对于自身工作内容、工作要求和资源的重新建构。通过重塑自身工作环境,员工得以让原本的工作更符合个人的目标导向、动机与特长,并从根本上改变工作任务、关系以及个人对工作的看法。工作重塑是员工自下而上自愿对工作角色、任务或者个人认知作出的改变,在工作场景中十分普遍。例如,高校的应届毕业生可能会在实习过程中完成工作职责之外的会计任务来扩展自己的技能,获取新的工作领域的经验,从而为将来从事会计工作做准备;又或者,经理将部分管理职责授权给下属,从而更专注于制订核心工作计划;装配线上的操作工在工作中的灵活性非常小,但仍可能改变自身认知模式,降低负面工作事件的影响。这些行为都属于工作重塑的范畴。

8.5.2 工作重塑的多面性：我们可以怎样重塑工作

工作重塑指的是员工主动地改变工作内容、人际关系和认知方式，以更好地实现工作与人的匹配，主要分为任务重塑、关系重塑和认知重塑三种类型。任务重塑是指员工对自己的工作任务进行调整，以改变正式的工作描述中规定的职责。这可能包括增加或删减某些工作任务，或者更改或替代一些工作任务。例如，一位厨师为了保持对自身工作的热爱和专业性，可能会在烹饪食物的同时，增加精美的摆盘工作，从而提升顾客的就餐体验。此外，工作重塑的方向也可能是降低工作负荷，从而优化工作流程与工作分工。比如，一名创业者可能会聘用一名专职会计，以减轻自身的负担，更专注于企业的战略决策。无论是增加还是减少任务，任务重塑的目标都是让工作更符合个人的兴趣、技能和职业发展诉求。

关系重塑则是指员工主动调整自己与同事、上司或顾客之间的互动关系。关系重塑的目的是通过改变与他人的交互方式，提升工作的意义和满足感。例如，尽管并非职责所在，一名市场营销经理可能会增加与产品经理的互动，通过集思广益的方式讨论和改进用户的使用界面，从而提升产品的市场竞争力。关系重塑也可以是减少某些消耗精力的人际交往，如一名管理者可以选择性地不参与一些不重要的会议，以减少不必要的人际压力，提升工作效率。

认知重塑是指员工改变自己对工作的看待方式，对工作的意义和价值进行重新认知。这一类工作重塑的目标是提升对工作的认同感和满足感。例如，高负荷作业的酒店清洁人员可能会说服自己，更换床单不仅是为了清洁，这只是表象，究其根本是为了让旅行者的旅程更加舒适和难忘。认知重塑通常是一种精神层面的自我调整，可以帮助员工更积极地应对工作压力，提升工作满意度。

这三种工作重塑方式都可以帮助员工更好地实现自我与工作的匹配，提升工作效率和满意度。需要注意的是，工作重塑并不意味着一定要增加自己的工作量或与他人的互动，也可以是优化工作流程、减少不必要的人际互动，或者改变自己对工作的认知。工作重塑的目标是让员工更聪明地工作，而不是更辛苦地工作。通过理解和践行工作重塑，员工可以更主动地塑造自己的工作环境，实现工作中的自我实现，提升工作的意义和价值。

8.5.3 明智的工作重塑：如何获得他人支持

尽管工作重塑有其积极影响，我们也不能忽视它可能带来的阴暗面。首先，过度重塑可能会导致工作负荷的不公平分配。当一些员工主动扩大工作职责范围时，可能会在无意中承担过多的工作，导致过度疲劳甚至职业倦怠。相反，那些未参与重塑的员工可能会负担较轻,这可能会在团队内部产生紧张和冲突。其次,过度的任务重塑可能会对组织内部的工作流程产生影响。员工可能会因为重塑而忽视了原有的工作流程和职责分配,这可能对整个团队或组织的效率产生负面影响。再者,工作重塑也可能产生不必要的竞争和压力。例如,员工为了提升自己的工作价值,可能会主动接手一些高价值的工作,这可能会引发其他员工的嫉妒和不满,导致工作场所的紧张和矛盾。最后,过度的认知重塑可能会导致员工对现实的忽视。如果员工只是通过改变自己对工作的认知来应对不理想的工作环境,而没有采取实际行动去改变环境,这种做法可能只是在逃避现实,对个人和组织的长远发展可能并无益处。因此,在实施工作重塑时,员工和组织都需要注意上述可能的负面影响,并采取适当的策略来进行有效的管理和控制。

由于工作重塑嵌入于社会情景中,它也会影响他人如何看待进行工作重塑的员工。举例来说,当某位员工主动对自己的工作进行重塑时,周围人可能会识别出他在行为上的变化,并依据自己对重塑者的了解对其进行归因。比如,如果一个平时不爱与人交际的员工突然主动改善自己与同事的关系,对于这样的转变,同事们会依据该员工的人格特质及日常表现对其形成不同的判断。当大家认为这位重塑者害羞而善良时,可能会认为他是在努力融入组织;相反,当大家认为这位员工高傲无礼时,可能会认为他是在拉拢人心,为获取培训、晋升等机会创造条件。不同的归因会导致不同的判断,进而促使同事们采取不同的行为。当组织中的其他人对重塑者作出友好的判断时,更有可能对重塑者提供社会支持,即组织成员可能会通过提供一定的支持来帮助重塑者;而当周围人对重塑者及其行为形成消极的看法时,容易出现社会阻抑现象,即长时间且有意地妨碍重塑者建立和维护积极的人际关系,从而影响其在工作中的成功及声誉。

同事们的不同态度和反应也会影响重塑者接下来的行为。当同事提供支持时,重塑者会进一步深化工作重塑;而当重塑者被敌视时,很有可能暂停自己的重塑行动。因此,当重塑者的行为被周围同事作出正向归因时,工作重塑才有可能取得成功。此外,主动进行重塑的员工有可能会成为所在团队中的角色榜样,并促进团队中的社会学习行为。员工会在工作中有意识地观察同事的行为,当其看到重塑者的行动后会思考该行为是否适合当下的工作场景并预期执行该行为是否会带来积极结果。当其认为做出相同的行为能带来积极结果时,很有可能进行模仿和学习。因此,重塑者在主动重塑时不能忽略自身行为可能会引起他人效仿。那么,什么是明智的工作重塑行为呢?它应当是具备重塑能力的员工以合适的方式改变工作内容或工作关系的主动行为。学者们普遍认为,明智的工作重塑行为需要具备以下条件:首先,工作重塑是员工为了改善自己的工作体验,在工作中收获更多的满足感和意义感而进行的主动行为。需要特别注意的是,这种主动性应当和组织当前的任务和战略适配,即组织所处的发展阶段和节奏允许员工进行一些主动性改变。具体来说,员工进行重塑需充分考虑文化情境和社会关系。重塑者应思考自己所在的组织奉行怎样的组织文化。如果组织鼓励创新和员工的个性化发展,那么重塑者可以相对自由地识别出机会并抓住机会进行重塑。如果组织较为推崇威权领导的风格,或者倡导含蓄低调的组织氛围,那么重塑者应注意遵守公司的各项规章制度,并努力确保自己的工作重塑行为获得上级的认可和支持。其次,员工进行工作重塑时应考虑自己的重塑行为是否会对他人或团队产生影响,特别是潜在的负面影响。此外,组织中的他人可能会学习、模仿重塑者的行为。因此,在成功的工作重塑中,改善工作体验的目标应具有适度挑战性,涉及的各项工作应相对独立,员工本人可以在很大程度上掌控并达成目标,不会加重其他人的工作负担和情绪消耗,并能以出色的重塑结果对他人产生积极影响。最后,重塑者应在日常工作中塑造良好的组织公民形象,保持积极主动,能够敏锐察觉和分析自己在当前工作中的体验,主动寻求改善工作体验的机会,同时具备优秀的学习能力和自我调节能力,能够合理应对重塑中出现的新状况。

拓展阅读　爱上工作:工作重塑的魔力

学术前沿:同事对于员工工作重塑的反应:合作还是冲突?

这项研究以同事为视角研究工作重塑。基于社会信息加工理论,作者探究了同事的工作重塑会如何诱发观察者的反应。第一项研究是情景实验,结果显示观察到同事从事回避型工作重塑(如员工通过主动减少任务或与他人的互动来积极改变工作边界)的人的合作意愿降低,预期的人际冲突增加;而当他们观察到趋近型工作重塑(如员工通过主动增加任务或与他人的互动来积极改变工作边界)时,结果恰恰相反。第二项研究使用136对员工-同事配对样本进行了实地研究,复现了第一项研究的发现。此外,第二项研究还发现合作意愿以及感受到的与工作重塑者的人际冲突,会进一步影响同事和工作重塑者的工作愉悦感。总的来说,这项前沿研究揭示了工作场景中同事对观察到的工作重塑行为的反应的重要性。

资料来源:FONG C Y M, TIMS M, KHAPOVA S N. Coworker responses to job crafting: implications for willingness to cooperate and conflict[J]. Journal of vocational behavior,2022,138:103781.

▶ 本章小结

(1)工作设计指的是对于工作任务的内容、工作中的活动以及职责的设计。为解决现实中的很多管理问题,管理者应当采用工作设计的策略,重新设计出对员工更具吸引力、更有意义的工作任务。

（2）工作丰富化是工作扩大化的进阶，是在让员工从事形式多样的工作任务的基础上给予其自由度、挑战和相应的职责。

（3）五个核心的工作特征是技能多样性、工作自主性、任务完整性、工作反馈以及任务重要性。工作特征模型认为以上工作特征会影响员工的内在工作动机、满意度和绩效。

（4）工作要求-资源模型认为，任何工作特征都可以被划分为工作要求与工作资源，且工作资源可以有效地抵御工作要求的负面影响。

（5）工作重塑指的是员工主动开展的对自身工作内容、工作要求和资源的重新建构。通过重塑自身工作环境，员工得以让原本的工作更符合个人的目标导向、动机与特长，并从根本上改变工作任务、关系以及个人对工作的看法。

（6）任务重塑指的是对自身正式工作描述中规定的职责进行增加或删减、更改或替代。关系重塑指的是员工改变自身与同事、上司或顾客之间的互动关系。认知重塑指的是改变看待工作的态度和思维方式。

（7）明智的工作重塑行为需要具备以下条件：工作重塑应当和组织当前的任务和战略适配；员工进行工作重塑时应考虑自己的重塑行为是否会对他人或团队产生影响，特别是潜在的负面影响；重塑者应在日常工作中塑造良好的组织公民形象，并主动寻求改善工作体验的机会。

第9讲

压力管理：工作压力的有效应对

在现代社会，工作压力已经成为影响员工身心健康的重要因素之一。腾讯新闻报道称，超过88%的员工在快节奏的工作环境中感受到巨大压力。这种压力不仅来自繁重的工作量和长时间工作，还包括对工作缺乏控制感和难以平衡工作与生活。员工长期处于高压状态，会导致各种健康问题，如焦虑、抑郁甚至身体疾病。

世界卫生组织的研究显示，每年约有75万人因过度工作而死亡，其中每周工作超过55小时会显著增加心脏病和脑卒中的风险。过度工作不仅危害个人健康，也对社会和家庭产生了负面影响。这些数据和案例揭示了有效管理工作压力的重要性与紧迫性。

因此，如何科学地应对和管理工作压力，成为现代职场中亟待解决的问题。通过合理的时间管理、任务优先级设定、放松训练以及心理调适方法，员工可以更好地应对工作中的各种压力，提升身心健康水平和工作效率。同时，企业也应关注员工的心理健康，提供相应的支持和资源，帮助员工在高压环境中找到平衡，创设更加健康的工作环境。

▶ 9.1 压力的基础知识

9.1.1 压力管理的重要性

学术前沿：隐性的受害者：
企业雇员如何在关键工作事件的冲击下免受无助感的负面影响

具有创伤性、有时间限制的关键工作事件通常会在意想不到的时候发生，并且对员工产生很大的影响。在这项研究中，作者采用资源保存理论作为总体的理论框架，检验员工是否会在经历重大工作事件的冲击后在工作中感到无助，以及何时会发生这种情况。这种无助感可能会溢出到生活领域，对他们的健康产生负面影

第9讲 压力管理：工作压力的有效应对

响。在一次工作中的关键性事件发生过程中，作者从765名中国医生那里收集了多轮次的数据。结果显示，对事件强度的感知与医生在工作中的无助感正相关，这进一步对他们的生命意义感产生了负面影响。此外，工作意义感加剧了事件强度感知对医生无助感的影响，而社会支持和心理脱离降低了无助感对他们的生命意义感的负面影响。

作者的研究呼吁关注面对工作中关键事件冲击的员工的心理健康和心理福祉以及他们的心理恢复，并揭示了社会支持和心理脱离作为资源恢复机制的有效性。此外，为避免进一步的负面影响，本研究提醒管理者不要进一步强调员工在面对高新颖性、破坏性和关键性工作事件时的工作意义感。

资料来源：MENG L, LIN X, DU J, et al. How can employees break free from helplessness in critical work incidents？[J]. International journal of stress management，2022，29(4)：330-341.

相信每个人都曾经面对高压的状况。不过，你是否了解压力的影响究竟有多大？从认知神经科学的研究中我们了解到，当个体面对较大压力时，身体会自动启动压力反应系统。这会导致非自主神经系统释放压力荷尔蒙，如肾上腺素和皮质醇，以应对挑战。这些生理变化包括但不限于胸口紧张、颈部紧绷、心率加快、手脚变冷、消化系统功能暂停等。此外，压力也会对个体的心理状态产生显著影响。长期承受压力可能导致睡眠问题，如失眠或糟糕的睡眠质量，进而影响白天的注意力和认知表现。一些个体可能会出现饮食障碍，表现为食欲增加或减少，从而影响到营养摄取和身体健康。除了这些明显的生理反应和心理反应，压力还可能对大脑的结构和功能产生深远的影响。研究表明，长期暴露在高压的环境中，可能导致大脑区域的改变，影响到认知功能、情绪调节以及决策能力。

为了更为生动地了解压力的负面影响以及压力管理的重要性，我们对比1900年和2014年美国排名前10位的死亡原因。如今，随着医疗技术和手段的快速进步，许多在1900年被认为无法治愈的疾病，如肠胃炎、流感等，现在已经不再致命。然而，这无法掩盖一个令人震惊的事实：自杀的人数正在不断攀升。这是一种警示信号，反映出人们的心理健康状况正在恶化。此外，心脏病、恶性肿瘤、慢性下呼吸道疾病、意外和致命伤害、脑血管疾病是美国2014年的前五大死因。这些疾病表面上看起来都是生理疾病，但它们实际上都与压力有关。特别是心脏病，越来越多的医学证据显示其主要诱因是心理因素而非生理因素。过去的100年间，随着工业化进程的不断推进，每个人的工作负荷都在持续增加，压力也在升高。因此，我们不得不面对越来越多由压力导致的疾病，而这正是我们需要学习和实践压力管理的原因。

接下来，让我们进一步了解不同职业带来的压力状况。在众多职业中，获得终身教职的大学教授承受的压力相对较小，而现役军人、消防员、新闻记者、飞行员、警察和企业高管面对的工作压力则非常大。造成这种差异的原因主要在于各个职位对员工的工作要求不同。飞行员、军人和警察的工作会对他人的生命财产安全产生重要影响，他们在工作中不得出现任何闪失。相比之下，获得终身教职的大学教授面对的工作要求则相对较少，无论他们的工作表现如何，都不太可能被辞退，也难以对他人产生重大的影响。药店职员和普通工人的压力通常也相对较小，因为他们的工作可能主要只会影响他们个人。如果未能很好地完成工作，主要影响的是自己的收入，而不会对他人产生很大影响，也不会受到外界的责难。尽管不同职业带来的压力情况存在差异，但总体趋势是工作已成为人们最主要的压力源。因此，有效的压力管理对于职业生涯发展和身心健康至关重要。

那么，应当如何进行压力管理呢？事实上，我们可以从生活的方方面面寻找答案。例如，适当的锻炼可以帮助我们缓解压力、提高身心健康水平。冥想也是一种行之有效的压力管理方式。因此，做好压力管理的关键在于我们如何去理解压力、如何去面对压力，以及如何有效地采用各种方式去管理好这些压力。

9.1.2 压力与压力源

压力是我们日常生活中经常探讨的一个话题，准确理解压力的内涵至关重要。根据心理学领域的一般理解，心理压力是个体面对的需求或者挑战超出其个人资源和能力时的一种反应。也就是说，当我们面对某种情境，却认为自己没有足够的资源去应对时，就会产生压力。这种定义强调了压力是个体的主观感受，它可能源自外界的环境要求，也可能源自个体内心的期望和想象。压力不仅仅是生理反应，还包括心理反应，体现了个体对环境的认知和评价。

组织行为工具箱：关于压力，您赞同以下说法吗

1. 所有的压力都是有害的；
2. 良好的生活状态应该没有压力；
3. 压力越小越好；
4. 压力管理的目标是消除压力；
5. 压力只会影响成人；
6. 压力是一种心理反应，对身体无影响；
7. 锻炼会消耗体能，否则这些能量可用于应对压力；
8. 冥想是异端、迷信、邪教，是无稽之谈。

在对压力的理解方面，人们往往会陷入一些误区。组织行为工具箱中提出的思考题可以检测你对压力的理解是否正确。我们应当认识到，虽然压力可能会对身心健康产生影响，但并不是所有的压力都是负面的。一定程度以及特定类型的压力可以帮助我们更好地应对挑战、取得更好的表现。这也提醒我们在压力管理中不仅要关注如何降低压力,还要关注如何善用压力。事实上,压力管理并非要完全消除压力,而是要降低压力对身心的负面影响。此外,压力不仅仅会影响成年人,孩子们在学习和生活中也同样承受着巨大的压力。以上这些理解,都对我们进行压力管理提供了重要的指导。通过形成对压力的正确认知,提升应对能力,我们可以更好地应对压力,使压力成为推动成长的动力,而不是束缚我们的枷锁。

在进一步讨论压力管理之前,我们有必要对压力(stress)与压力源(stressor)这两个密切关联但却有本质区别的概念进行区分。压力,如前所述,是个体在面临某种要求或挑战时,其心理反应和生理反应的总和。这个反应是一个复杂的生理过程,涉及神经系统和内分泌系统的调节。当个体的应对资源不能满足环境的要求时,压力就产生了。压力所带来的结果可能表现为紧张、焦虑、抑郁等心理状态,也可能对身体健康产生不良影响,造成失眠、消化系统问题等。

压力源则是产生压力的客观原因或触发点。它可能是外部的环境因素,如工作负荷、人际关系等;也可能是内部的个体因素,如人格特质、个体期待、自我评价等。需要注意的是,压力源的存在并不一定直接导致压力,因为每一个个体对同一压力源的反应可能截然不同,这取决于个体的心理素质、抗压能力,以及对压力源的认知评价。同一压力源,在一个人眼中可能是巨大的压力来源,而在另一个人眼中却可能是挑战,甚至是成长的机会。理解压力与压力源的区别和联系,对于有效的压力管理至关重要。

9.1.3 个体差异与压力

每个人应对压力的能力存在差异,这一差异主要源于个体能够获取到的社会支持以及一种重要的个人特质。社会支持是一种重要的可以应对压力的资源。如果我们面对压力时有朋友或者亲人提供足够的支持,我们就更有可能有效地应对压力。社会支持主要包括工具性支持和情感支持。工具性支持主要包括给我们提供解决问题的建议或帮助,例如,朋友或者专业人士可能会提供给我们一些解决问题的策略或方法。情感支持则是提供情绪上的安慰和支持,例如,朋友或者亲人可能会倾听我们讲述困扰,给予鼓励和肯定,从而帮助我们缓解压力。

此外,个人特质也会影响我们应对压力的能力。学者在20世纪50年代发现心脏病患者有一种共同的人格特质,并将其命名为A型人格(type A behavior pattern)。他们在对冠状动脉心脏病患者进行诊疗的过程中,发现有一类患者表现出特殊的行为模式。这些患者在面对压力时表现出强烈的紧迫感,有竞争欲,而且总是急于赶时间。这些行为模式似乎与他们的心脏病症有一定的关联性。此外,专家们在观察诊所的等待室时,偶然发现那些A型人格的患者在等待时常常坐在椅子边缘,表现出不耐烦的状态,以至于椅子的边缘位置磨损严重。这个现象让他们更加确信,这种"A型行为模式"与罹患心脏病之间存在关联。这个发现引发了大量关于A型行为模式与心脏病之间关联的研究,并促使医学界和心理学界更深入地研究人格特质对健康的影响,从而促进了行为医学领域的发展。

学界认为,A型人格的特征主要包括:①强烈而持久的抱负和雄心壮志。他们倾向于有强烈的事业心和进取心,总是全力以赴地去追求目标,且难以接受失败。②高度追求完美。他们对自己的要求往往非常高,希望自己的工作或者生活能够达到完美的状态,对任何小错误和不足都难以容忍。③说话快,具有高度的控制欲并缺乏耐心。具有A型人格的人通常讲话很快,性格急躁,同时希望控制一切,包括他人的行为。④习惯于给自己设定高强度的压力和大的挑战。他们习惯给自己设定高难度的目标,乐于接受挑战,总是渴望取得超越自我的成就。⑤经常处于紧张和焦虑的状态。具有A型人格的人在日常生活中难以真正地放松,即使在休息的时候也会处于紧张和焦虑的状态。

A型行为模式,特别是其中的敌意或攻击性,既可能是天生的,也可能是后天养成的。这两个方面的影响常常难以完全区分,因为它们在人的一生中相互交织和影响。然而,从心理学研究中,我们可以清晰地看到后天环境对A型行为的重要影响。阿尔伯特·班杜拉提出的社会认知理论,特别是其中的观察学习理论,提供了理解这一问题的框架。根据观察学习理论,人们的行为、情绪和观点很大程度上是通过观察他人,尤其是父母、老师、朋友和媒体角色等范例来学习的。如果一个人经常观察到急躁、敌意或竞争等A型行为,并看到这种行为受到他人赞扬、奖励或被认为是成功的标志,那么他很可能会学习并采纳这种行为模式。

"波伯洋人"是班杜拉的观察学习研究中最具代表性的实验之一。在这项实验中,儿童观察一个成年人范例对一个大型充气玩偶进行攻击(图9.1)。实验结果表明,相比没有观察到暴力行为的儿童,观察到范例实施暴力行为的儿童在之后的游戏中更有可能模仿这种攻击行为。这一结果暗示了A型行为可以通过观察学习来养成,特别是当我们所处的社会环境经常奖励这种行为时(例如,竞争激烈的职场或校园环境)。然而,这并不排除生物或遗传因素的影响,因为人们对于观察学习的敏感性以及他们如何解释和响应环境中的奖励和惩罚可能会受到基因与生理因素的影响。总的来说,A型行为可能是生物遗传和环境因素共同作用的结果,而在许多情况下观察学习都是关键的机制。

图9.1 观察学习实验的示意图

具有 A 型人格的人在面对压力时,会感觉更加焦虑和紧张。A 型人格之所以与心脏病有关,可能是因为他们对于压力的反应往往比较强烈,容易引发身心健康问题。因此,对于 A 型人格的人来说,找到合适的方式来管理和缓解压力是非常重要的。然而,A 型人格并不是一种病。每个人都有自己独特的人格特质,理解自己的人格特质可以帮助我们更好地了解自己,从而找到更合适的方式来应对生活中的压力和挑战。如果发现自己具备 A 型人格的特征,并且感到压力过大,可能需要寻求专业的心理咨询帮助,找到更健康的应对压力的方式。同时,培养有效的压力管理技能,如放松训练、深度呼吸、冥想等,也是很有帮助的。

▶ 9.2 压力的理论基础

9.2.1 压力交互理论的基本观点

压力交互理论(transactional theory of stress)着重研究压力源、认知评估以及应对策略之间的动态交互过程。该理论阐释个体是如何感知和评估压力源并作出相应反应。作为压力管理的重要理论,压力交互理论强调压力的产生取决于个体的主观评价,探讨了个体在面对压力性情境时可能会采用的各种应对策略,并强调了压力的产生是一个持续不断的动态过程。通过特别强调认知评估和应对策略在压力的产生和管理中的作用,压力交互理论为我们理解和应对压力提供了全新的视角。在接下来的讨论中,我们将循序渐进,首先从压力的主观评价开始。

根据该理论,压力的产生并非完全由压力源(即潜在的压力性事件或情境)直接决定,而是在很大程度上取决于个体对这类事件或情境的主观评估。换言之,是否产生压力以及产生压力的程度,源自个体对该事件或情境的认知评估。评估过程通常包括两个阶段:首先是初级评估(primary appraisal),个体会评估这个事件或情境对个人的意义,判断其是否具有威胁、潜在损害、益处及其程度;一旦个体得到有关联、有意义的判断,就会进行次级评估(secondary appraisal),在这一阶段,个体会评估自身对该事件或情境的应对资源和策略,以及自己是否拥有足够的能力来应对这个挑战。比如,面对一次工作面试时,一位求职者首先会进行初级评估,评估这一面试对个人的意义。他会考虑这次面试是否代表一次重要的机会(有益处),还是可能会带来潜在的失败(会产生威胁)。接下来,他可能会思考自己准备的充分程度、自信心、应对面试的技巧,以及是否具有足够的能力来应对这次面试。如果个体通过次级评价认为压力源是可以改变的,自己具备有效的应对策略来消除威胁,则不会产生压力;相反地,如果次级评估后个体认为压力源不可改变,且自己不具备有效的应对策略,则会感到有压力。

根据压力交互理论,在初级评估阶段,个体会将压力源区分为挑战性压力源

(challenge stressors)和阻碍性压力源(hindrance stressors)。这种区分主要基于个体对压力源可能影响自身发展以及目标实现方式的评估。挑战性压力源通常被认为是可以促进个人成长或获得成就的压力源。这类压力源虽然可能会在短期内带来一定的负面影响(比如暂时的紧张感或焦虑感),但从长期来看,它有助于提升能力、提高工作绩效以及达成目标。在工作领域,典型的例子包括工作职责、时间压力和工作复杂性。在生活领域,它则可能包括家庭责任、积极的生活事件、学习新技能或个人发展等。实证证据显示,挑战性压力源与员工的工作绩效之间存在较弱的正相关,与组织承诺(即个体对所属组织的目标和价值观的认同和信任以及由此带来的积极情绪体验)之间则存在中等程度的正相关关系。

阻碍性压力源通常被认为是妨碍个人成长或目标实现的压力源。这类压力源通常会带来消极的影响。例如,它会让个体产生负面情绪、消极态度,进而降低工作绩效,阻碍个人发展。在工作中,阻碍性压力源通常包括工作中的政治斗争、角色冲突、工作不安全感、严苛的规章制度等。在生活领域,则可能包括家庭冲突、财务压力、社会歧视、健康问题等。实证证据显示,阻碍性压力源与员工的工作绩效之间存在较弱的负相关关系,对于组织承诺则有很强的负向预测作用。然而需要注意的是,挑战性和阻碍性两种压力源对个体的具体作用会受到许多因素的影响,比如个体的人格特质、应对策略以及能够获得的社会支持等。另外,挑战性压力源和阻碍性压力源并不是完全独立的,它们可能同时存在、相互影响。所以,我们应当以科学、理性的态度对待压力与压力源,寻求个体和环境之间的最佳平衡。

9.2.2 工作中的挑战性压力源

时间压力、工作复杂度以及工作职责是我们在职场中常常会遇到的三种挑战性压力源。它们既可以被视为潜在的困扰,也可以转化为推动个人成长和发展的动力。

时间压力指的是个体完成工作任务的时间紧迫性。在这种压力下,员工可能需要更有效地利用时间,提高工作效率,甚至需要牺牲个人的休息和娱乐时间。然而,适当的时间压力也可以激发员工的潜能,促使他们更专注于工作、更迅速地作出决策,甚至可以激发他们的创新思维,找到更有效地解决问题的方法。

工作复杂度主要是指工作任务的难度和复杂度。完成高度复杂的工作可能需要员工掌握更多的知识和技能,需要更高水平的思维能力和解决问题的能力。这无疑会给员工带来一定的压力,但同时也是一种挑战,可以推动员工学习新知识,提升技能,从而实现个人的成长和发展。

工作职责是指员工在工作中需要承担的责任。职责越大,员工需要考虑的因素就越多,面临的挑战也就越多。这种压力可能会使员工感到焦虑和紧张。然而,更大的工作职责也意味着更多的成长机会和挑战。员工可以通过承担更大的职责,提升自己的领导能力,增强自己的决策能力,扩大工作的影响力。

总的来说,时间压力、工作复杂度和工作职责这三种挑战性压力源虽然可能会带来一定的压力和困扰,但同时也是员工成长和发展的重要动力。只有正视这些压力源,才能更好地把握工作中的挑战,实现个人的成长和发展。

9.2.3 工作中的阻碍性压力源

组织行为观影团:灾难片《深海浩劫》(*Deepwater Horizon*)与角色冲突

Deepwater Horizon 是位于墨西哥湾附近的一个石油钻井平台,其工作人员刚刚用混凝土盖封堵了一口探井,以便 BP 公司未来可以开采原油。BP 公司租用了这个钻井平台以及平台上的工作人员。常规船员进行了交换班,新船员对前一批船员未能完成混凝土封堵的完整性测试表示担忧,但 BP 公司坚持不做测试。电影片段 28:10—33:53 描绘了与阻碍性压力源相关的场景,展示了由 Donald Vidrine 领导的 BP 公司高管与 Jimmy Harrell 领导的 Deepwater Horizon 平台人员开会时的对话内容。

思考题:

1. 电影片段中的主角 Jimmy Harrell 整体上承受着很大的工作压力吗?他的压力来源有哪些?

2. 在与 Donald Vidrine 领导的 BP 公司高管会面过程中,Jimmy Harrell 有哪些明显的压力源?

3. 你在工作中有过角色冲突的经历吗?为什么这种冲突会带来压力,并且通常被认为是工作的阻碍而不是挑战?

电影《深海浩劫》中,由于 Donald Vidrine 领导的 BP 公司非常强势,他成功地在 Deepwater Horizon 的雇员中推动了他的议程,没有按照应有的程序进行混凝土盖的完整性测试,最终导致了一场灾难。石油探井盖塌陷,不仅摧毁了钻井平台,还夺去了船员们的生命,同时造成了美国历史上最严重的海上原油泄漏事件。电影片段则生动地展示了一项工作中常见的阻碍性压力源——角色冲突。

在工作场景中,阻碍性压力源主要包括角色冲突、角色模糊、角色超载和日常困扰。这些压力源可能会阻碍工作绩效的提升,并对员工的心理健康产生消极影响。

角色冲突指的是他人对个体的冲突性期望,通常发生在员工需要面对不兼容的工作要求,或者同时承担多重角色的情况下。例如,一名中层经理可能既需要向上级管理者报告,又要负责管理他所在的团队。上级可能期望他严格执行既定计划和预算,而团队成员则可能期望有更多的灵活性和创新空间;满足上级的期望可能会导致团队士气低落,而满足团队的期望又可能会引起上级的不满。在这种情况下,这名中层经理就可能会陷入角色冲突,从而产生压力。再比如,一位家长可能既在工作中担任高级职位,又需要在家中照顾年幼的孩子,这种工作与家庭之间的角色冲突也会带来压力。

角色模糊是指员工对如何实现个人或组织目标的行动方式不清楚,通常发生在员工工作职责不明确、缺乏完成工作所需的充足信息,或者工作评价的方法不清晰的情况下。例如,一名新入职的市场营销专员可能被告知需要提升品牌知名度,但并没有得到关于如何执行任务、怎样评价任务效果的明确指导。另一个例子是,一个项目组可能被告知要提升用户体验,但如果没有明确的评价指标(比如满意度评分、使用时长等),团队成员可能会对如何实现这一目标感到困惑。

角色超载是指一个人的工作任务超出其能力或时间所能承受的范围,发生在员工被赋予的责任过多,无法在合理时间内完成的情况下。例如,一名项目经理可能同时被分配几个大型项目,同时他也可能需要参与一些日常的行政任务,如开会、撰写报告等。这种工作要求的过载可能导致他出现严重的工作倦怠,长期来看甚至可能导致职业倦怠。再比如,一名大学教授往往需要备课、授课、批改作业、申请项目、指导学生科研、写论文、参与学校行政工作等,这些工作量加在一起可能会超过他能够处理的范围。又如,一名产品经理可能需要负责市场调研、需求收集、产品设计、项目管理、数据分析、用户反馈等多方面工作,但一旦工作任务的多样性和复杂性过高,也容易导致角色超载的情况发生。

日常困扰是指相对微小的日常需求阻碍个体完成真正想要完成的事情,包括一系列可能干扰工作流程的问题,如人际冲突、时间管理问题、自我效能感的威胁、工作中的失败和打断及组织和领导问题等。例如,员工可能会因为同事之间的人际冲突、管理层的频繁变动、任务的突然中断等问题而倍感压力。总的来说,阻碍性压力源对员工的工作绩效和心理健康可能产生负面影响。因此,管理者需要设计合理的工作要求,提供清晰的职业发展路径,为员工创造健康的工作环境,以降低这些阻碍性压力源的影响。

9.2.4 生活中的挑战性和阻碍性压力源

在日常生活中,我们也会遇到各种各样的压力源。同样地,这些压力源也可以分为挑战性和阻碍性两类。挑战性压力源通常与个体的成长和发展有关,阻碍性压力源则更多地涉及能否满足个体的基本需要或避免不愉快的情况。

生活中的挑战性压力源涵盖多个方面,包括家庭对时间的需求、个人发展以及积极的生活事件。首先,家庭对时间的需求指的是家庭成员期望个体在日常生活中花费时间的情况,这可能包括参与家庭活动、履行家庭责任等。家庭对时间的需求是一种正面的期待,它鼓励家庭成员间的互动和联系,可能会激励个体更高效地完成工作。此外,个人在工作之外的发展也是挑战性压力源,常表现为人们渴望获得新的技能或体验,尽管它们与个人的职业发展并无直接关联。例如,一位工程师可能热爱音乐,每天在繁忙的工作之余还要挤出时间练习弹奏吉他,这无疑为他的生活带来了额外的挑战,也带来了挑战性压力。另一个例子是一位职场女性决定去环球旅行,她需要在做好日常工作的同时,进行行程规划、学习新的语言,以及提前考虑在旅行中可能遇到的各种意外情况,这都是对她的挑战。其他个人发展活动的例子还包括参加志愿者组织的工作、参加正式教育项目等。最后,我们在生活中遇到的积极事件,如结婚、乔迁新居或者迎来新的家庭成员,虽然带来了喜悦和激动,但也不可避免地会给我们的生活带来新的挑战和压力。

与此同时,我们在生活中也会遇到不少阻碍性的压力源,它们可能会使我们的生活变得更艰难。其中,工作与家庭之间的冲突是许多人都有体验的一种压力源。比如,一位职场女性可能会发现自己既要照顾孩子,又要保证工作的质量,这无疑会给她带来负面的压力。此外,家庭财务状况的不确定性,如失业、债务或者预期之外的大额支出,也属于阻碍性压力源,它们可能让个体在生活中感到不安。最后,生活中的负面事件,比如失去重要亲人、出现身体健康问题或发生其他重大的变故,也会对个体产生巨大的压力。

生活环境的变化确实会带来压力。然而,很多人可能没有意识到,这种压力不仅源自犯罪暴力、失去亲人、自然灾害和日常琐事等负性事件,升学、升职、结婚、生育、购房和旅游等正性事件同样会给人带来压力。这些变化事件都会在某种程度上打乱我们的日常生活,需要我们进行一定程度的适应和调整。社会再适应等级量表(Social Readjustment Rating Scale,SRRS)是评估生活变化对于压力的影响的一种重要工具。这个量表描述了从结婚和失业到更微妙的变化等40多个重要的生活事件,并为这些事件赋予了特定分数,这些分数被称为生活变化指数(Life Change Units,LCUs),反映了该事件对人们生活产生影响的程度。

表9.1展示了适用于中国人的生活事件的LCUs分数。下面是一些典型的生活事件及其对应的LCUs分数:①配偶死亡(100分)。这是生活中最有可能带来压力的事件之一。失去伴侣不仅意味着面临丧失亲人的悲痛,还可能带来许多实际的生活困扰,比如经济压力和照顾家庭的责任。②离婚(73分)。离婚对生活的影响很大,可能带来经济压力、孩子的抚养问题,以及要处理复杂的情感问题。③结婚(50分)。尽管结婚通常是一个喜庆的事件,但它带来的生活变化也会产生压力,包括需要适应与另一个人长期共同生活,以及可能的经济压力。④退休(45分)。从全职工作转变为退休生活是一个重大的生活变化,可能会引发诸多不确定性和焦虑。⑤学业成绩提升(20分)。比如获得奖学金,这种正面事件也会带来压力,因为它可能伴随着更高的期望和更大的责任。

表 9.1　常见的生活事件压力分数

生活事件	压力分数	生活事件	压力分数
配偶死亡	100	与姻亲关系矛盾	29
离婚	73	取得杰出成就	28
分居	65	开始或结束求学	26
坐牢	63	居住环境变动	25
家庭成员去世	63	和老板不和	23
受伤或患病	53	工作时间变动	20
结婚	50	居住地变动	20
失业	47	学校变动	20
夫妻和好	45	社交活动变动	18
退休	45	睡眠习惯变动	16
怀孕	40	家庭聚会变动	15
新家庭成员加入	39	饮食习惯变动	15
密友去世	37	度假	13
职业变动	36	节假日	12
子女离家	29	轻微的违法行为	11

通过对个体过去一年的生活事件进行评估，我们可以计算出其 LCUs 得分，然后将其与以下的标准进行对比：得分在 0~150 之间的人在压力应对方面没有明显问题；得分为 150~199 的人经历着轻度生活危机，他们在接下来的一年里有 33% 的可能性出现健康问题；得分为 200~299 的人经历着中度生活危机，他们有 50% 的可能性在接下来的一年里出现健康问题；得分在 300 及以上的人则经历着重度生活危机，他们在接下来的一年里有 80% 的可能性出现健康问题。值得注意的是，尽管 SRRS 是一个有用的工具，但它不能预测特定个体的压力反应，因为每个人对压力的反应都是独特的，取决于他们的人格、心理调适能力和能够获得的社会支持。此外，它也不能反映每个事件对个体的实际影响，因为同一事件可能对不同的人产生不同的影响。总的来说，虽然 SRRS 和 LCUs 提供了一种评估生活变化带来压力的有用方式，但在使用它们时也需要考虑其局限性。

9.2.5　认知重评与压力应对

根据压力交互理论，在次级评估阶段，个体会评估自身应对该事件或情境所拥有的资源和拟采取的策略，以及自己是否有足够的能力来应对这一挑战。个体面对压力时会采取一系列策略来应对。这些应对策略可以根据目标（问题聚焦或情绪聚焦）进行分类。其中，问题聚焦的应对意味着直接对压力源进行响应，试图改变或消除其对个体产生的压力；情绪聚焦的应对则是试图缓解或调整个体对压力的情绪反应，主要通过改变个体对压力的知觉和情绪反应实现。

具体来说,问题聚焦的行为应对是指通过直接改变与压力源相关的行为或环境来减轻压力。例如,当一个人感到工作负担过重时,他可以选择与领导者沟通,寻求更合理的工作分配,或者调整自己的工作方式以提高工作效率。这种策略旨在通过实际行动改变产生压力的状况。情绪聚焦的行为应对则是通过具体的行为来调整或减轻对压力的情绪反应。例如,面对压力时,一些人可能会选择运动、冥想或者做他们喜欢的事情(如看电影、听音乐等),来转移注意力和放松心情。

除了采取行为应对,认知应对也是一种重要策略。作为一种情绪调节策略,认知重评(cognitive reappraisal)强调我们如何理解和解释特定情境会给我们产生的情绪反应带来重要影响。这一理论的核心观点是认知决定压力反应。也就是说,是我们对于环境的知觉和解释,而非环境本身的压力程度,决定了我们感受到的压力强度。比如,想象一下你正在做一场重要演讲,观众席上坐满了人,你突然感到紧张和压力。这种压力并非源于环境本身(即公众演讲),而是源于你对该环境的解读——你可能在想:"如果我犯错误,大家会怎么看我?"或者"我一定要做到完美,否则就等同于失败"。这些想法和预期构成了你的认知评估,它放大了你的压力感。

然而,通过认知重评,人们可以改变自己的情绪反应。你可以尝试重新评估外部环境,将其视为一个机会而非威胁。例如,你可以这样想:"这是一个学习和成长的机会"或者"无论结果如何,我都将从这个经历中获益"。这种积极的重新解读可以显著降低你的压力感和紧张情绪。因此,认知重评是一种强大的应对压力的工具。它强调,我们对压力的反应并不仅仅取决于我们面对的压力源的客观强度,更重要的是我们如何理解和解释这些压力源。通过改变对于压力源的看法,我们可以更好地管理我们的情绪反应,从而更有效地应对压力。

不同的压力应对策略对应着不同的压力情境和个体诉求。充分理解这些策略以及可以在何时使用它们,可以帮助个体更有效地应对压力。值得指出的是,压力的产生并不是一次性事件,而是一个持续不断的动态交互过程。压力源、认知评估、应对策略和压力反应之间的关系会持续不断地循环反馈与调整。例如,当个体的应对策略改变其对压力源的知觉时,这将进一步影响个体对于压力源的评估,从而可能导致应对策略上的调整,这样的过程会反复进行。

9.2.6 工作要求-资源模型

除了压力交互理论,我们在工作设计章节中介绍的工作要求-资源模型也是理解工作压力以及压力管理的一个有用框架。该模型提出,工作压力产生的原因是工作要求与工作资源的失衡。当工作要求过高或者工作资源不足时,工作压力就会增加。因此,管理压力可行的重要策略就是降低工作要求、增加工作资源,或者两者同时进行。

工作要求包括员工需要完成的任务,以及完成这些任务所需的努力和付出。这可能包括体力要求(例如,需要从事重体力劳动)、心理要求(例如,需要完成高度精细的任务或者处理复杂的问题)和社交要求(例如,需要应对刁钻的客户或者与同事保持良好的关系)。如果这些要求过高,员工可能会感到压力。

工作资源是员工可以利用的工具和支持,能够帮助他们更好地完成任务。工作资源包括有形资源(例如设备和物资)、心理资源(例如技能和知识)、社会性资源(例如同事和领导的支持)以及组织资源(例如工作安排和政策)。如果这些资源不足,员工可能会在工作的过程中产生压力。

通过调整工作要求和工作资源,可以有效地帮助员工管理压力。例如,降低工作要求可以通过重新分配工作任务或者提供更多的休息时间来实现;增加工作资源可以通过提供更好的设备、提供教育和培训、增加来自领导和同事的社会性支持以及优化工作政策来实现。总的来说,工作要求-工作资源模型提供了一个理解和管理工作压力的重要框架。通过降低工作要求,增加工作资源,或者两者同时进行,可以有效地管理工作压力,提高员工的工作满意度和工作效率。

▶ 9.3 有压力怎么办:压力管理策略

9.3.1 个体层面的压力管理策略

1. 改变对压力的看法与心态

通过调整对压力的看法和心态(stress mindset),我们能够更有效地管理压力,减小其可能带来的负面影响。心理学家阿里亚·克拉姆及其同事进行了一项旨在检验人们对于压力的心态是否会影响压力带来的影响的实验。在一周的时间里,研究人员随机将一个金融机构的员工分成了三组。其中,在"压力是有害的"组中,164名员工观看了一些描述压力有害的视频,被告知压力会导致健康问题和工作失误。相反,在"压力是有益的"组中,163名员工观看了一些描述压力有益的视频,被告知压力可以提高免疫力,提升创造力和工作质量。在控制组中,61名员工没有观看任何视频。研究人员的发现令人瞩目:一周后,那些观看了"压力是有益的"视频的员工倾向于认为压力具有积极的影响,因而在心理健康和工作表现方面都优于观看了"压力是有害的"视频及没有观看任何视频的员工。

在另一项研究中,研究人员发现具有"压力是有益的"心态的人可以更好地应对压力。例如,在一项公开演讲的任务中,具有"压力是有益的"心态的学生相比具有"压力是有害的"心态的学生可以更好地在生理上应对压力,他们也更愿意接受同学和专家的反馈,从而可以提高他们在演讲中的表现。这些发现强调了认知重评在有效应对压力中的重要性。我们对压力的预期会在很大程度上影响实际会发生的情况,因为我们的心态塑造了我们关注的事物、我们会如何解读事件以及我们的反应方式,所有这些都可以改变我们的身体对于情况的反应。

特别是对于那些担心压力有害的人来说,将压力视为有益的认知框架可以对他们应对压力的方式产生很大的影响。认为压力有益的人在面对压力时,不仅生理反应更具适应性(如他们的皮质醇水平所示),而且对反馈更加开放——这是改进的必要步骤。因此,有效应对压力的关键在于改变我们对压力的看法,将其视为一种潜在挑战以及增强能力的源泉,而不是一种威胁。通过这种方式,我们不仅可以改善我们的心理健康和工作表现,还可以更加积极地面对生活中的挑战。

2. 情绪性写作

理解和应对生活中的压力是我们每个人都必须面对的挑战。有许多策略可以帮助我们更好地应对压力,其中之一就是情绪性写作(expressive writing)。这种心理疗法鼓励个体通过写作深入地探索和表达他们的个人感受与经历,特别是那些未经加工处理的、压抑的或负面的情绪体验。情绪性写作通常要求参与者选择一个对他们而言具有重要情感意义的主题,比如面对的挑战、人际关系的困扰或重大生活事件,然后花费15～20分钟时间书写自己对这些事件的感受和思考。

情绪性写作对个体健康的积极影响可以通过20世纪80年代开展的一系列开创性研究得到充分说明。研究要求参与者在连续几天内,每天花费15～20分钟的时间来写作。被试分为两组,情绪性写作组的参与者被要求写下自己深层的思想和感受,尤其是个人生活中的重大创伤或情绪体验;而控制组的参与者则被要求记录他们的日常安排、天气情况或者其他非个人化的、客观的事件,不涉及深层情绪或个人感受。结果发现,情绪性写作组的参与者在一系列健康指标上表现出显著的改善,包括访问医生次数的降低、免疫系统功能的提高、压力和焦虑水平的减轻以及心理福祉的改善。有趣的是,这些效果通常在写作的几周甚至几个月后才显现出来,表明情绪性写作对个体健康的积极影响是持久的。

研究表明,情绪性写作的益处可能源自几个方面:首先,它为个体提供了一种方式来组织和澄清经历过的创伤与冲突,有助于心理上的重新评估和整合。其次,通过表达通常被抑制或未被充分探索的情绪体验,个体可以释放负面情绪,减少因压抑情绪而带来的生理负担。最后,情绪性写作还有可能增强个体的自我洞察和问题解决能力,从而促进心理适应和成长。总之,情绪性写作在促进个体的心理和生理健康方面发挥着重要作用。通过探索和表达内心深处的思想与感受,我们可以有效地缓解压力和创伤,促进整体的健康水平。

3. 横膈膜呼吸

呼吸可能是我们最容易忽视的日常活动之一,但它实际上是我们可以直接操作从而管理压力和情绪的关键工具。横膈膜呼吸是一种强大的呼吸技术,其目标是利用横膈膜,一块位于胸腔和腹腔之间的肌肉。通过有意识地控制吸气和呼气的过程,我们可以改变神经系统的活动,从而放松身心。这种方法的关键在于放慢呼吸节奏,从通常的每分钟14~16次降低至每分钟4~6次。这样的呼吸节奏可以降低交感神经系统的活动,也就是身体处于压力或危急状态下的"战斗或逃跑"反应,同时增加副交感神经系统的活动,也就是身体的"休息和消化"状态。开始横膈膜呼吸训练前,要找到一个让自己舒适的姿势,挺胸坐姿、平躺、直立站姿均可,这样可以帮助我们更好地专注于呼吸。然后,将一只手掌轻轻放在胸口,另一只手掌放在肚脐部位,感受呼吸时哪个部位在起伏。接下来,用鼻子缓缓吸气,尽可能让我们的腹部而非胸部膨胀。暂停一会儿,然后慢慢呼气,尽可能地将气体排出。再暂停一会儿,然后开始下一个呼吸循环。在这个过程中,将注意力专注于气息的流动,感受身体如何在每次吸气和呼气中移动。这种专注可以帮助我们将注意力从可能导致压力的思绪转移到我们的身体和当前的体验上。

4. 冥想

冥想,这种源自上千年前古代东方智慧的练习,已被现代科学广泛认可,是一种强大且有效的压力管理手段。冥想的目标是引导我们的注意力,使大脑从无尽的思绪、烦恼和感官负载中得到解脱,让我们达到一种深度的宁静和放松状态。冥想的要义是对内部刺激而非外部刺激的响应。其中,排他性冥想和开放式冥想是两种常见的练习方式。

排他性冥想是一种集中精神的冥想,其目标是将意识集中于某个特定的思想或声音,从而将其他思想排除在外。在练习时,你可能会选择一个特定的词汇,如"平静""放松""感恩"。举例来说,在感恩冥想的练习中,你会有意识地回顾并反思生活中令你感到感激的事物,无论是人、事、物、身体的部位还是个人经历。你可以默想你所感激的事物,同时体验其中的正面情绪。研究证实,感恩冥想有助于培养感恩、怜悯等积极情绪,提升幸福感,以及促进心理健康和情绪平衡。此外,上文介绍的横膈膜呼吸也可以被归类为排他性冥想的一种形式,它将注意力集中在呼吸过程中。在进行呼吸冥想时,你会专注地观察自己的呼吸,注意每次吸气和呼气的过程。你可以选择感受气流进入和离开你的鼻孔或感受腹部的起伏。呼吸冥想有助于平静思绪、放松身体,以及培养专注力和觉察力。总结一下,无论选择专注于什么,排他性冥想的重点是让个人意识完全沉浸在这个独特的焦点上,排除所有其他的思绪。这种方法有助于平静思绪、降低压力。

开放式冥想是一种更自由形式的练习,它允许你的思想无目的地游荡,不做任何控制。你可以让自己的思想自由流动,接受自己脑海中出现的任何思绪,而不需要主动控制或引导它们。你的注意力就像是在跟随你的思想,就像它们被投射在一个屏幕上,而你就是一个平静的观察者。这种方法可以帮助提升对于自我内在体验的意识,从而提高压力的应对能力。无论选择哪种形式的冥想,关键是持续练习。即使是短短几分钟的日常冥想,也能有效地降低压力水平。

5. 音乐疗法

音乐疗法被广泛认为是一种强大且有效的压力管理技术。音乐具有独特的魔力,可以直接影响我们的情绪和生理状态,帮助我们平复情绪、缓解压力。音乐的旋律和节奏会对我们的大脑产生深远的影响,能够激活我们的激素系统,促进神经肽(如内啡肽)的释放。内啡肽是一种天然的镇痛和舒缓物质,它可以减轻压力反应,使人感到放松和愉悦。

那么,如何通过音乐疗法进行压力管理呢?首先,找到你喜欢的音乐类型。可能是轻柔的古典音乐,也可能是带有节奏的流行音乐。音乐选择是个人化的,关键在于找到一种能让你感到舒适和放松的音乐。然后,为自己创造一个安静、舒适的环境,让自己能够完全沉浸在音乐中。你可以选择闭上眼睛,专心聆听音乐,或者随着音乐的旋律自由地摇摆或舞动。让音乐引领你的心灵,释放压力。如果可能的话,自己演奏音乐也是一种很好的压力管理方法。无论你是专业音乐家还是业余爱好者,都可以通过创造和分享音乐来找到宁静与满足感。音乐疗法并不需要特定的时间或地点。无论是在工作间隙还是在劳累一天后的休息时间,都可以选择聆听一些音乐,让音乐的力量帮助你缓解压力,找回内心的平静。

6. 体育锻炼

体育锻炼不仅能够帮助我们保持身体健康、增强体质,也是一种非常有效的压力管理方式。运动有助于"燃烧"压力荷尔蒙,避免其对身体产生负面影响。此外,运动还能激活副交感神经系统,这有助于平复情绪、保持冷静。进行体育锻炼时,身体会释放内啡肽,这也是体育锻炼能有效缓解压力的重要原因。

首先,选择一项你喜欢的运动方式,可以是瑜伽、跑步、游泳、骑自行车,以及任何你感兴趣的运动。重要的是要选择一项你喜欢且能坚持的运动,这样你才会将锻炼视为一种乐趣而非任务。接下来,制订适合你的运动计划。并不需要每天进行高强度的锻炼,即使简单的散步也能有效减轻压力。最好能够根据个人的时间和能力制订运动计划,使之成为日常生活的一部分。

9.3.2 组织层面的压力管理策略

1. 重视心理韧性

在选拔员工、组建团队时,组织往往会看重求职者的技能和工作经验。但实际上,心理韧性(resilience)也是一个非常重要的考量因素,尤其是对于那些压力较大、工作强度较高的岗位。心理韧性指的是一个人在面对压力、逆境、挫折或困难情境时,保持稳定、适应和积极的心态,以及恢复正常状态的能力。它是一种无形的资产,能够让员工在困难和压力面前保持稳定、高效的工作状态。

在面试过程中,组织可以通过一系列的问题和情境模拟来评估求职者的心理韧性。例如,可以询问求职者面对困难、压力、失败时是如何应对的,是如何从挫折中恢复过来的,是如何保持工作效率的。组织还可以采用行为面试法,观察求职者是否能够在压力情境下展现出决策力、创新性和恢复力。

此外,组织应该创设积极的环境和文化,为员工提升心理韧性创造机会。可行的方案包括定期举办压力管理培训、提供心理咨询服务,以及倡导积极、开放的沟通氛围。这样的环境不仅能帮助员工增强心理韧性,也有助于组织营造健康、更有韧性的工作氛围。总的来说,将心理韧性作为选拔标准和培训内容,是组织进行压力管理的重要策略。通过这种方式,组织不仅能选拔出更能适应高压环境、具备更强应变能力的员工,也能建立一支更富有韧性、更能适应挑战的团队。

2. 有效的目标设置

有效的目标设置对于员工的压力管理有着重要的影响。为了帮助员工将压力视为挑战而非阻碍,组织可以采取以下明确、挑战性的目标设置策略:首先,组织需确保员工对其工作目标有明确的了解。这意味着目标应该是具体、清晰的,并且与组织的大目标紧密相关。这样一来,不仅降低了角色模糊等阻碍性压力源,也会让员工更清晰地了解他们的工作如何与组织目标结合在一起,从而提高他们的工作投入和满意度。其次,目标需要具有适度的挑战性。只有当目标能挑战员工的能力和潜力时,他们才会更加投入工作,更有动力去迎接挑战。目标的挑战性应适中,难度过大的目标可能会让员工感到挫败和压力,而过于容易的目标又难以激发他们的积极性。组织还应为员工提供必要的资源和支持,包括培训以及良好的工作环境,以帮助他们实现目标。工作资源和支持会让员工感到他们有能力完成任务,因此更可能将压力视为挑战而不是阻碍。综上,明确、具有挑战性的目标可以帮助员工更好地管理压力。通过这种方式,组织不仅能提升员工的工作效率,还能提高员工的工作满意度,打造更健康、更有活力的工作环境。

3. 重新设计工作

工作要求-资源模型指出，工作压力产生的重要原因是工作要求和工作资源的失衡。工作要求过高或者工作资源不足时，工作压力会显著增加。因此，组织可以通过重新设计工作来帮助员工更好地管理压力。具体举措包括提供更有意义的工作、赋予员工更大的自主性以及提供更加具体、及时的工作反馈。

首先，为员工提供更有意义的工作是一种有效的方法。当员工感觉他们的工作与组织的整体目标密切相关，且他们的工作成果有重要的社会价值时，他们会对工作感到更满意、更有动力。这可以通过将工作与组织的宏大目标联系起来或者将工作与更大的社会效益联系起来而实现。例如，医护人员可以被提醒他们的工作是在拯救生命；教师可以被提醒他们的工作是在培养未来的领导者；客服人员可以被提醒他们的耐心和专业能力可以直接影响客户的身心健康。

其次，赋予员工更大的自主权也可以帮助他们更好地应对压力。当员工有更大的自由度来决定如何完成工作时，其压力通常会降低，因为他们可以根据自己的工作风格和偏好来选择最合适的方式来完成任务。具体方式包括允许他们选择工作时间、决定完成任务的方法，或者选择想要专注完成的项目。此外，提供更详细、及时的工作反馈也是一种有效的方法。员工在及时了解自身工作表现后，可以更好地调整工作策略，减少对工作表现的不确定性，从而减轻压力。反馈可以是正式的，比如年度绩效评估；也可以是非正式的，比如日常的建设性反馈。

然而，我们也必须意识到，并非所有员工都偏好更为丰富多样的工作内容。事实上，有些员工更喜欢结构化的工作。在这种情况下，组织可以通过提供详细的工作说明、明确的角色定义以及稳定的工作流程，来帮助这些员工减轻压力。总的来说，通过重新设计工作，组织可以有效地帮助员工管理压力。当然，具体举措可能需要根据不同的工作情况和员工的个体差异进行相应调整。

4. 良好的组织沟通

组织沟通是在工作环境中降低员工压力的关键工具，其在压力管理中发挥着重要作用，主要体现在以下几个方面。

首先，有效的组织沟通可以帮助降低角色模糊和角色冲突等阻碍性压力源。当员工对于他们的工作角色和职责有清晰的理解时，他们能更好地履行工作职责，从而减轻角色冲突和角色模糊带来的压力。例如，组织可以通过定期召开员工会议或者提供详细的工作说明书来清晰地传达组织的期望和目标，这都有助于增强员工职责的明确性。

其次，通过正式的组织沟通，管理层可以更好地理解员工面对的压力情况，并及时采取措施对员工的压力进行管理和纾解。这样的沟通可以建立有效的反馈环境,使员工能够表达他们的担忧和遇到的问题,而管理者也能提供必要的资源和支持来帮助员工应对这些压力。

最后,良好的组织沟通能够促进员工的认知重评,改变他们对压力源的解读。通过开放的沟通,员工可能会将工作中的压力源从一种威胁认知为一种可以克服的挑战,这种认知上的改变可以显著降低他们的压力。总的来说,通过建立明确的沟通渠道,为员工界定明确的角色定义和职责,以及为员工提供一个表达压力和寻求支持的平台,组织可以有效地利用组织沟通来帮助员工进行压力管理。

5. 身心健康计划

身心健康计划可以有效地帮助员工管理压力,提高其整体福祉。首先,通过举办生活方式工作坊,组织可以帮助员工实现一系列重要的生活改变,如戒烟、戒酒、改善饮食习惯以及制订健康的运动计划。这些措施不仅可以提升员工的身体健康水平,降低由不良生活习惯引发的慢性疾病风险,还能减小工作压力对健康的负面影响。此外,通过提供心理健康工作坊,介绍焦虑应对、冲突解决和压力管理等技巧,组织可以帮助员工了解应对压力的科学策略,让他们更好地处理日常工作和生活中的压力。最后,工作重塑工作坊可以让员工意识到自己可以自下而上地优化工作流程、减少不必要的人际互动,或者改变对工作的认知。

▶ 本章小结

(1)压力会引起生理、心理和行为的反应,很多慢性疾病都与长期的压力有关。

(2)压力是工作和生活的一部分。并非所有压力都是有害的,适度的挑战性压力可以使人进步和成长。

(3)压力交互理论的核心观点包括压力的产生取决于个体的主观评价、个体面对压力性情境时会采用各种应对策略、压力的产生是一个持续不断的动态过程。

(4)在初级评估阶段,个体会将压力源分为挑战性压力源和阻碍性压力源。挑战性压力源通常被认为是可以促进个人成长和获得成就的压力源;阻碍性压力源通常被认为是妨碍个人成长或目标实现的压力源。

(5)通过认知重评,人们可以改变自己的情绪反应。个体可以重新评估压力环境,将其视为一个机会而非威胁。

(6)个体可以通过改变对压力的看法与心态、情绪性写作、横膈膜呼吸、冥想、音乐疗法、体育锻炼等简单而有效的方法调节自身压力。

(7)组织有义务通过重视员工的心理韧性、合理的目标设置、重新设计工作、有效的组织沟通、身心健康计划等手段帮助员工进行压力管理。

向上管理：与领导者共赢

小刘是一家新兴科技公司的员工，能够在自己热爱的行业中工作让他充满喜悦和活力。从进入公司的第一天起，他就秉持踏实认真的工作态度。他渴望能积极推进工作以获得个人成长，并希望通过自己的努力帮助企业不断发展壮大。

然而，最近因为公司人员调动，小刘迎来了新上司。虽然小刘工作积极努力，但仍在与新上司的互动中遇到了一些困难。其主要的问题在于，他和新上司似乎总不在一个频率上。有许多次，小刘虽然按照要求完成了任务，但提交给上司后却被指责没有理解任务的要求，这让小刘对于任务的执行感到迷茫。每当小刘在工作中遇到困难，他都会试图自行解决，但有时候他觉得自己陷入死胡同。他希望得到上司的指导和帮助，但上司工作繁忙，并且两个人之间还不太熟悉。他因而不敢主动去请教，担心被认为不够成熟或者无法独立完成任务。于是，小刘选择默默地接受内心的困惑，尽力自己摸索问题的解决方案，但效果往往不尽如人意。

慢慢地，小刘对自己的能力产生了怀疑，他觉得自己似乎总是无法做得足够好。在一次项目评审中，上司对他的工作又提出了一些批评意见，这让他感到很受打击。他开始考虑自己是否适合这份工作，是否能够在公司有更好的发展……

▶ 10.1 走出误区：这才是向上管理！

向上管理常见于公众号推文的标题，然而对于大多数人来说，向上管理还是一个相对陌生的概念，其含义并不明晰。在传统观念中，"管理"通常被视为自上而下的过程，即由领导者管理下属。然而，向上管理强调下属积极参与"管理"自己的上级，这突破了人们的常规认知。让我们通过一个情境尝试理解向上管理的内涵。

李飞是质量部新来的主管，他的工作风格不像前任主管那样轻松随意，而是偏向于正式严谨。李飞一入职，下属张媛媛就主动询问他更喜欢怎样的工作汇报方式。李飞坦率地表示，他喜欢在会议正式开始前先阅读书面的工作报告，这样可以使会议的议程有序推进,避免浪费时间。因此,张媛媛每次在开会前,都会向李飞发送当天会议的讨论议程以及涉及的背景信息和数据。这种主动的沟通和适应取得了预期中的积极效果,双方在高效的工作氛围下,得出了很多具有创新性的问题解决方案,工作绩效得以提升。这种积极的合作帮助李飞快速适应新工作环境,并与张媛媛建立了友好默契的工作关系。王凯是李飞的另一个下属,他认为李飞的控制欲太强,不愿意主动去了解李飞在工作中对下属的期望,也从未主动与之探讨工作目标和方向。此外,王凯很少在会议前提供与议题相关的背景信息,当他和李飞开会时,李飞经常会提出一些王凯没有预料到的问题,王凯也无法给出令人满意的答复。因此,二人之间很难达成共识,相比与张媛媛的会议,李飞与王凯的工作会议耗费更长的时间,但产出的成果却更少。李飞认为这样的会议令人沮丧,他把工作项目进展缓慢的原因归结于王凯的工作效率低下。后来,李飞在绩效考核中给王凯打了低分,王凯也因此错失了内部晋升的机会。

  通过对比可以发现,面对同一位新上司,不同的下属采取了截然不同的策略。一名下属积极地去了解上司的偏好,寻找共识点,以配合其管理风格,团队和个人都从中受益匪浅。另一名下属则没有这么做,他从最初就对新上司的管理风格不屑一顾,没有提前了解、更不希望去迎合上司的期望,而他也为自己的行为付出了沉重的代价。这一情境案例生动地揭示了向上管理的重要性。传统上,管理被认为是单向的,由上级向下属传达指令,下属则单方面接收并执行指令。这种观念在长期以来被视为工作中的常态,然而实际情况并非如此。事实上,上司与下属之间存在着相互作用、相互影响的机会。尽管由于管理层级的差异,上司拥有更大的权力,但下属并非只是被动接收信息的对象。他们完全可以反方向给上级传递信息、施加影响,与上级建立良好的互动,从而达到向上管理的目标。

  目前,学术界对向上管理的探讨并不充分,相关的学术研究仍处于起步阶段。有学者认为向上管理是一个有意识地和上司合作的过程,以便自己、上司和组织都取得最佳结果,它需要员工付出专门的努力。也有学者认为,向上管理指的是下属为了匹配上司的管理风格而对自己的工作风格或工作行为进行的微调,这有助于上司更容易地开展工作,从而让下属自身以及整个团队都从中受益。借鉴学者们的观点,我们将向上管理定义为员工为了让公司、上级以及自己都取得最好的结果而有意识地配合上级工作的过程。向上管理首先需要员工认识自我,包括自己所处的职业发展阶段及需要、自己的工作目标。同时,员工还需要认识上司,包括上司所处的职业发展阶段及需要、上司的决策风格、上司的工作目标以及在工作中遇到的挑战。在认识自己、认识上司的基础上,员工应审慎而有意识地付出努力。例如,他们可以调整自己的工作风格,以增进具有不同观点、立场的上下级之间的理解与合作。在本章中,我们将基于组织行为学的相关理论以及管理实践中向上管理的经典案例进行探讨,将前沿的专业知识与落地的商业案例相结合,共同探讨向上管理的科学与艺术。

学术前沿:
将"管理你的老板"视为一种主动的追随行为:构念检验和理论发展

员工可以积极主动地与上司建立良好的工作关系,以提升自身的工作效率。这项前沿研究认为,员工做到这一点的一个重要途径是从事名为"管理你的老板"(MYB)的行为(即本章中探讨的向上管理),即员工主动了解其上司的目标、需求和工作风格,并相应地调整自己的工作重点和行为。这项研究整合了主动性和追随者理论,为MYB研究奠定了理论基础。该研究强调了MYB在概念上与其他相似概念之间的区别。此外,该研究还发现,MYB可以帮助员工通过发展高质量的领导—成员交换关系来提高绩效,这些影响会在非标准化工作任务这一非结构化的工作环境中被放大。这项研究通过四项子研究,并遵循严格的量表开发步骤,成功构建了可用于实证研究的MYB量表。

资料来源:GAJENDRAN R S,MISTRY S,TANGIRALA S. Managing Your Boss(MYB)as a proactive followership behavior:construct validation and theory development[J]. Personnel psychology,2022,77(2):375-410.

▶ 10.2　向上管理的重要性:勇攀职业高峰

在深入探讨"向上管理"这一主题之前,我们不妨先停下脚步,回答很多人心中的疑问:为什么向上管理至关重要?答案其实并不复杂:每位员工与其上级之间并非孤立的个体,二者事实上是相互依存的:上司需要下属有出色的工作业绩,下属也需要上司提供在工作中成长以及职业生涯发展方面的支持。遗憾的是,作为员工,我们往往期待上司能洞察自己的心意,如我们对职业发展的渴求,或者对不同工作内容的好奇。但相对地,我们却很少从上司的角度出发,去设身处地地理解其承受的压力和挑战。理解上司只是向上管理重要的一个前置步骤,其真正的目标在于协同合作,从而更高效地推进工作进展。受到传统观念的影响,我们常常过于注重自身的工作表现,而忽视了我们与上级的关系对自身职业发展的巨大影响。在实际工作中,当上司升职并留下职位空缺时,组织通常会考虑与该上司关系密切且工作表现出色的下属来接任,上司在这一决策中也有较大的话语权。因此,向上管理不仅仅是在支持上司,更是一个双赢的策略。

另外,与上司的关系是员工工作满意度的重要影响因素。正如常言所述,"员工离职想离开的是老板,而并非公司"。调查数据显示,驱动员工离职的最主要原因是与直属上司关系的不融洽,这常常导致员工对其工作不再留恋。的确,上司可以决定我们的工作内容、自由度大小,甚至薪资水平,进而影响我们未来的职业发展。在职场中,下属很难保证与遇到的每一位上司都风格一致,一旦与顶头上司关系不融洽就选择跳槽是不成熟的举动。为了获得好的工作体验、提升工作满意度,向上管理势在必行。

员工应当进行向上管理的另一个重要原因在于,员工可以尝试利用上司的影响力来推进工作。基层员工掌握的信息是较为有限的,掌握的对于自身职业生涯发展有帮助的资源更是高度稀缺。上司处于更高的管理层级,自然而然地掌握了更多的工作信息和资源。如果下属的工作表现卓越,上司有可能在重要场合、面对公司内部处于不同岗位和职级的同事时为下属背书,帮助下属在整个公司内部塑造正面形象及影响力。这些都有利于下属未来的职业发展,向上管理的重要性也因而不言而喻。

最后,如果下属没有积极地进行向上管理,缺乏与上司间的有效沟通,上司可能会因为对下属缺乏了解而产生误解。例如,上司可能不了解一名下属在某方面有专长,当这名下属快速完成上司布置的工作时,上司甚至可能会误以为下属没有全身心地投入工作,在敷衍了事。积极进行向上管理有助于加强与上司之间的沟通,从而消除这些误解。通过与上司建立良好的沟通渠道,员工能更有效地向上司展示自身的能力和贡献,从而加强上司对自己的认识与理解。总体而言,向上管理不仅关乎与上司的关系,更是职业发展的关键。它不仅能帮助员工更好地达成工作目标,更能为其职业生涯开辟新的道路,奠定成功的基石。

▶ 10.3　科学指引:向上管理的方法论

在前文中,我们已经探讨了向上管理在维护和谐、融洽的上下级关系与促进个人职业发展等方面的重要性及必要性。在本节中,我们将围绕向上管理的方法和技巧继续进行探讨,从而帮助我们科学、有效地践行向上管理。

10.3.1　想要做好不容易:向上管理的难点

向上管理从理论到实践存在着诸多困难。从上司的方面考虑,作为管理者,上司要同时扮演多重角色。支持者便是上司的角色之一,他们可能需要像教练一样指导和帮助下属完成工作、获得进步。与此同时,上司也扮演评价者的角色。上司每年都需要对下属的绩效进行评估,而评估结果可能直接影响下属的收入和未来的晋升机会。这种情况下,基层员工在面对"是否应该如实与上司沟通、展示自己的不足?"这一问题时可能陷入两难境地。如果员工视上司为支持者,那么他们或许会更加勇敢地展示自己的不足,因为他们倾向于相信作为支持者的上司会根据自己的不足来培养和帮助自己取得成功。然而，就上司的评价者身份而言，员工同时也可能担心这种明显的"自揭其短"会导致上司对自己产生不良的评价。正是由于上司同时扮演了支持者和评价者两个角色，下属在进行向上管理时可能会存在顾虑，这成为进行向上管理的一个障碍。

设想一下，你是如何看待你的上司的？是将其视为教练还是评价者呢？为什么会有这样的看法呢？如果我们将上司视为教练，一个担忧可能在于我们与上司之间存在天然的层级差异。不过，这种层级差异并不意味着我们之间有不可调和的矛盾，层级关系更应该是一种有机的合作关系。作为下属，如果我们能出色地完成工作，这对上司来说也是一件好事。我们不应该过度理想化地认为上司会无私地帮助下属，因为他们也有自己的目标；但当下属的工作成果与上司的个人利益相契合时，大多数上司是愿意扮演教练角色的。因此，从这一合作关系的角度来理解上司，可以帮助我们更好地进行向上管理。与此同时，有些人可能更倾向于将上司视为评价者。以往不愉快的工作经历或者上司严厉、批判的管理风格都会影响我们对上司"评价者"身份的认识。在这种情况下，我们可能会感受到压力和焦虑，担心自己的工作表现不被认可。然而，即使上司在评价和给出批评意见方面较为严格，我们也应当保持开放的心态，不要把批评视为攻击，而是将其视为帮助我们改进、成长并提升自己的机会。通过正视上司的评价者角色，我们可以更好地理解上司的期望，以开放的心态尝试通过向上管理在工作中不断提升自己，逐渐减少上司的批评，最终取得更好的上下级关系以及工作表现。

除了上司的多重角色给员工带来的困惑之外，向上管理的另一个困难在于团队成员可能会面临上司的调动，而上下级关系的变化可能会影响向上管理的实践。一方面，在与上级相处的经验尚不丰富的情况下，下属很容易将过往的工作经验带入新的工作情境。例如，假如过去曾遇到过难以相处的上司，下属可能会下意识地认为这是与上司相处的常态。即便是在换了新的上司后，也可能仍然难以和上司建立良好的关系，从而妨碍了积极开展向上管理。另一方面，员工可能会面临与新上司建立默契和信任的挑战。与原先的上司之间的默契和信任关系可能是建立在长期合作与相互了解基础上的，但是当上司更换后，这些默契和信任关系就需要重新建立。员工需要克服给新上司留下不佳的第一印象等方面的担忧，投入更多的时间和精力去了解新上司的诉求、偏好和工作风格，逐步建立起新的默契和信任。这个过程可能会对员工的向上管理能力产生影响。

很多时候，员工未尝试进行向上管理的原因在于面对种种困难时他们缺乏相关的技巧和方法，不知道该如何去做。因此，我们需要掌握一些向上管理的科学方法和实用技巧，帮助应对向上管理的挑战，并有效地与上司进行交流和沟通。随后，我们将依托具体的管理案例、基于扎实的组织行为学理论、融合相关学术研究成果,科学而系统地探讨向上管理的方法与技巧。学习并运用这些技能可以增强我们在职业生涯中积极实践向上管理的信心和能力,从而取得更好的工作成效和个人发展。

10.3.2 职场新人的困境:向上管理的案例研读

组织行为工具箱:格蕾丝的困境

格蕾丝已入职公司 15 个月了,她认为自己各方面表现不错,想要在职级上有所突破。可是,格蕾丝认为她的直接上司即项目管理部经理兰登,阻碍了她的发展。作为管理者,兰登已经为公司奉献了 8 年时光。他为人温和、乐于助人,在公司拥有良好的声誉。在入职初期,格蕾丝对上司兰登是有着感激之情的,两人关系也非常融洽。比如格蕾丝刚入职时,兰登花了很多时间帮助她了解公司的情况,甚至在格蕾丝惹客户不高兴之后,也是兰登亲自出马帮助她解决问题并且给予悉心的指导。客观来看,格蕾丝的失误对兰登造成了一些负面影响,但兰登对此只字未提,更没有批评格蕾丝。

但是随着工作的开展,格蕾丝认为,虽然兰登从工作策略、成功秘诀到与客户相处的经验等方面都给自己提供了无微不至的帮助和关怀,但当自己希望在职业道路上更进一步时,兰登却没有提供任何实质性的支持和帮助。首先,兰登否决了自己关于更换公司项目管理软件的提议,他认为更换项目管理软件是技术部门的工作,公司没有其他部门越俎代庖处理工作的前例。除此以外,他还拒绝了推荐格蕾丝进入公司重大项目组的请求,他认为格蕾丝还只是刚入职一年的新人,应该再锻炼几年,而不是急于求成。

对于兰登的回应,格蕾丝十分不满甚至心中有怨恨,她认为兰登是在阻挠自己升职。自认为满怀才干和抱负的格蕾丝不愿再等待,她违反规则越级汇报,直接找到兰登的上司比尔,希望他能答应自己的请求。可是比尔将这一问题交还给了兰登处理,兰登的出现再一次打乱了格蕾丝的计划,使之以失败告终。格蕾丝的不满和怨恨到达顶点,她撰写了一封邮件,将自己的所有工作计划和请求以及兰登不支持自己提出的计划的情况在邮件中写明,准备直接发给比尔。可她最终犹豫了,不确定是否应该发送这封邮件……

资料来源:MACMILLAN K. Managing up(A):Grace[Z]. Richard Ivey School of Business Foundation Case No. W15269. London:Ivey Publishing,2015.

思考题:

1. 如果想要有效地向上管理,格蕾丝需要了解自己的哪些方面?
2. 如果想要有效地向上管理,格蕾丝需要了解兰登的哪些方面?
3. 格蕾丝找到你来帮助她走出现有困局。请你为她制订一个计划,帮助她管理好和兰登的关系,以实现她的职业目标。

了解案例内容之后,我们可以尝试基于组织行为学的理论来帮助格蕾丝解决案例中的问题。

首先,我们可以尝试解答案例中的第一个问题:如果想要有效地向上管理,格蕾丝需要了解自己的哪些方面?

回顾案例,格蕾丝最初与上司的关系融洽,但后来却出现了越来越多的冲突。其中一个很重要的原因是她个人的期望发生了变化。刚刚入职时,格蕾丝将自己定位为一名职场新人,她渴望得到上司全面的指导。然而,随着工作经验的积累,格蕾丝逐渐自信起来,迫切渴望在公司中获得更多认可以及晋升的机会。这种期望的变化可能诱发了她与上司之间的矛盾。

我们可以尝试从职业生涯发展阶段的角度去了解格蕾丝以及她的期望变化。如表10.1所示,个人的职业生涯可以划分为四个不同的阶段,第一个阶段是"建立"(establishment),如格蕾丝刚入职时的阶段。当时她处于职业生涯的起点,需要通过学习、实践和反思,逐渐夯实自己的职业基础,为未来的职业发展奠定坚实的基础,彼时她与上司的关系也是非常好的。现在,格蕾丝已经来到职业生涯的第二个阶段,即"进阶"(advancement),她迫切地希望在职业上有进一步发展、获得晋升,积极迎接各种挑战,渴望自己的努力和能力以及取得的成绩可以被更多人看到。如果这一阶段顺利度过,会来到第三个阶段,即"维持"(maintenance)。在这一阶段,个体的职业生涯发展已经相对稳定,甚至进入平台期,开始寻求长期的职业满足和稳定性。这时候个体不再追求个人升迁,而是希望在工作中拥有更大的自主性。此外,此时个体能够从引导他人以及为组织作出更大贡献中获得满足。整个职业生涯的最后一个阶段是"退出"(withdrawal)。例如,一个人决定要从公司隐退,但仍可以担任公司的顾问,提供重要的战略建议。

表10.1 员工、领导者的职业生涯阶段与诉求

职业生涯阶段	员工诉求	领导者诉求
建立	学习在工作中应该做什么; 培养对职位的能力和信心; 在需要时获得上司的保护	展现管理能力和建立良好的声誉; 需要员工提供技术和心理的支持
进阶	晋升机会(不常有); 更有挑战性的工作和学习新技能的机会; 接触有影响力的受众	获得更广泛的影响力和认可; 需要工作能力突出、能够助力于自己的员工
维持	对自主性的需要; 引导他人的需要; 为组织发展做贡献的需要	更少关注自身发展,更多注重培养他人; 需要员工表达对自己的感谢
退出	承担并不繁重的顾问角色	展现自身知识和经验的价值; 需要积极咨询自己并表现出尊重的员工

资料来源:MACMILLAN K. Managing up(A):Grace[Z]. Richard Ivey School of Business Foundation Case No. W15269. London:Ivey Publishing,2015.

在本案例中,格蕾丝很快就从最初的"建立"阶段进入"进阶"阶段。然而,她自己似乎并没有充分意识到这种转变,兰登也未察觉到格蕾丝的变化。在"进阶"阶段,格蕾丝拥有诸多明确的诉求。她迫切希望在短时间内快速成长,渴望兰登能安排一些具有挑战性的工作任务,让她学习和提升自身技能;她还希望在公司中得到更高的曝光度,让其他部门的同事了解她所开展的工作,展示自己对组织作出的贡献。然而,由于格蕾丝没有及时和上司沟通这些想法,兰登的做法和她的期望并不匹配。这导致兰登目前仅给予格蕾丝一些建议和指导,但尚未给她安排足够有挑战性的工作。因此,为了改变现状,格蕾丝首先要了解自己,并把这些信息清晰地传递给上司,以谦逊的态度与上司沟通自己的期望和诉求。

同时,格蕾丝对自己的认知还不够全面,没有意识到自己在日常工作中给上司带来了一些负面影响和困扰。例如,她在一项工作中的为人处世方式不妥,惹怒了客户,让兰登不得不亲自出马,进行大量补救工作,这一事件还可能会影响兰登在客户以及他的上司眼中的形象。此外,在兰登拒绝了格蕾丝优化信息系统的计划后,她想要越级联系兰登的上司——比尔。虽然比尔可能会欢迎员工为企业的发展建言献策,但作为高层管理者,他也许更需要像兰登这样的中层管理者管理好自己的下属,汇总员工的想法后统一向高层汇报。因此,格蕾丝的行为不仅可能会打扰到比尔的繁忙工作,而且可能会让比尔认为兰登没有管理好自己的下属。因此,在了解自己的过程当中,全面的自我认知是非常重要的。

综上,了解自己对于格蕾丝进行向上管理来说至关重要。为有效地进行向上管理,格蕾丝需要认识到她的职业生涯已从"建立"阶段过渡到了"进阶"阶段,需要进一步明确自己的诉求。同时,格蕾丝还应该意识到自己的一些行为会造成的不利影响,她需要全面地审视自己的行为表现。除此之外,格蕾丝还应该意识到自己在对待上司的态度方面的问题:尽管自己能够独立完成许多工作,但在人际关系处理等方面,她仍需要上司提供的帮助和支持。

案例中的第二个问题是,如果想要有效地进行向上管理,格蕾丝需要了解兰登的哪些方面?我们可以根据案例对兰登进行简单的剖析。兰登是一位优秀的领导者,他有着许多优点:第一,他的人脉资源非常丰富,这使得他在处理格蕾丝引发的麻烦等事务时能够更加游刃有余。第二,他在这家公司已经工作了很久,作为经理的他有着非常丰富的经验。第三,他懂得如何给予下属支持和鼓励。在格蕾丝刚进公司时,兰登会积极分享自己的行业见解,给予格蕾丝激励和鼓舞。当格蕾丝在入职初期与客户出现沟通问题时,兰登并没有发火,而是以温和友善的态度与她进行交流,帮助她反思并解决问题。总体来看,兰登是一位希望下属在可控范围内有所作为的领导,他鼓励下属尽职尽责,把自己分内的工作做到最好。

回到职业生涯发展的四阶段模型中,我们可以判断作为领导者的兰登应当处在"维持"阶段。他的事业很成功,拥有丰富的工作经验和广泛的人脉,对行业很熟悉。然而,没有迹象表明他目前渴望升任更高的管理职级,他可能并不特别追求自己的升职加薪,而是会愿意花时间去支持其他人的职业发展。在这个阶段,兰登可能更希望看到下属的成长,希望自己能提出一些好的建议并被下属采纳,同时期待下属对他提供的帮助表示感谢,这些是他现阶段的最主要诉求。但格蕾丝拒绝了他的指导,她觉得兰登的建议是对自己的阻挠,这让兰登感到受挫,这是二者之间出现冲突的一个重要原因。

对格蕾丝来说,了解兰登的决策风格也很重要。领导者的决策风格可以分为五种,不同风格之间存在较大的差别,因此,在尝试说服领导者时,首先需要了解他们的决策风格,并据此进行有针对性的沟通(表 10.2)。

表 10.2 领导者的决策风格分类

领导者的决策风格	决策风格描述	员 工 对 策
魅力型	容易被新的想法所吸引; 倾向于综合考虑各方信息后做决定	直接发表看法和观点; 结果导向,借助 PPT 等工具简明扼要地展示决策的优点
思考型	因厌恶风险而难以被说服; 收集的信息越多越好	用大量、全面的数据说话
怀疑型	对现有的信息总是持怀疑态度	增强权威性和影响力; 向权威或有影响力的人士寻求帮助
追随型	决策主要基于自己(或自己信任的人)之前所做过的类似的决定	列举先例或专家观点
控制型	讨厌不确定性; 相信有理有据的权威信息	提供非常结构化的论点; 决策过程中让上司有掌控感

资料来源:MACMILLAN K. Managing up(A):Grace[Z]. Richard Ivey School of Business Foundation Case No. W15269. London:Ivey Publishing,2015.

第一种是魅力型决策风格。具有这一风格的领导者充满激情和冲动,关注决策的最终结果。因此,员工如果能巧妙地展示其方案能够为组织或团队带来的积极成果,就很有可能会说服这样的领导者。当面对魅力型决策者时,员工可以利用各种可视化工具清晰地呈现提出的解决方案的优势,给领导者留下深刻的印象。员工可以同时阐明不采纳该决策可能带来的风险,清晰地将各种情况描述出来。魅力型领导者在做决策时可能会更加关注人们的情绪和反应,注重整体氛围和人际关系的影响,而不是过分纠结于细枝末节的信息。因此,在向这类领导者展示时,员工应相应减少对具体细节数据的强调,因为这些细枝末节通常不会引起魅力型决策者的兴趣。

第二种是思考型决策风格。具有思考型决策风格的领导者更相信自己的判断,很难被他人说服。思考型决策者通常较为谨慎,会秉持稳健的原则选择相对保守的方案,以规避风险。因此,下属不能只向具有思考型决策风格的上司展现好的方面,还必须把负面信息完整地呈现出来,从而帮助他们作出决策。例如,在与思考型领导者沟通时,下属可以引用一些市场研究、用户调查、案例分析,提供这些信息有助于上司全面地了解情况、作出判断。简单来说,在与思考型领导者交流时,我们应该详尽地介绍各种方案的利弊,而不是只推销自己的想法。此外,为确保上司相信数据是准确可靠的,我们不仅需要提供数据,还要介绍说明数据的收集过程和方法,并提供相似案例以增加可信度。需要注意的是,一次会议通常无法解决所有问题。即便上司可以通过会议对问题有一定了解,但他们可能仍需要获取进一步的补充信息。在后续的会议中,员工应主动提供其所需的详细信息。最后,具有思考型决策风格的上司需要充分考虑、亲自进行权衡后作出决策。因此,下属不能急于催促,而应给上司足够的时间来做出他们认为正确的决策。

第三种是怀疑型决策风格。具有这一风格的领导者对所有事情持怀疑态度,相信自己的直觉胜过相信他人提供的数据,即便这些数据被证明真实有效。要赢得这类领导者的信任并非易事,需要通过持续的努力逐渐建立影响力或声望。只有当他们对下属的专业知识、人脉或业绩产生足够的信任时,下属的意见才可能得到充分的考虑和认可。若短时间内无法建立上司对个人的信任,可以借助上司信任的其他人来获得帮助。例如,可以寻求其他有权势或影响力的同事或管理者的支持和背书,他们的推荐和认可可能有助于下属获得上司的信任。此外,强调提供信息源的可靠性也有助于消除这类上司的顾虑。

第四种是追随型决策风格。追随型决策者对风险持谨慎态度,他们不愿意尝试新的、未经验证的方法或策略。由于最先尝试改变可能会带来风险,追随型领导者往往不愿意成为第一个作出改变的人。然而,追随型领导者会积极学习他人的成功经验,一旦看到他人成功地实施某种举措,他们就会尝试效仿。面对这样的领导者,提出创新举措时必须证明该举措的可行性并提供先例。即使在本公司内尚未成功,只要其他同行业的公司采用了类似举措并取得成功,领导者可能也会追随。因此,寻找业内其他成功案例并向上司介绍说明,是一个可行的解决方案。除此之外,我们需要谨慎处理失败的案例。由于追随型上司可能存在风险规避的心理,如果同时汇报成功案例和失败案例,他可能更多地聚焦在失败案例上。

第五种是控制型决策风格。在企业的决策层中,控制型决策者占据了一席之地。这类决策者以对不确定性的极度厌恶和对决策过程的牢牢掌控而闻名。他们更喜欢独立作出决策,并往往对任何可能影响其决策主导权的情况保持警觉。要想在这种领导者面前成功地展示你的观点,策略性地构建你的论据显得至关重要。信息的呈现必须条理清晰、逻辑严密,每一步都应该建立在结构化的思维框架上。

同时，交流的艺术也至关重要：用词需精雕细琢，旨在让上司感觉到，是他们在做最终的决定。但实际上，决策过程中的每个环节都被你巧妙地引导。在提供决策支持数据时，可以巧妙地突出那些能够支持我们观点的关键信息。例如，通过图表强调数据中的特定趋势，或者在报告中用不同颜色高亮显示关键统计数字。这么做旨在确保这些信息能够吸引上司的眼球，并在他们的决策分析中占据中心位置。在数据提交后，耐心就成了关键。这时，领导者需要时间和空间来消化信息，并在其脑海中构建一个全面的决策图景。在这一过程中，下属在必要时可以提供进一步的信息补充，或者呈现一些有助于决策的策略建议。即便如此，这一切都应当在保持对上司决策权的尊重的前提下进行，避免给领导者以其决策被操纵的感受。总之，与控制型决策者的互动是一种微妙的平衡艺术，需要以充分的准备和精心的策略，让决策者感觉到他们是在一个安全、受控的环境中作出了最优的决策。

　　回到本案例中，兰登属于哪一种决策风格的领导者呢？当格蕾丝提出想要牵头优化本公司信息系统的举措时，兰登并没有同意。一方面，这类工作通常是由技术部门负责，兰登可能认为格蕾丝的建议并不在她目前的职责范围内。另一方面，兰登可能认为格蕾丝的职级不太适合完成这项工作，由于公司内部没有这样做的先例，兰登无法预测该方案的可行性。根据兰登的行为模式，我们推断他可能属于追随型决策风格的领导者。他似乎倾向于观察他人的成功举措，并在确定安全、可行性后再效仿学习。因此，如果我们要说服兰登，就可以采用上述针对追随型决策者的举措来推动他作出决策。

　　接下来，针对本案例的最后一个问题，如何制定一个计划，帮助格蕾丝管理与兰登的关系，并实现她的职业目标。首先，格蕾丝要进行"危机管理"。她需要向上司兰登道歉，承认她的行为对兰登产生了负面影响，并确保不会再次发生类似行为。在兰登接受道歉后，格蕾丝需要与上司兰登建立良好的沟通。当前，格蕾丝和兰登对彼此的了解较为有限，格蕾丝没有充分认识到兰登的目标和决策风格，兰登则期望格蕾丝专注于本职工作，而不是去挑战岗位职责外的工作任务。为了改善这种状况，格蕾丝应该与兰登进行深入的交流，以建立共识。在沟通中，格蕾丝应该向兰登表明自己不仅能够出色地完成工作任务，还希望为公司作出更大贡献。她有志于挑战更高难度的工作，并希望在工作中展现出自己的热忱和才能。通过诚恳的交流，格蕾丝可以清晰地向兰登传达自己对于职业发展的期望，以及自己对在公司中发挥更大作用、扮演更重要角色的渴望。与此同时，格蕾丝要在工作中保持与兰登的及时互动与反馈，以建立良好的工作沟通。格蕾丝可以主动向兰登报告工作进展，寻求兰登的建议和意见。这种及时互动能够让兰登感受到格蕾丝是一名负责任并且愿意接受上级指导和帮助的团队成员，从而增加对格蕾丝的信任。除此之外，格蕾丝可以在工作之余多与兰登交流、多向兰登表示感谢，以建立更亲密的工作关系。建立工作中的友谊可能会让兰登更愿意倾听格蕾丝的意见和建议,也更有可能支持和采纳她的想法。通过在工作之余的社会互动,格蕾丝还可以更深入地了解兰登的价值观和决策偏好,以期更具针对性地进行沟通。

另外,格蕾丝需要专注于做好自己的本职工作。尽管初入职场时可能会经手一些相对简单且枯燥乏味的初阶任务,格蕾丝也应该立志成为这些看似微不足道的工作中的佼佼者。从案例中可以看出,格蕾丝似乎在这方面还有所疏忽。或许她认为这些任务对自己的职业发展助力不大,更希望从事具有挑战性的工作,因此没有投入足够的精力。然而,这种态度可能会让上司怀疑她的责任心,从而对她的评价产生不利影响。为了改善上司对自己的印象、提升自身形象,格蕾丝应该专注于满足本职工作的要求,确保工作质量和效率。对本职工作的专注和精益求精可以展现出格蕾丝的责任心和敬业精神,增加上司对她的信任和肯定。在确保高质量完成本职工作的前提下,格蕾丝能更有底气地提出自己的意见和建议,也更容易获得上司的认同。此外,认真完成本职工作也会为她在未来给自己争取更多挑战性任务和职业发展机会打下坚实的基础。

最后,格蕾丝也要学会恰如其分地妥协。如果当前的项目确实难以推进,格蕾丝应该学会接受这个事实,而不是固执己见。格蕾丝的初衷是为公司做贡献,提升自己在公司内的竞争力。即使无法参与这个项目,她仍然可以在其他领域寻求更好的发展机遇。职场中的机会多种多样,广泛而多元。格蕾丝首先应该保持良好的上下级和同事关系,包括与兰登之间的关系。如果她过于坚持而不愿妥协,可能会失去一名在她职业生涯初期非常重要的导师,这可能不利于她的职业发展,也会背离她推动这个项目的初衷。适度的妥协并不等同于认输,而是在当前情况下作出明智的选择。通过这种方式,格蕾丝可以展现出自己的灵活性和问题解决能力,这也是积极进行向上管理的表现。与此同时,格蕾丝不应该对自己的抱负妥协。尽管这个项目未能推进,但她可以将目光转向其他领域,主动参与其他项目,在职责范围内寻找其他机会展示自己的能力和价值。通过不断积累经验,提升自己的职业竞争力,格蕾丝可以推动个人职业生涯的蓬勃发展。

10.3.3 向上管理的方法与步骤

科学的向上管理需要遵循一定的步骤,只有通过理性而客观的分析、审慎而有效的努力,我们才能真正实现向上管理的目标。通过上述案例,我们对如何进行向上管理已经有了初步了解。接下来,我们将基于相关理论和知识,共同总结出一套科学的向上管理方法和技巧。

在进行向上管理时,我们的关键目标之一是塑造和谐稳定的上下级关系。领导-成员交换理论提供了关于上司与下属关系的深刻洞见。该理论的一个核心观点是,上司与不同下属之间的互动存在差异(图 10.1)。由于时间和资源的限制以及个体差异等因素,上司会与一部分下属建立高质量的交换关系(将这部分下属视为圈内成员),而和另一部分下属建立低质量的交换关系(将这部分下属视为圈外成员)。那么,什么是高质量的交换关系呢?我们在第 7 讲讲过,高质量的交换关系意味着我们被视为团队的核心成员,上司愿意与我们分享更多的信息和资源。我们不再只是任务的执行者,更是决策过程的一部分。上司对我们的信任使得我们更容易获取项目资源,获得支持和授权,进而更好地完成工作。这种信任和支持不仅带来了职场上的安全感,也让我们在团队中更有发言权,更容易推动自己的想法和计划。与此同时,这种高质量的交换关系也在潜移默化中提高了我们的职业认可度,为我们争取到更多的晋升和发展机会。作为下属,我们应当努力与上司建立起一种高质量的交换关系。通过这种方式,我们将更容易赢得上司的信任和尊重,建立起与上司良好互动的基础,从而使我们的职业生涯更上一个台阶。

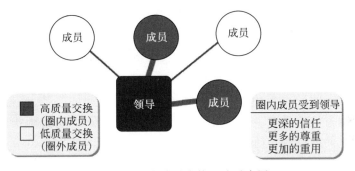

图 10.1　领导-成员交换理论示意图

基于领导-成员交换理论,我们深刻认识到与领导形成高质量交换关系的重要性和必要性,这种稳固的关系对于工作的完成和个人成长都至关重要。良好的领导-成员交换关系不仅能赋予工作更多乐趣和动力,促进信息的畅通与合作,还能显著提高团队整体的效率和绩效。同时,与领导之间的融洽关系也是个人职业发展的关键要素,有助于在职业道路上获得更大的成功。然而,建立与领导之间的良好关系并非易事,通常需要克服各种困难。如何改善和领导的关系,形成高质量的交换关系呢?具体来说,我们可以从以下几个方面着手。

(1)学会了解自己的上司。这不仅仅包括了解他们的工作职责,更重要的是认识他们个人的特点和诉求。了解上司可以从几个方面入手:首先,我们应该将上司视为活生生的个体。他们有情绪,有自己擅长的和不擅长的领域,也有自己的喜好和厌恶。在工作中,他们有独特的工作方式和风格。这种人性化的了解能够帮助我们更好地与上司沟通,理解他们的决策和行为。其次,我们应该将上司视为领导者。作为领导者,他们面临着巨大的压力,需要管理整个团队、承担绩效考核的责任等。我们必须意识到,他们的工作绝不是关注某个特定员工。因此,了解他们所面对的工作压力、理解他们的优先级是至关重要的。这有助于我们避免在对上司而言不太重要的事项上过度打扰他们,从而建立起更好的沟通和信任。此外,我们还应该了解上司以及整个团队的目标、愿景和使命。了解这些内容不仅可以帮助我们调整自己的工作重点,确保我们的工作更有针对性和协同性,也有助于我们将工作方向与整个团队的愿景和使命保持一致,避免偏离大局。

(2) 了解自己同样至关重要。虽然了解上司并不容易,但实际上我们对自己也常常缺乏了解,对自身特点、处境和诉求的缺乏了解是我们向上管理路上的重要阻碍。要做到了解自己,需要从以下几个方面着手:首先,我们要了解自己的优势和劣势。通过客观的自我评估和反思,我们可以明确自己在哪些领域表现出色、在哪些领域有待提升。这种了解不是自我怀疑的体现,而是为了更好地认识自身优势和局限性,进而有利于我们展现自身优势并为克服弱点制订合理的计划和策略。其次,我们要了解自己的工作偏好和风格。每个人在工作中都有自己的舒适区和偏好,包括倾向于团队合作还是独立工作,更擅长处理逻辑性问题还是创意性问题。了解这些可以帮助我们更好地规划工作,找到最适合自己的方式来与上司合作,提高工作效率和质量。最后,我们要明确自己的诉求和期望。我们需要知道自己希望通过向上管理实现什么目标,如改善和上司之间的关系、赢得上司的信任等。只有明确自己的诉求,才能有针对性地进行向上管理,更好地推动工作进展,实现与上司之间的良性互动。

(3) 在了解上司和自己之后,向上管理的关键在于审慎、有意识地配合上司的工作。我们需要找到配合上司和做自己之间的平衡点。既不是盲目地适应上司,也不是僵化地做自己,而是在充分尊重和理解上司的基础上,巧妙地结合自身特点,发挥个人优势,用自己的长处去填补组织和上司的短板。这种互补的实现需要具有一定的灵活性,这并不意味着我们要放弃个人特长,而是在了解上司诉求的基础上,灵活地将自己的能力与上司的工作目标相结合。这种巧妙的平衡,既能够使我们在团队中脱颖而出,也能够让上司更加信任和依赖我们。

(4) 在进行向上管理时,我们还需要努力管理好双方的期望。作为下属,我们先要了解清楚上司对我们的期望。这种理解不仅限于最终的工作成果,更包括取得这些成果的方法和策略。了解上司对我们的期望可以帮助我们更加明确工作方向,确保我们的工作符合上司的预期,而非背道而驰。同时,我们还需要持续向上司传递关键的工作信息,保持与上司的密切沟通,及时汇报工作进展,使上司清楚地了解我们的工作进程、遇到的挑战以及拟采取的解决方案。这种及时的信息共享可以增加上司对我们的信任感,使他们更加放心地交付任务给我们。此外,我们还要明白上司希望下属能够给予支持和忠诚。积极配合上司的决策,对上司的工作安排作出支持性的表态等都可以表现出我们对上司的支持和忠诚,增进与上司的关系。另外,就员工个人而言,我们也要为自己设定合理的期望。我们对待自己的工作以及职业发展需要有远大而现实的目标。既要有雄心壮志,又要根据自己所处的环境和职业发展阶段的实际情况来合理设定目标,确保我们逐步实现这些目标。同时,我们还要主动寻求上司的反馈,了解自己在工作中的不足之处,从而更好地调整自己的工作方向、提升个人能力。

(5)建立双方的信任是维持良好关系的核心。我们要对上司敞开心扉,能够基于对他们的积极期待,勇于表达自己的想法和感受。当然,这建立在我们对上司信任和尊重的基础上,我们相信上司会理解并支持我们,我们的信任可以加深双方的信任关系。同样,上司对我们的信任也是基于对我们的积极期待,只有成为值得信赖的员工,才能得到更多的支持和信任。在现实中,我们难免会遇到一些无法满足上司期望的情况。面对这样的挑战,我们应该坦诚地与上司沟通,说明实际情况并提出解决方案。在沟通过程中,我们不仅要坦诚地承认自己的局限性,还要积极展现我们解决问题的努力和决心。同时,我们在建立信任时需要避免设定不切实际的期望和过度承诺。过高的承诺如果无法兑现,不仅不能增加信任,反而会削弱上司对我们的信任。因此,我们应该在承诺前谨慎考虑,确保言出必行。此外,遵守诺言和保持透明度是增进信任的关键。在工作中保持一贯的诚信和诚实会使上司更加信任我们,对我们的决策和行动更加放心。

(6)虽然向上管理可以帮助我们和上司维持良好的关系,但我们仍然要意识到,我们作为下属在与上司的相处中也存在一些局限性。首先,虽然我们可以对上司产生影响,但最终的决策权并非掌握在我们手里。在组织中,上司拥有更高的职位和权力,对公司的战略和决策有着更重要的影响。我们需要认识到自己在公司中的地位和角色,意识到自己在决策中的影响力有限。其次,我们需要理解个人目标虽然重要,但在工作中,往往需要优先考虑上司的目标。员工的职责是支持上司的目标和使命,协助他们实现公司的整体目标。这并非忽略自己的目标,而是要意识到在工作中,很多时候需要将上司的目标放在优先位置。再次,在向上管理中,我们应明白上司对我们寄予更高的期望。与我们对上司的期望相比,他们对我们的工作表现和成果可能有更多的期待。我们需要积极面对上司对我们的要求、接受挑战,并努力实现上司对我们的期望。最后,我们要认识到自己需要更多地向上司证明自己的能力和价值,而不是反过来。上司通常拥有更多的工作经验和权威,他们的职位和地位在很大程度上已经代表他们的能力和经验得到了公司认可。我们需要不断向上司展示自己的才能和价值,以赢得上司的信任和支持。尽管存在这些局限性,我们也不应感到沮丧或灰心。相反,我们要以积极的心态面对这些挑战,寻找合适的方式来应对。通过与上司合作,建立良好的工作关系,展现自己的专业能力，我们可以逐步赢得更多的信任和机会。掌握向上管理的方法并非一蹴而就，需要在实践中不断地练习和尝试，才能对如何进行向上管理有更加深入的认识。

▶ 10.4　向上管理的进阶实践

我们在10.3节中总结出的方法论适用于一般性的向上管理问题，然而职场中实际面对的向上管理挑战复杂多样，需要具体问题具体分析。在本节中，我们将围绕一些代表性问题进行探讨，深入理解向上管理的要义。在向上管理的过程中，我们难免会遇到各种各样的挑战。遇到问题时，我们需要灵活应对。有些上司可能是事无巨细的管理者，喜欢进行微观管理，渴望掌握所有细节，与这样的上司相处难免会感到棘手。此外，或许你自身能力出众，却面对一个资历深但工作能力欠缺的上司。或者，你面临多头领导的问题，几个上司同时下达相互矛盾的指令。再或者，你是一个内向的人，在进行向上管理时会面临一些挑战，但也有一些独到的优势。这些难题可能会增加向上管理的难度，但仍然能借助一些向上管理的基本原则和技巧得以巧妙地化解。接下来，我们将针对这些具体挑战提出相应的策略，灵活地进行向上管理以帮助提升自身在工作中的影响力。

10.4.1　如何应对习惯微观管理的上司

在工作中，我们可能会遇到一些有较强控制欲的上司，他们希望对工作的方方面面都有绝对的掌控权，对细节非常敏感，重视工作中的每一个细节。这类领导者对下属的能力缺乏信任，倾向于亲自参与决策，把关工作细节。具有这种"微观管理"风格的领导者可能会使员工缺乏动力、创造力受限，自主性被大幅度削弱。然而，这并不意味着喜欢微观管理的上司就是糟糕的。在某些情况下，细致入微的管理风格可能是必要的，尤其是在处理复杂工作或具有高风险的任务时，这种管理方式能确保细节得到充分关注，从而降低风险。虽然员工可能会对这样的领导感到困扰，但我们同样可以采取有效的策略进行向上管理。

(1) 建立透明的沟通机制。我们必须明确上司为何偏好微观管理。通常，这种做法源于上司内心的焦虑和掌控局面的诉求，而并非针对员工个人。面对这样的上司，员工需要建立透明、及时的沟通渠道。定期向上司汇报工作进展和细节，让上司了解员工的工作进程和实际执行情况，满足上司对局面的掌控感，同时也减少上司的不必要干预和质疑，降低其不安全感。

(2) 主动提供细节。面对具有微观管理倾向的上司时，主动提供工作细节是一种建设性的策略。在这种情况下，对抗或抱怨不仅无济于事，反而可能适得其反,导致上司对下属的信任度降低,并可能加剧其对工作的过度干预。应对微观管理者的一种有效方法是,当上司要求了解细节时,员工应迅速响应,提供精准、详尽的信息。这不仅涉及任务的具体情况,还包括为何选择该策略的理由,以及对预期结果的说明。当然,虽然上司可能希望掌握所有信息,但是员工可以聪明地筛选并提供对于了解工作进展和作出决策最关键的数据与信息。例如,当就项目的方向进行阐述时,员工应准备好与项目相关的关键数据,如预算分析、进度安排、市场分析、竞争对手动态等,以此佐证计划的合理性和可行性。这些数据不仅证明了工作的周密性,也表明了下属对项目的细致了解。在向微观管理者展示这些细节时,信息的呈现方式同样重要。应以清晰、条理化的形式提供信息,确保上司迅速抓住要点,而不是陷入冗长的细节中失去焦点。可以通过图表或者摘要来实现这一点,使得信息既容易理解又便于上司快速作出决策。综上所述,面对微观管理的上司,员工应以主动提供关键细节的方式来响应上司的管理风格,同时确保信息的呈现既全面又精练,以促进有效的沟通和决策过程。

(3) 展示专业能力。员工为了培养上司的信任感,应当有意识地展示其在专业领域的深厚功底,尤其是在上司特别重视的业务领域作出突破性的表现。只有通过不断呈现高水准的工作成果,才能逐渐建立上司的信任,减少他们的担忧,从而自然而然地降低他们对工作细节的密切关注和对员工的操控。具体而言,员工应当通过不断学习提升自身的专业技术水平、掌握更多的行业知识,这不仅仅是为了完成任务,更是为了在遇到复杂问题时能迅速给出解决方案。在日常优异表现的基础上,员工还可以主动向上司展示其工作成果,包括成果的最终形式以及达成这些成果的过程和方法。借此机会,员工不仅能证明自己的工作能力,还能向上司展示其对工作的深入理解和承担更大责任的潜力。最终,这将帮助员工在上司心目中树立专业可靠的形象,为其在职业生涯中赢得更多的自主权和成长空间。

(4) 事先达成共识。应对微观管理风格上司的另一个有效策略是在项目启动之前就提前与其沟通合作方式,明确上司的期望。我们需要确保在工作标准和基本步骤上与上司达成一致,明确工作的指导原则。例如,在讨论营销方案时,话题要围绕核心内容及原则,而不是字体选择等细节。如果讨论过于关注细节,可适时把话题引回到基本原则。此外,适度的恭维有时也能奏效,我们可以提醒上司,他宝贵的时间和精力花在掌控大局方面更有价值,无须陷入细枝末节中。

10.4.2 如何应对多头领导

在工作中,我们常常面临需要同时向多位上级汇报工作、接受不同领导的指导、同时承担多个领导分配的任务的情况。在这种复杂局面下,员工可能会感到困惑,难以决定听从哪位领导的指示。繁忙的工作可能使员工被迫在不同任务之间作出选择,而这些选择可能会导致某些领导的不满。面对这种情况,员工需要主动采取向上管理策略,协调与不同上司之间的关系和工作安排,避免在工作中承担过度负荷带来的迷茫和压力。

以下的管理情境可以启发我们思考员工该如何应对多头领导,从而进行有效的向上管理。李薇从事会计工作已有15年,去年她到一家新成立的公司担任会计师,该公司共有3个合伙人。入职后不久,公司要求她同时为两位合伙人工作。李薇说:"同时为两位合伙人工作的过程中最困难的点在于,他们都认为自己的项目最紧急,这让我不知道应该优先听从谁的安排。"李薇分身乏术,一心难以二用。当她向两个老板寻求建议时,他们都会建议她先完成自己安排的工作。很多时候,当她为一位合伙人即将截止的项目忙得不可开交时,另一位合伙人会突然给她分配一些声称更紧急的工作。如果你是李薇,你会怎么办?

李薇遇到了因多头领导带来的工作困境。在这种情况下,员工可以尝试采取以下策略进行向上管理以应对多头领导的挑战。

(1)准确识别挑战。多头领导带来的挑战可能是多方面的,员工首先需要明确自己具体面临哪些挑战。例如,员工可能面临工作超负荷的挑战。同时接受多个领导的任务和指令可能使工作负荷超出承受范围,难以合理分配时间和精力,影响工作效率和质量。同时,信息冲突也是常见的挑战。不同领导可能会为员工提供不一致的指示,有时这些指示可能相互冲突,导致信息混乱。信息冲突可能造成混淆和困惑,使员工难以明确工作方向,影响工作表现。此外,员工还可能面临忠诚度的挑战。不同领导可能有不同的优先事项和目标,在多个领导之间选择时,员工可能会感到忠诚方面的困扰、为难而无所适从。员工需要在维护职业道德和忠诚度的同时平衡各个领导的期望。

(2)明确主要领导。在多头领导的情况下,我们需要清楚地了解谁才是最终的决策者和自己的主要领导。这位最终的上司可能决定着我们的薪酬和晋升,对我们的职业发展产生直接影响。了解最终老板的身份和权力结构可以帮助我们调整工作策略与目标,使其符合最终上司的期望,减少因不确定性而造成的迷茫。

(3)保持和领导之间的联系。我们需要主动保持与各个领导之间的联系,及时向他们反馈自己的工作进展、遇到的困难和需要的工作资源,这样可以增进领导对于我们工作进展情况的了解,获得更多的支持和资源。保持与领导的紧密联系,不仅可以帮助我们获得及时的指导和反馈,还有助于提高我们在领导心目中的形象和地位,为个人职业发展创造更多机会。

(4)积极主动地处理工作。面对具有多个领导的情况,我们需要学会自我管理,有效地规划和分配工作,明确设定工作目标。我们可以运用时间管理技巧和优先级排序来处理任务,合理规划工作时间和资源,及时解决工作中的问题,确保工作质量和效率。

（5）促进领导间建立联系。作为员工，我们可以主动促进多个领导间的联系和协作。例如，分享项目进展和成果，帮助不同领导了解彼此的工作内容、目标、要求和期望。通过促进领导间的沟通和合作，增进各个领导间的理解和信任，减少信息冲突和竞争，可以为我们创造一个更和谐的工作环境。这种联系的建立，不仅有助于我们更好地完成任务，还会促成更紧密的团队合作，提高整体绩效。

（6）明晰工作边界。在面对多个领导时，员工需要清楚地设定合理的工作边界，明确自己的工作职责和能力范围，避免同时接受过多任务，导致工作质量下降。同时，员工应向各个领导明确自己的工作重点和职责，商讨合理的工作分配，以确保自己的工作负荷合理，从而提升工作效率。

（7）巧妙处理敏感问题。在某些情况下，员工可能需要以更为谨慎的方式处理工作事务，尤其是当涉及不同领导之间的敏感问题时。例如，员工可以通过私下与领导交流，提及自己的想法或建议，期待领导能在适当的时候为自己发声或支持自己的观点。这种表面上的"偷偷摸摸"并非背后造谣或背弃其他领导，而是一种在适当场合下谨慎传递信息的方法。同时，员工需要确保此举不会伤害领导之间的信任和合作关系。通过妥善处理和解决问题，员工可以避免矛盾激化，保持良好的职场关系。

10.4.3　如何面对能力不足的上司

在职场中，我们可能会遇到一些能力不足的上司，他们可能缺乏管理经验、技术能力不足或沟通能力欠佳。能力不足的上司可能无法给员工提供必要的指导和支持，使员工在工作中感到迷茫和无所适从，因此可能需要自行解决问题。无法得到正确的指导和学习到新的技能可能会影响工作效率和质量，也会限制个人的职业发展。虽然能力不足的上司可能会带来一些挑战，但员工同样可以通过向上管理发挥自己的主动性和创造力，积极与上司合作，共同解决问题，为个人职业发展和提升组织绩效贡献力量。

（1）理解上司能力不足的原因。面对这样的上司，我们首先要冷静客观地分析他们能力不足的原因。我们要尽量避免过度偏见和情绪化的评价，尝试理性地探究背后的原因。了解上司的背景、经验和职责分配都有助于我们客观地评估他们的能力与局限性，从而更好地进行向上管理。具体而言，了解上司的专业领域和技能至关重要。举例来说，新晋领导者可能的确在管理方面缺乏经验，这会影响他们在特定场景下的决策和事务处理能力。然而，这并不代表他们没有成长潜力，他们可能在专业领域拥有深厚的知识和技术能力，这也是他们被提拔为领导者的原因。同时，了解上司的职责分配可以帮助我们理解他们所面临的工作压力和挑战。

如果上司负责多个项目或部门,他们可能面临超负荷的工作情况,这可能会导致决策上的疏漏或时间管理上的困难。在这种情况下,我们可以适当调整期望,为他们提供更多支持和帮助。这种细致的了解不仅增加了我们的耐心和同理心,还帮助我们更好地与上司沟通,协作解决问题,共同推动工作向着积极的方向发展。

(2) 寻求外部帮助。当我们面对能力不足的上司时,可能会感到困惑和无力,不知如何有效地解决在工作中遇到的问题。在这种情况下,向其他同事或导师寻求帮助是一个明智的举措。这些人可能经历过类似的情况,能够为我们提供更加全面、深入的见解和解决策略。他们的外部观点和丰富经验可以帮助我们从不同的角度看待问题,指出我们可能忽视的关键问题,或者提供新的方法和技巧来应对上司的不足之处,使我们能够更有效地与上司达成合作。这种开放的心态与外部支持相结合,有助于我们更加灵活地应对职场挑战。

(3) 与上司合作时要有创造性。在与能力不足的上司合作时,我们要学会创造性地发掘他们的潜在优势和擅长的领域,并主动利用这些优势改善合作关系。即使上司在某些领域表现不够出色,他们也可能在其他方面拥有丰富的经验和知识。我们要全面地认识上司,发现他们的优势,集中注意力与上司在这些领域合作。例如,假如上司在组织能力方面欠缺,但精通技术,我们可以主动请教上司技术方面的问题,请求技术指导,同时自己承担组织方面的工作。通过这样的分工,我们能够充分发挥上司的优势,同时解决组织方面的问题,提高整个项目的执行效率。因此,将焦点放在上司的优势上,有助于我们提升合作效率和工作成效。

(4) 将此视为成长的机会。面对能力不足的上司,我们不应该视之为阻碍,而应将其视为一个成长的机会。当上司在某个领域缺乏专业知识时,我们可以主动承担起相关工作,并利用这个机会提升自己的技能。此外,通过与上司合作,我们可以掌握应对挑战和困难的能力,提高自己的沟通和协调能力。同时,我们也能学习如何处理和解决冲突,以及在复杂情况下保持积极的工作态度。通过不断的自我反思和学习,我们可以逐渐提升自己的领导力和管理能力,为将来更好地应对各种工作挑战打下坚实基础。

10.4.4 内向者要如何进行向上管理

在职场中,内向者面临着独特的挑战和机遇。相比外向者,内向者通常被视为安静、不善言辞的人,这可能给社交和沟通方面带来一定的压力。他们可能不擅长向上级领导展示自己的成就和价值,不善于推销自己。在社交场合,他们可能感到压力而不太愿意主动去和上司交流,这可能会影响他们获取反馈和了解上司的需求。然而,内向者也拥有许多独特的优势。他们更加倾向于独立思考和深度反思,擅长观察事物细节,能够深刻理解自己和他人,具有较强的自我意识和自我管理能力。尽管向上管理对内向者来说可能是一个挑战,但只要他们充分发挥自己的优势和特点,采取合适的方法和策略,就能够在职场中通过有效的向上管理充分展现自己的价值与才华,并取得职业生涯发展的成功。接下来,我们将具体探讨内向者如何在职场中进行向上管理。

(1) 深入了解上司。内向者在向上管理时,首先要深入了解自己的上司。这包括探索他们的人格特质、价值观和工作风格等。观察上司的肢体语言和面部表情是内向者的优势之一。通过细致入微的观察,内向者可以获得更多关于上司的信息,从而更好地了解他们的喜好、态度和意图。例如,上司在某个话题上是否表现出愠怒、满意或者焦虑,这些细微的变化可能揭示了他们对不同工作的态度和重视程度。这有助于内向者在社交场合更有效地与上司进行交流,更好地预测他们的反应,从而更从容地应对各种工作场景。

(2) 以一定频率安排面谈。与上司建立面对面的沟通是向上管理的重要一环。直接交流可能会让内向者感到不适或紧张,但是通过提前安排好的、一定频率的面谈,内向者可以逐渐适应并建立更利于沟通和合作的关系。面谈提供了安全和开放的环境,让内向者可以更自由地表达自己的想法。同时,在这种环境下,内向者可以更加专注地倾听上司的意见和反馈。内向者通常擅长细致入微地观察和倾听,这使他们能更全面地理解上司的期望和诉求。通过认真倾听,内向者能够更好地把握上司的要求,避免误解和沟通障碍,更好地应对工作挑战。在面谈中还可以向上司详细介绍自己的工作方式和工作进展,让他们更了解自己的优势和诉求。

(3) 帮助上司了解你。内向者通常内敛,不善言辞。但为了有效地进行向上管理,内向者需要坦诚地表达自己的偏好和诉求。可以向上司说明自己更喜欢独立工作,需要一定的思考时间来作出决策,或者更喜欢通过书面方式进行交流。内向者通常在独处时更能发挥创造力和专注力,因此可以向上司解释,自己更愿意独自完成一些工作任务或项目,并提出可以通过适当的分工合作来取得更好的工作成效。清晰地传达这些诉求有助于避免内向者在团队合作中的不适,也能最大限度发挥内向者独立工作的优势。此外,内向者还应该勇敢地表达自己的理想和抱负。内向者通常在内心深处怀揣着自己的目标和梦想,但有时可能因为羞涩或不确定而不敢展现出来。清晰地向上司阐述职业理想和抱负能够让上司更全面地了解个人职业发展方向,为内向者提供更适合的发展机会。这种坦诚也有助于上司认识到内向者的潜力和价值,更加支持内向者在职业生涯中的成长。

(4) 寻求反馈并付诸行动。内向者倾向于自我反省,较少咨询其他人的建议。然而,从上司那里寻求反馈是至关重要的。上司作为我们的直接领导者,能够从更全面的角度评估我们的工作表现,提供更客观和权威的反馈。通过接受上司的反馈,内向者能够了解他们的期望和诉求,同时获得更准确的自我认知,了解自己在工作中的优势和不足。获得反馈之后,内向者应该积极采取行动,不断改进自己的工作方式、培养技能,逐渐提升自己在职场中的价值和地位。值得注意的是,接受反馈并不意味着完全接受上司的意见,而是要将反馈视为一种宝贵的信息资源,结合自己的判断和理解,有选择性地加以采纳。对内向者而言,这也是学会保持内心平衡的过程,在接受反馈的同时,保持自信和自尊。

▶ 本章小结

(1) 向上管理是员工为了让公司、上级以及自己都取得最好的结果而有意识地配合上级工作的过程。这种方法可以帮助员工自身和上司都获得更大的成功。

(2) 向上管理的三个重要步骤分别是,认识自己、认识上司、审慎并有意识地付出努力。同时,向上管理还需要注重上下级双方的期望、维护信任并明确边界,从而增进可能具有不同观点和立场的上下级之间的理解与合作。

(3) 应用向上管理的思维,可以帮助员工应对习惯微观管理的上司、多头领导、上司能力不足、内向者如何进行向上管理等进阶问题。

参 考 文 献

[1] 罗宾斯,贾奇. 组织行为学[M]. 孙健敏,朱曦济,李原,译. 18 版. 北京:中国人民大学出版社,2021.

[2] ROBBINS S P, JUDGE T A. Organizational behavior[M]. 18th ed. London: Pearson Education, 2018.

[3] ROBINSON S L, BENNETT R J. Workplace deviance: its definition, its manifestations, and its causes[M]//LEWICKI R J, BIES R J, SHEPPARD B H. Research on negotiation in organizations. Amsterdam: Elsevier Science, 1997: 3-27.

[4] HAROLD C M, HU B, KOOPMAN J. Employee time theft: conceptualization, measure development, and validation[J]. Personnel psychology, 2022, 75(2): 347-382.

[5] SACKETT P R, ZHANG C, BERRY C M, et al. Revisiting meta-analytic estimates of validity in personnel selection: addressing systematic overcorrection for restriction of range[J]. Journal of applied psychology, 2022, 107(11): 2040-2068.

[6] SCHMIDT F L, HUNTER J E. The validity and utility of selection methods in personnel psychology: practical and theoretical implications of 85 years of research findings[J]. Psychological bulletin, 1998, 124(2): 262-274.

[7] DONNELLAN M B, OSWALD F L, BAIRD B M, et al. The mini-IPIP scales: tiny-yet-effective measures of the big five factors of personality[J]. Psychological assessment, 2006, 18(2): 192-203.

[8] ASHTON M C, LEE K. Empirical, theoretical, and practical advantages of the HEXACO model of personality structure[J]. Personality and social psychology review, 2007, 11(2): 150-166.

[9] TETT R P, SIMONET D V, WALSER B, et al. Trait activation theory: applications, developments, and implications for person-workplace fit[M]//CHRISTIANSEN N D, TETT R P. Handbook of personality at work. London: Routledge, 2013: 71-100.

[10] MISCHEL W. The interaction of person and situation[M]//MAGNUSSON D, ENDLER N S. Personality at the crossroads: current issues in interactional psychology. Mahwah, NJ: Lawrence Erlbaum Associates, 1977: 333-352.

[11] MYERS I B, MCCAULLEY M H. Manual: a guide to the development and use of the Myers-Briggs type indicator[M]. Palo Alto, CA: Consulting Psychologists Press, 1985.

[12] FESTINGER L, CARLSMITH J M. Cognitive consequences of forced compliance[J]. Journal of abnormal and social psychology, 1959, 58: 203-210.

[13] JUDGE T A, CHURCH A H. Job satisfaction: research and practice[M]//COOPER C L, LOCKE E A. Industrial and organizational psychology: linking theory with practice. Oxford: Blackwell, 2000: 166-198.

[14] LOCKE E A. The nature and causes of job satisfaction[M]//DUNNETT M. Handbook of industrial and organizational psychology. Chicago: Rand McNally,1976: 1297-1350.

[15] WEISS H M,CROPANZANO R. Affective events theory: a theoretical discussion of the structure,causes,and consequences of affective experiences at work[M]//STAW B M, CUMMINGS L L. Research in organizational behavior. Greenwich,CT: JAI Press,1996: 1-74.

[16] HU B,MENG L. Understanding awe elicitors in the workplace: a qualitative inquiry[J]. Journal of managerial psychology,2022,37(8): 697-715.

[17] JOSEPH D L,NEWMAN D A. Emotional intelligence: an integrative meta-analysis and cascading model[J]. Journal of applied psychology,2010,95(1): 54-78.

[18] KELLEY H H. The processes of casual attribution[J]. American psychologist,1973,28: 107-128.

[19] SIMON H A. Rational decision making in organizations[J]. American economic review, 1979,69: 493-513.

[20] KAHNEMAN D. Thinking, fast and slow [M]. New York: Farrar, Straus and Giroux,2011.

[21] THALER R H,SUNSTEIN C R. Nudge: improving decisions about health,wealth,and happiness[M]. New York,NY: Penguin,2009.

[22] WU S J,PALUCK E L. Designing nudges for the context: golden coin decals nudge workplace behavior in China[J]. Organizational behavior and human decision processes, 2021,163: 43-50.

[23] PINDER C C. Work motivation in organizational behavior [M]. 2nd ed. London: Psychology Press,2008.

[24] LOCKE E A. Toward a theory of task motivation and incentives[J]. Organizational behavior and human performance,1968,3(2): 157-189.

[25] ADAMS J S. Inequity in social exchange[M]//BERKOWITZ L. Advances in experimental social psychology. New York,NY: Academic Press,1965: 267-299.

[26] DECI E L, RYAN R M. Self-determination theory [M]//VAN LANGE P A M, KRUGLANSKI A W,HIGGINS E T. Handbook of theories of social psychology. London: Sage Publications Ltd. ,2012: 416-436.

[27] THOMAS K W. Intrinsic motivation at work: building energy and commitment[M]. San Francisco: Berrett-Koehler,2000.

[28] ILGEN D R,MAJOR D A,HOLLENBECK J R,et al. Team research in the 1990s[M]// CHEMERS M M, AYMAN R. Leadership theory and research: perspectives and directions. New York: Academic Press,1993: 245-270.

[29] MAEL F, ASHFORTH B E. Alumni and their alma mater: a partial test of the reformulated model of organizational identification[J]. Journal of organizational behavior, 1992,13: 103-123.

[30] QIN X,CHEN C,YAM K C,et al. Adults still can't resist: a social robot can induce normative conformity[J]. Computers in human behavior,2022,127: 107041.

[31] DOBBINS G H, ZACARRO S J. The effects of group cohesion and leader behavior on subordinate satisfaction[J]. Groups & organization management, 1986, 11: 203-219.

[32] HARRISON D A, KLEIN K J. What's the difference? Diversity constructs as separation, variety, or disparity in organizations[J]. Academy of management review, 2007, 32(4): 1199-1228.

[33] ADLER A B, BLIESE P D, BARSADE S G, et al. Hitting the mark: the influence of emotional culture on resilient performance[J]. Journal of applied psychology, 2022, 107(2): 319-327.

[34] PARK G, DESHON R P. A multilevel model of minority opinion expression and team decision-making effectiveness[J]. Journal of applied psychology, 2010, 95(5): 824-833.

[35] YUKL, G. Leadership in organizations[M]. 4th ed. Englewood Cliffs, NJ: Prentice Hall, 1998.

[36] PFEFFER J. Managing with power[M]. Boston: Harvard Business School Press, 1992.

[37] DERUE D S, NAHRGANG J D, WELLMAN N E, et al. Trait and behavioral theories of leadership: an integration and meta-analytic test of their relative validity[J]. Personnel psychology, 2011, 64(1): 7-52.

[38] JUDGE T A, BONO J E, ILIES R, et al. Personality and leadership: a qualitative and quantitative review[J]. Journal of applied psychology, 2002, 87(4): 765-780.

[39] BASS B M. Leadership and performance beyond expectations[M]. New York: Free Press, 1985.

[40] BASS B M, RIGGIO R E. Transformational leadership[M]. 2nd ed. Mahwah, NJ: Erlbaum, 2006.

[41] CAMPION M A. Interdisciplinary approaches to job design: a constructive replication with extensions[J]. Journal of applied psychology, 1988, 73(3): 467-481.

[42] HACKMAN J R, OLDHAM G R. Motivation through the design of work: test of a theory[J]. Organizational behavior and human performance, 1976, 16(2): 250-279.

[43] WRZESNIEWSKI A, DUTTON J E. Crafting a job: revisioning employees as active crafters of their work[J]. Academy of management review, 2001, 26(2): 179-201.

[44] KARASEK JR R A. Job demands, job decision latitude, and mental strain: implications for job redesign[J]. Administrative science quarterly, 1979: 285-308.

[45] FONG C Y M, TIMS M, KHAPOVA S N. Coworker responses to job crafting: implications for willingness to cooperate and conflict[J]. Journal of vocational behavior, 2022, 138: 103781.

[46] MENG L, LIN X, DU J, et al. How can employees break free from helplessness in critical work incidents? [J]. International journal of stress management, 2022, 29(4): 330-341.

[47] LAZARUS R S, FOLKMAN S. Stress, appraisal, and coping[M]. New York: Springer, 1984.

[48] LEPINE J A, LEPINE M A, JACKSON C L. Challenge and hindrance stress: relationships with exhaustion, motivation to learn, and learning performance[J]. Journal of applied psychology, 2004, 89(5): 883-891.

［49］ SONNENTAG S,FRESE M. Stress in organizations[M]//BORMAN W C,ILGEN D R, KLIMOSKI R J. Comprehensive handbook of psychology industrial and organizational psychology. New York: Wiley,2003: 453-491.

［50］ FRIEDMAN M,ROSENMAN R H. Type a behavior and your heart[M]. New York: Knopf,1974.

［51］ GAJENDRAN R S, MISTRY S, TANGIRALA S. Managing your boss (MYB) as a proactive followership behavior: construct validation and theory development[J]. Personnel psychology,2022.

［52］ GABARRO J J,KOTTER J P. Managing your boss[J]. Harvard business review,2005, 50(1): 1-11.

［53］ LIDEN R C,SPARROWE R T,WAYNE S J. Leader-member exchange theory: the past and potential for the future[M]//FERRIS G R. Research in personnel and human resources management. Amsterdam: Elsevier Science,1997: 47-119.